本专著得到了杭州师范大学社会建设和社会治理研究中心与杭州师范大学公共管理（浙江省一流学科）社会保障学科的资助，在此致谢！

张旭升　著

城市互助养老组织的
生长机制及培育路径

The Growth Mechanism and Cultivation Pathway of
Urban Elderly Mutual Aid Organization

社会科学文献出版社
SOCIAL SCIENCES ACADEMIC PRESS (CHINA)

目　录

CONTENTS

第一章

导论

一 研究的背景与问题的提出

（一）互助养老组织化实践探索的兴起

面对人口老龄化日趋严峻的形势，以世界卫生组织为代表的国际组织积极倡导"健康老龄化""积极老龄化""生产性老龄化"等理念，不再将老人看作单纯的养老资源的享用者和接受者，而视其为拥有健康体魄、活力、自主需求，蕴含无穷创造力和潜能的社会参与者（张旭升、林卡，2015：185～186）。在这些理念的指引下，西方发达国家或地区已着力开发老年互助这一尚未被充分利用的养老资源。如发端于美国波士顿"比肯山村庄"（BHV）的会员制互助养老，一经面世就迅速风靡美国40多个州300多个村庄，后又扩散至荷兰、澳大利亚，形成一场影响深远的"村庄运动"，掀起了会员制互助养老的探索热潮（张彩华、熊春文，2015：132）。

在中国，代内或代际的互助，自古有之，如义庄宗族互助养老（袁同成，2009），无子嗣的太监和自梳女依托养老义会、金兰会等建立起的拟亲属关系互助养老组织"兄弟之家""姐妹之家"①。它们和新中国成立后出现的小型互助小组、互助合作社、五保制度等集体互助养老模式类似（张云英、张紫薇，2017：35），惠及的主要是孤寡无子嗣老人，覆盖面十分有限，主要围绕特殊老人最基本的养老需要展开，具有较强的救济性特征和人道主义色彩。

自 20 世纪 90 年代开始，天津、杭州等城市出现了以排解孤独、实现老有所为、追求精神愉悦等为主要目标的自发性老年人互助组合养老模式（朱传一，1997：35）。进入 21 世纪后，在人口老龄化日益严峻、养老服务供需矛盾日趋紧张的形势下，各级政府积极倡导并启动了"邻里互助""银龄行动""老帮老"等互助项目，如北京、上海等地早在 2003 年前后就积极倡导并启动了低龄老人服务高龄老人项目，在各个街道、社区建立起多元化的邻里互助小分队或"帮帮团"，并得到了诸多老年人的响应。

在政策环境方面，为了进一步发挥互助养老潜能并推动其发展，国务院自"十一五"规划起，多次提出有关发展互助养老的指导意见，如《中国老龄事业发展"十一五"规划》提出要"积极倡导和支持老年人广泛开展自助互助"；《中国老龄事业发展"十二五"规划》要求将互助式社区养老服务中心等社区养老设施纳入小区配套建设规划；《"十三五"国家老龄事业发展和养老体系建设规划》提出要"鼓励老年人参加社区邻里互助"，并"大力发展农村互助养老服务"，明确要"采取政府购买服务等措施加大对公益性、互助性、服务性、专业性基层老年社会组织的支持力度"。除此之外，《关于印发"十三五"健康老龄化规划的通知》指出，要"充分发挥基层老年协会作用，组织老年人开展互帮互助活动"，"支持专业社会工作者组织各类爱心人士关爱老年人，开展'一助一''多助一'等多种形式的

---

① 中国历史上无子嗣的太监和自梳女为了解决养老问题，太监组成了"养老义会"，自梳女以"姑婆屋"为依托，结成"金兰会"，借助地缘、业缘等既有的熟人关系，结成了师徒和金兰姐妹等拟亲属关系的"兄弟之家"或"姐妹之家"，由年轻者照顾年老者，由后死者送先死者，并负责春秋祭扫。这种拟亲属关系的互助养老，实质上是群体内部的自助和互助（方静文，2015：78~82）。

结对关爱服务活动"。2019 年 11 月出台的《国家积极应对人口老龄化中长期规划》明确提出要探索社区互助式养老，鼓励老年人根据喜好及相互约定，自愿开展多种形式的互助式养老。可见，国务院及政府相关部门已通过老龄事业发展规划和相关的老龄政策文件肯定、支持互助养老的实践探索，并越来越重视互助养老在中国养老服务体系中所起的作用。

在组织化探索方面，近年来，在社会组织生态环境逐渐改善的背景下，全国各地涌现出诸如天津蓟县（现蓟州区）知青"乐活大院"、北京的老年缘组织、南京金陵彩虹网络电视台等老年人自发成立的互助养老自组织和诸如北京福寿百年社区养老服务照料中心、上海"老伙伴"项目（计划）等以专业力量为主导的他组织式互助养老组织。这些组织开展了形式多样的互助养老活动，成为政府与社会关注与倡导的新亮点。这些互助养老组织的出现与近期在各地涌现的"抱团养老"的实验均预示着互助养老正由老年人零星地自主自发探索的阶段向组织化实践探索的方向发展。可以预见，伴随人口老龄化程度的加深和养老服务供需矛盾的加剧，互助养老的组织化需求将更加迫切，推动互助养老的组织化实践与研究将成为新的时代课题。

（二）互助养老组织的研究进展与局限

1. 传统互助养老组织的历史演变研究

国内学界对互助养老组织的研究可追溯到 20 世纪末，主要聚焦于互助养老现象的描述与演变历史的梳理。研究表明，他组织式的互助养老经历了宗族互助养老、集体互助养老和社区互助养老等几个发展阶段。宗族互助养老由宋代以前的族人间自发的、临时的救济活动发展为宋代以后的普惠式的、制度化的家族福利。义庄是宗族互助养老的成熟模式。这种互助养老以自给自足的小农经济为基础，以孝文化和政府的保护性政策为支撑，以宗亲血缘关系和地缘关系为纽带，开展近亲互助、邻里互助，以实现"赡族"的功能。义庄所惠及的主要对象是宗族内部的孤寡老人，以钱物救济为主（袁同成，2009：20）。除研究宗族互助养老外，方静文（2015）对中国历史上无子嗣的太监和自梳女为解决养老问题所组成的"养老义会"（由太监组成）和"姑婆屋"（由自梳女组成）进行了研究。

新中国成立后，随着宗族社会的解体与集体经济组织的兴起，宗族互助养老逐渐被集体互助养老所取代。集体互助养老的组织主体以人民公社、生产大队和生产小队三级组织为支撑；组织方式在早期为自发成立的小型互助小组，后发展为互助合作社，再到后来发展为五保制度；组织结构呈现半封闭性特点；集体经济是其经济基础，资金来源于集体提留的公益金和公积金；以业缘、地缘关系为纽带；集体主义观念，尊老、敬老、助老等孝文化和人民群众内部塑造的相互信任、团结友爱、患难相恤的文化氛围是其文化基础；政府对农村合作社和五保制度的认可、规范与支持是其政治合法性基础（张云英、张紫薇，2017：35）。当前，在一些集体经济发展较好的地区，这种集体互助养老仍在养老体系中发挥着重要的补充作用。

2. 新型互助养老组织的研究概况

早在20世纪末，朱传一（1997）就观察到天津、杭州及其他城市涌现出诸如"老年人互助组""老年人互助小分队""老年人家庭组合公寓"等各种互助性老年自组织。这类老年自组织一般存在于独居老年人占比较高的社区，组织主体是部分具有知识和技术专长且有奉献精神的老年人，组织目标是希望通过自助和互助的方式满足老年人自身的部分养老需求，组织的探索得到当地居委会的支持。对于这种具有鲜明自治特征、发扬互助互爱精神的组合养老模式，能否将其与家庭养老、机构养老与社区养老服务并列为"第四种养老模式"，目前尚存在争议。但这种养老模式确实具有让老年人不离开原来的家庭和熟悉的邻里环境，发挥老年人自治和互助的潜能，增进老年人间的友谊，丰富其精神世界，促进老年人学习新知和增强独立生活意识等优势。当然，这种社区老年人自组织的互助养老组合模式也需要一些条件作为支撑，如社区的独居老人较多、知识分子与专业技术阶层聚居、社区中具有奉献精神的带头人积极行动。在朱传一（1997）看来，这类互助性老年自组织生长的"关键问题似乎在于能否培育和涌现出一批推动这一养老模式发展的带头人"。互助养老的正功能是激励人们对其进行持续关注与不断探索的重要原因。

与历史上以血缘为纽带或集体经济为基础，以解决老年人经济层面养老问题为主要目标的互助养老有所不同，当前，他组织式互助养老具有以下特点：发生于工业化、城市化、家庭结构小型化、人口老龄化、亲子分居等已是大势所趋的社会环境中，以老年人趣缘、地缘等多种关系为纽带，以满足老年人身心健康、情感慰藉与精神文化娱乐等非经济、非生活照料层面的需要为主要目标，以充分发挥老年同辈群体相互关注、相互扶助的潜能与优势为主要手段。这种他组织式互助养老在农村以河北省邯郸市肥乡区"互助幸福院"为代表，在城市以上海的"老伙伴"项目为代表。

在农村，以"集体建院、集中居住、自我保障、互助服务"为主要特色的河北省邯郸市肥乡区"互助幸福院"是中国农村"互助幸福院"的代表。这一模式由县镇（乡）村三级组织和老年协会协同组织；其资金来源以老人自付、政府扶持为主，社会捐赠为辅；老人间的互助服务，即低龄老人帮扶高龄老人的服务，是"互助幸福院"倡导与践行的一项重要服务。"互助幸福院"运行的基础包括以下两个方面：其一，各级政府积极倡导、资助与支持互助养老，积极履行养老的公共服务职能是其政治基础与经济基础；其二，以地缘关系为纽带，自尊、自立、自强的老年自主精神和"离家不离村"的养老需要是其文化心理基础。

这种以行政力量为主导的农村"互助幸福院"在发展中虽曾得到国家民政部门的认可，实践探索的覆盖面较广，受益群体较多，但"互助幸福院"在发展中仍面临不可忽视的挑战，如各地的"互助幸福院"不同程度地面临建设时的热闹与建成后的冷清这种强烈反差的尴尬境况；一些地方的"互助幸福院"甚至大门紧闭、设施闲置，成为应付上级检查的政绩工程、面子工程（赵志强，2015：72）；生活设施闲置的现象尤为普遍（高灵芝，2015：161）。

据笔者观察，当前农村"互助幸福院"的制度设计仅解决了农村互助养老的"硬件设施"问题，而这些硬件设施能否可持续运营仍存在诸多不确定性，而互助养老的"软件"建设还存在诸多不完善之处，"互助幸福院"中老年人互助潜能如何激活的问题尚未引起足够的重视。笔者认为，互助养老的有效推进除了需要政府或社会提供必要的资助与支持外，还需要各类组织力量激励"爱心"与"能力"兼备的老年骨干积极承担必要的组织管理工作，激发老年人个体"愿意参与"且"乐于参与"的内驱力。

虽然各地"互助幸福院"的制度设计者与实践探索者都试图挖掘农村的社会资本，增进村落内部"血浓于水"的亲情和"远亲不如近邻"的邻里情，但都有意或无意地忽视了农村老年人"相互照料、相互帮扶"的信任基础。实际上，由于地缘关系，同一村落的老年人彼此虽然熟悉，具有"相互照料、相互帮扶"的可能，但要将这种应然性可能转化为实然性事实，需要以互助双方相互信任与相互认同等为前提条件。而老年人之间相互信任与相互认同的建构需要一定的主体来组织、倡导和践行，这一点在"互助幸福院"建设、运行和研究中并没有引起足够的重视。互助养老的信任基础建设在乡村老年人价值取向与服务需求日益分化的时代背景下显得尤为迫切。

在城市，各地基层行政部门都非常重视对失能、高龄老人的精神关怀与照顾，但对低龄老人的关心与支持不足，甚至是缺失的（姜伟云，2015：43）。据笔者观察，在上海的"老伙伴"项目中，基层行政部门虽然重视了低龄老年人对高龄老年人关怀的潜能，但忽视了对高龄老人与低龄老人间的关系联结与情感连带的深耕，致使该计划在实施的过程中，高龄老人与低龄老人间信任缺失、关联不足的问题较为突出。可见，无论在农村的"互助幸福院"中，还是在城市的"老伙伴"项目中，行政力量在介入互助养老的实践时都面临"吃力不讨好"的尴尬局面，这一局面的形成与各级行政力量对老年人之间的信任基础的忽视与建设不足不无关系。

3. 美国互助养老组织的案例研究

张彩华和熊春文（2015）对美国"村庄"老年自组织的研究显示，2001年，波士顿一群中产阶层老年人成立会员制互助养老组织"比肯山村庄"（BHV）。该组织旨在通过提供居家养老服务，提高老年人"在地养老"

或居家养老的能力，使老年人尽可能长久地在家中或熟悉的社区里养老。它是老年人在需要机构护理之前的特定阶段的养老方式。此类组织很快在美国多个州发展并形成"村庄运动"。2010 年，BHV 与非营利性社区发展机构联合成立了全国性平台——VtV 网络（Village to Village Network）；截至 2015 年上半年，170 个"村庄"在美国 40 多个州为近 3 万名老年人服务，另有 160 个"村庄"正在筹建。此类创新性探索还扩散到荷兰、澳大利亚等国。

美国这类会员制互助养老"村庄"的特点如下：其一，"村庄"所在区域老年人口占比较高；其二，"村庄"由中产阶层老年人发起，包含了大量中低收入者，他们认同"在地养老"的理念且具备一定的自理能力；其三，"村庄"与社区内相关组织合作；其四，组织将会员间无偿的互助性基本养老服务与有偿的专业性外部服务相结合；其五，"村庄"具有自我形成、自我支持、自我治理的特征。

会员制互助养老"村庄"的会员与志愿者规模自其成立以来就呈现持续扩张的态势，且会员增速快于志愿者，志愿者对会员的平均服务比为 1∶1.6。随着会员的逐渐高龄化，志愿服务的需求也不断增长，招募年轻的志愿者会员成为"村庄"运行和发展面临的关键问题。为确保邻里互助的志愿服务在满足"在地养老"需求的同时，保障服务质量，将志愿者与会员比保持在 2∶1 是理想状态。但多数"村庄"迫于对会费的依赖，为增加收入，会打破上述比例限制，致使不少"村庄"陷入追求会费收入与追求服务质量的两难境地。

由此可见，美国会员制互助养老"村庄"是夯实居家养老与落实"在地养老"的重要举措。其创新性实践对我国互助养老实践探索的启示主要包括两个方面。其一，注重地点与参与对象的遴选，如在老年人口密集的区域开展互助对象遴选，关注老年人是否认同"在地养老"理念，聚焦具有自理能力的老年人；在选择外部服务商时，重视对优质专业服务提供商的筛选，并进行议价以控制成本。其二，将无偿与有偿、互助与志愿服务有机结合，通过多方渠道满足会员的多方需求，解决互助养老运营中的人力与资金不足的难题。

4. 有关互助养老组织生长的研究

国内专门探讨互助养老组织生长的研究仅有三篇，分别是张彩华和熊春文（2015）、万谊娜（2019）对美国"村庄"互助养老组织的研究和赵向红等（2018）对无锡市"夕阳红之家"老年自组织的研究。为此，本研究将互助养老组织生长的文献梳理拓展到社会组织生长的相关领域，依据分析维度的不同，可将相关研究分为以下三类。

维度一，从宏观层面分析社会组织生长的制度与社会环境。这类研究侧重从宏观层面解释制度环境与社会环境对社会组织生长的深层影响。李长文（2013）的研究显示，为了实现国家治理的现代化，近几十年来政府对社会组织的态度经历了由统战、吸纳、排斥到接纳、引导、支持的转变过程。陶传进（2018）的研究亦表明，从纵向比较来看，当前社会组织生长的政策环境更加友好，不仅有政府购买社会组织服务的资金与政策的支持，而且还有鼓励推进第三方评估制度的政策倾向。在此背景下，社会组织自身能力的提升和内部治理体系的完善就显得尤为重要。近年来，基层政府在推出政府购买公共服务政策的同时，还启动了公益孵化器①、公益创投、能力培训等建设项目，以期促进民间组织的发育和能力提升。总的来看，社会组织生长的政策环境趋于向好。但这些利于社会组织生长的制度与政策在实施的过程中还存在一些不足，如当前政府购买服务呈现以体制内需求为导向、就近圈内购买以及悬浮于社区治理网络等特征，致使社会组织赖以发展的重要制度条件处于缺位状态（黄晓春，2017：101）。

维度二，从中观层面分析社会组织的生长历程及其影响因素。这类研究侧重从组织层面分析影响社会组织生长的要素与历程。如张翠娥和付敏（2010）以服务于流动妇女的一个社会组织为个案，从需求视角对该组织的发展历程进行了探讨。研究表明，以流动妇女的强需求为介入

① 如北京的恩玖信息咨询中心（成立于 2001 年）、上海的恩派（NPI）公益组织发展中心（简称"恩派"，成立于 2006 年）、苏州的孵化帮扶组织（于 2011 年开始创建）、杭州恩众公益事业发展中心（成立于 2012 年）等。

点，组织获得了服务对象的信任与接纳。但在回应服务对象的重要需求和利益关切上，组织对制度环境不够重视且缺乏必要的专业知识与方法技能，使得其发展陷入困境。这一研究表明，服务对象的需求是影响甚至制约组织生长的关键性问题；服务对象的需求具有多层次性，有强弱主次之别，组织在回应其需求时可采取渐进策略；有效地回应服务对象的需求是赢得服务对象信任的重要因素。王栋和郭学军（2014）以"乐和家园"项目为例，以"体、用、的"三者关系为分析框架，探究乡村社会组织成长的规律性问题，研究发现，发展乡村社会组织的功利性是影响其本体成长及永恒性价值实现的关键因素。为此，需要以平衡性的逻辑思维，处理好各种利益主体、本体发展与外在环境、利益与价值的关系。

维度三，从影响社会组织生长的某个侧面分析组织生长。这类研究主要从影响社会组织生长的某个侧面展开分析。孙兰英和陈艺丹（2014）认为，信任型社会资本是社会组织生长的基础资源，而影响社会组织生长的主要信任型社会资本包括政府对社会组织、公众对社会组织与社会组织内部成员之间的信任。徐志刚等（2011）认为，社会信任是农民专业合作经济组织产生、存续和发展的必要条件。王义（2016）认为，政府权力是影响社会组织生长的最重要的外部力量。

综上所述，学界对互助养老的研究呈现以下特点。其一，对互助养老的实践探索展开描述的成果较多，从组织视角对互助养老组织生长及其关键议题深入剖析的研究成果不多。其二，关于互助养老组织的研究多聚焦于政府、街区等行政力量在互助养老中的支持与保障作用，而忽视了对互助养老的活动主体——老年群体的研究。既有研究的不足致使我们不能深入地理解与解释互助养老在推进过程中未能吸引老年人积极参与的深层原因。笔者认为，互助养老的核心在于老年人之间的互助。对于互助养老组织而言，激活老年人之间的互助潜能，以便有效回应老年人的身心健康、情感慰藉与精神文化娱乐等需求才是互助养老组织生长与发展核心议题。其三，对互助养老组织信任建设方面的研究不足。宗族互助养老、集体互助养老都以参与成员对宗族、集体的信任与认同为前提，且这种信任与认同以血缘、地缘关系为纽带，以人与人之间的相互熟悉、彼此信任为基础，以必要的经济基础与组织基础为保障。与传统的互助养老不同，当前的互助养老多发生于无血缘、无经济基础，甚至彼此并不熟悉的老年同辈群体间。事实上，村镇或街区在推进互助养老的过程中都不同程度地面临组织信任缺乏的窘境。这就给城乡互助养老的组织者提出了共性的问题，如何动员老年人参与？运用何种手段或方式增进老年人间的相互信任与相互认同，促进成员相互关注、情感连带和相互扶助？

总之，从既有的实践探索与研究成果中，我们看到了互助养老的积极意义，但在社会组织生长环境趋于向好的时代背景下，互助养老组织内部的治理能力与服务供给能力等问题日益突显。其中，有效回应服务对象需求的能力尤为关键；社会组织能否赢得多元主体的信任与认同，能否平衡好组织内外多元主体的利益，也是影响甚至决定组织能否良性发展的关键因素。基于此，本研究认为，任何互助养老组织的生长都需要回答以下三个关键问题。其一，如何有效地回应服务对象的需求？其二，如何有效地促进组织信任建构？其三，如何通过创造性的服务供给和关系维护策略，赢得基层政府、街区和基金会的资助与支持？以上三个问题不是静止的，而是随着组织生长及其拥有资源的多寡而处于动态调整中。为此，本研究将从组织生长的视角出发，从组织内与组织外两个维度审视影响甚至决定组织生长的关键问题。

对以上三个问题的探讨将可能有以下贡献。其一，对互助养老组织生长过程的考察及其关键议题的探讨，将可以更好地廓定与理解互助养老组织的内涵、功能与特征。其二，通过三种类型互助养老组织实践探索的比较研究，可以发现不同类型互助养老的优缺点，思考其合理的功能定位与生长的条件依赖。其三，洞察互助养老生长的关键环节与机制，能为老龄事业相关部门落实积极老龄化与健康老龄化战略，制定更为精准的扶持政策，培育互助养老组织提供有益的启示。

二　理论框架与研究思路

（一）互助养老的内涵与特征

1. 相关概念辨析

其一，"互助"与"慈善""交换"的区别。

准确理解"互助养老"概念需要先厘清"互助"与"慈善""交换"几个概念的区别与联系。从行动的逻辑起点来看，"慈善"或"志愿"基于道德中善的逻辑，"交换"基于等价交换的商业逻辑，而"互助"介于"慈善"或"志愿"与"交换"之间，基于彼此需要和相互认同，遵循人情互换法则。从行动主体间的关系来看，在"慈善"或"志愿"行为中，施者与受者具有获益不对称性与道德上的不平等性，极易导致施者道德上的优越感与受者的自卑感，从而影响互动的持续性与稳定性。在"交换"行为中，等价与互惠是参与主体遵循的基本原则，且行动中情感的工具性特征较鲜明。在"互助"行为中，互助双方基于自愿、平等、互惠等行动原则，在互动中参与者相互扶持、平等交流、双方或多方受益，互动各方不会产生不平等感、亏欠感和道德优越感。在"互助"行为中，参与者的情感不是工具性的、浅表性的，而是表达性的，被全方位地裹挟在个人生活和社会关系之中。在学术研究与实践探讨中，人们容易将"互助"与"慈善""志愿""交换"等混用，是因为这几个概念的内涵与外延存在一定的交集，并非截然分开，如"互助"与"慈善"或"志愿"行为都以利他为导向；"互助"与"交换"都以参与者间的平等与互惠为特征。据笔者观察，一些组织在互助养老实践中，在倡导老年人间的互助之余，开展一些慈善或志愿活动，也是常有之事。

其二，"互助"与"自助""他助"的边界。

辨清"自助""互助""他助"三者的边界与关联，对正确界定互助养老的内涵有着极其重要的价值与意义。"自助"是指主要依赖行动者自身的能力或资源解决问题或满足需要的一种行为。"自助"一般与"自主""自由""个性化"等概念相联系，其优势是能突显行动者的主观能动性、自我掌控能力、自我价值的实现等。"他助"是指主要依赖外部力量或资源解决问题或满足需要的一种行为。"他助"一般与"依赖""依靠""标准化"等概念相联系。资源分配规则与权力的制约、服务关系中需求的表达与供给是否一致、受助人尊严丧失与维护等都是"他助"过程中无法回避的现实问题。"互助"介于"自助"与"他助"之间，是指主要依赖行动主体间的力量或资源解决问题或满足参与者共同需要的一种行为。"互助"过程中参与者彼此需要、相互认同、相互信任是建构合作网络的基础，组织、资源、关系、权力等是合作过程中绕不开的关键议题。人们之所以容易将"互助""自助""他助"等概念混淆，是因为这几个概念经常交织在一起，很难彻底分开。如"互助"和"自助"行为都需要以行动者具备必要的自理能力为前提。"互助"与"他助"也是相对的，在互助养老中，相对于同辈群体而言，这是互助，相对于政府和基金会给予的资金而言，这又是他助。可见，老人间的"互助"需要以"自助"为基础，以"他助"为保障。

其三，养老中的互助行为与组织化互助养老的差异。

克鲁泡特金（2017）在《互助论：进化的一个要素》中提出，"互助"才是人类在内的一切生物进化的真正因素，人类依靠互助的本能，就能够建立和谐的社会生活。克鲁泡特金所关注的"互助"更多的是出自生物本能，是一切生物的自组织行为。在人类历史长河与每个人的生命周期中，互助行为无处不在、无时不在。在养老过程中，人与人之间或邻里之间，基于信任或认同的、自发的、无组织的互助行为，自古有之，中外概莫能外。这类自发性互助虽然零星，但早已以"润物无声"的方式融入城乡居民的日常生活，为邻里关系的和谐与代际互助氛围的营造做出了重要贡献。在新的形势下，这种养老中的自发性互助行为的覆盖范围也逐渐由传统的基于地缘、血缘和业缘的熟人之间拓展到基于地缘、趣缘的陌生人之间。如中国人口学界早在 2003 年就捕捉到老年人晚年时需要"搭伴养老"的新现象①。虽然，这一现象伴生了非婚同居的法律问题和家庭财产处置、家庭关系处理等新难题，致使"搭伴养老"模式备受争议。但它反映出来的独居老年人精神及心理层面的强烈需求不容忽视。正如姜向群（2004）所言，这些独居老年人再婚是"以情感、精神依靠、生活照料互助为主要目的"的。可见，新形势下，"搭伴养老"是独居老年人自发地通过既传统又新潮的"非婚同居"方式来满足自身晚年精神与情感需求的一种积极尝试与探索。本研究不探讨养老过程中无处不在的无组织的互助养老行为或现象，而将研究的目标锁定在有组织的互助养老现象或行动上。

其四，"养老"与"互助养老"的概念辨析。

养老，从其内容上看，包括经济支持、生活照顾、情感慰藉等多个层面。从养老发展的趋势看，养老内容呈现社会化趋向，如在经济支持层面，养老逐渐由家庭养老演化为家庭与社会共同养老；在生活照顾层面，养老可细分为日常生活照料与失能之后的长期照护，一些经济发达的城市积极推进以政府购买的方式为独居、贫困老年人提供"喘息式"的照料服务；在情感慰藉层面，一些老年自组织兴起，一些专业养老组织（专业组织）在政府、街区和行业组织的支持下，正积极为城市老年人提供精神文化娱乐方面的服务。总的来看，中国的养老服务供给呈现养老主体多元性与养老服务水平专业化的发展趋向。在此背景下新兴的互助养老，虽然并未排斥一些关系紧密的老年人在健康状况不佳时的相互照顾与在经济困难时相互扶助的可能，但在当前绝大多数老年人有经济保障且失能之后无法奢望同辈群体照顾的情况下，将互助养老的目标与功能锁定在满足老年人相互关怀与情感、精神层面的相互扶助层面，符合当前老年人的实际需要，也是可行的功能定位。从这个意义上来看，互助养老不能解决老年人面临的所有养老问题，它只是老年人依靠同辈群体力量，侧重通过老年人日常生活中的相互关怀来满足老年人情感需求的一种养老方式。为此，需要人们

---

① 《人口研究》编辑部曾在2003年邀请郝麦收、姚远、宋健、徐勤等人口学家就"搭伴养老"这一老年再婚模式进行了探讨。

廓清对互助养老的认识误区，并摒弃那些对于互助养老不合理的期待。

2. 互助养老的特征

本研究关注组织化的互助养老现象，它具有以下特征。其一，老年人是互助养老的主体，这种主体性体现在两个方面，一方面互助养老需要以老年人共同的需要为出发点与落脚点，另一方面需要充分动员并发挥老年同辈群体自身的力量来实现"自助""互助"的养老目标。其二，促进老年人相互关怀并满足其情感与精神层面的需求是互助养老的主要目标。老年群体"在一起""共同行动"侧重于非经济支持、非日常生活照料层面，旨在满足老年人身心健康、情感慰藉、精神文化娱乐层面的需求。其三，以趣缘与地缘为主要联系纽带。新形势下的互助养老超越血缘纽带，而以趣缘、地缘为主要纽带，生成了新的相互关注、相互帮扶关系。其四，志同道合是互助养老成员关系的一个重要特征。参与互助养老的成员志趣相投，推动了成员间的相互信任与相互认同，使其相处时能够谈得来、合得来，进而相互关注与相互扶助。其五，多元主体的参与和支持。将社区里没有血缘关系、彼此并不熟悉的老年个体聚集起来，促使他们相互关注与相互扶助，需要一定的主体来组织引导，并解决互助养老组织化成本的分摊问题。为此，互助养老组织也需要政府、基金会、社会服务机构等多方力量的资助与支持。

基于以上认识，本研究将组织化的互助养老界定为老年人在一定组织引导下，依托政府与社会的资助与支持，通过和志同道合的同辈群体共同行动，满足其身心健康、情感慰藉、精神文化娱乐需要的一种养老方式。

（二）组织化的互助养老类型

按组织主体性质的不同，可将互助养老组织细分为老年人主导的互助养老组织、行政力量主导的互助养老组织和专业力量主导的互助养老组织。老年人主导的互助养老组织亦可称为老年自组织，即便在行政力量主导和专业力量主导的互助养老组织中，老年自组织也发挥着重要的作用。为此，在梳理互助养老组织的类型之前，有必要厘清"小团体""自组织""他组织"三个概念的异同。小团体是指一群人因兴趣、利益聚集而从事一些非正式活动的团体。自组织是指有特定目的小团体，为共同的目标而进行自我管理、分工合作并采取行动后形成的组织形态（罗家德等，2014：5）。自组织具有以下特征：一群人基于情感性、认同性关系及信任而自愿地结合；结合的群体有集体行动的需要；为了管理集体行动并使团体从无序走向有序而自定规则、自我治理。他组织是指由一个权力主体指定的一群人组织起来，以完成被赋予的任务而形成的组织形态（罗家德等，2014：3）。肖知兴（2012）从企业角度将组织分为三种，即靠私人关系运作的"原始组织"、靠军事化手段运作的"初级组织"和靠共同价值观维系的"智慧型组织"。他认为，原始组织是"无组织"，初级组织其实就是"被组织"，军事化控制加洗脑式文化是初级组织的鲜明特征。以上两类组织的存废很大程度上都要依赖组织负责人，而智慧型组织才是"自组织"。自组织是组织成员自发、自动、自主地为实现组织目标努力工作的一种组织形态。肖知兴（2012）认为自组织的形成需要具备三个条件：其一，组织成员拥有基于普遍主义原则的、出于自愿选择的、发自内心信奉的共同价值观；其二，组织在共同价值观的基础上建立了共同的行为规则；其三，组织对违反行为规则的组织成员有相应的规制方式。

以上几位学者都认为自组织要求参与者基于其共同信奉的价值观、相互间的认同与信任而自愿结合，组织成员需要集体行动，并在行动中遵守必要的规则。据笔者观察，如果从组织生长的生命周期来看组织的生长，自组织与被组织之间的界线并没有那么分明，两者并不是截然分开的。自组织与被组织处于动态的演化过程之中。早期的自组织可能演变为被组织，一些被组织也可能演变为自组织，一些被组织内部可能生成一些自组织。自组织与被组织在实践中也是相互借鉴与相互启发的，一些自组织的创新性探索会给相关主体以启示，从而引发一些被组织的生成。

老年人主导的互助养老组织以全国各地"抱团养老"的老年自组织为典型代表。对于老年人而言，避免无用感、探寻生命意义，是老年群体退出生产领域之后无法回避的新命题。近年来涌现的天津蓟县（现蓟州区）知青老人的"乐活大院"养老探索、杭州独居老人与空巢老人进行的"住户加租客"的养老实验、各地流行的"老年拼客"养老实践等均表明，老年人需要与同辈群体共同行动，解决精神养老的需求。可以预见，随着老龄人口寿命的不断增长和物质的日渐丰裕，越来越多的老年人渴望能与年龄相仿、经历相似、志趣相投的同辈群体"在一起""共同行动"以探寻生命的价值与意义。"抱团养老"引发媒体和社会的高度关注和热烈讨论，虽然学界的研究成果还不多，亦有一些媒体人和学界人士提出诸多担忧，这些都没有阻挡一些老年人积极参与探索"抱团养老"的步伐。

行政力量主导的互助养老组织以城乡各级政府积极倡导并主导探索的互助养老实践为主。在农村，河北邯郸肥乡县（现肥乡区）前屯村自2008年起就开始了"互助幸福院"的实验，其经验在民政部的倡导下被推广到山西、内蒙古、辽宁、吉林、黑龙江、湖北、广东、广西、陕西、甘肃等地①。在城市，上海自2012年起在全市范围内实施了低龄老人关爱十万名高龄老人的"老伙伴"项目。这些探索为充分发挥低龄老人的价值，解决高龄独居、空巢老人的孤独寂寞问题做出了积极的贡献。

专业力量主导的互助养老组织是指以倡导并促进老年人自助与互助为主业的非营利性组织。与前两类实践探索相比，专业力量主导的互助养老组织目前还处于探索阶段，尚未形成规模，影响力还极其有限。但因这种类型的实践探索在中国治理现代化的时代背景下展开，在实践探索的过程中得到了基层政府的资助和街区的大力支持，一定程度上融合了专业组织的专业优势、老年人的互助潜能和地方政府的资源优势。如何实现政府、街区、专业组织与老年群体等多元主体在互助养老中的优势互补和资源整

---

① 如在中央层面，2013年民政部和财政部下发《关于做好2013年度中央专项彩票公益金支持农村幸福院项目管理工作的通知》，2016年民政部、国家发展改革委发布《民政事业发展第十三个五年规划》，提出大力支持农村互助型养老设施（互助式养老服务中心）建设。在地方层面，湖北省出台了《湖北省民政厅关于开展农村互助养老服务工作试点的通知》（2012年），甘肃省民政厅出台了《关于建设农村互助老人幸福院的意见》（2012年），河北省出台了《河北省人民政府关于加快发展养老服务业的实施意见》（2014年），等等。

合，实现互助养老的可持续运行是这类互助养老组织在实践探索中面临的
难点问题。

（三）有关互助养老组织的理论

互助养老潜在的价值与意义是激励社会各界持续关注与实践探索的重
要动力。正因如此，各级行政部门通过政策、资金、舆论等多种工具积极
倡导并支持互助养老。据笔者观察，有效且持续的互助养老需要关注并探
讨互助养老组织生长中无法回避的三个关键问题——老年人参与互助养老
的动力问题、互助养老参与主体间的信任建设问题、互助养老组织化的成
本控制与资源配置问题。第一个问题要回答老年群体为何而聚，即互助养
老能满足老年群体什么样的需求这一问题。组织化本质上是人群的凝聚，
在洞察老年人凝聚在一起而共同行动的意愿时，需要抓住老年群体凝聚背
后隐藏的需求，这是互助养老组织化的老年人需求之维。第二个问题要回
答老年人如何组织起来的问题，即要回答互助养老组织者通过何种方式或
手段将分散的老年人聚集起来，促进老年群体内部的相互信任、彼此团结，
并推动成员间的相互关注与相互扶助。第三个问题要回答互助养老组织如
何通过创新性服务供给赢得政府、街区、行业组织和老年人的认可，并解
决互助养老组织化过程中的组织成本控制与资源配置这一问题。为了更好
地审视以上三个问题，本研究借鉴的理论分两类：其一，信任理论与人情
交换理论，这类理论有助于我们进一步理解与解释互助养老组织成员的自
助与互助行为中的需求满足与信任建设问题；其二，组织社会资本理论与
资源依赖理论，这类理论有助于我们洞察组织与环境的关系，解决互助养
老中组织化成本的筹措与分摊问题。当然，这些理论也是相互关联的，如
组织社会资本的生成需要以个体间的相互信任与相互认同为条件。

1. 信任理论

在互助养老组织化的过程中，当老年人聚集在一起共同行动时，需要
回答以下问题：这个组织可信吗？老年人之间的信任何以可能？信任理论
对于理解和解释老年人聚集及共同行动的原因和机制具有一定的启示意义。

什么是信任？信任是人类在复杂的环境中发展出的一套降低社会复杂性的简化机制（卢曼，2005：7）。信任是一个复杂且多维的现象，由认知、情感和行为三个方面的因素混合而成。信任基于一种认知过程。我们选择对哪些人或机构信任与不信任，通常建立在可信证据基础之上。正如卢曼所言，"熟悉是信任的前提，也是不信任的前提，即对未来特定态度作任何承诺的先决条件"（卢曼，2005：25）。信任的现实意义在于它所承载的社会行动。信任是将他人不确定的行为置于一种确定的情形中。从这个意义上讲，信任是对期望的对象所持有的信心，是一个冒险的过程。信任的认知、情感与行为三个维度是互相交叉且互相支撑的，从属于信任的整体经验。

信任有哪些类型？韦伯（1951）根据信任关系建立基础的不同，将建立在血缘、地缘基础上的私人关系和家族或准家族关系之上的信任称为特殊信任，而将建立在共同的宗教信仰或公共道德信念基础上的信任称为普遍信任。福山（2016）指出，韦伯所划分的信任类型，其区别在于信任半径不同。特殊信任局限于熟人圈子之内，普遍信任半径则扩展到了熟人圈子之外，因此能发挥社会润滑剂的作用。卢曼（2005）将建立起的以情感联系为基础的信任称为人际信任，将建立在以人与人交往中所受到的规范准则、法纪制度的管束制约为基础的信任称为制度信任。McAllister（1995）从信任者的角度将信任区分为情感性信任与认知性信任，认为认知性信任是基于理性计算的，而情感性信任是建立在善意与相互依赖的基础之上的；并且着重突出了个人化的情感性信任在组织合作中的重要作用。与基于理性计算的、公共道德、法纪制度生成的信任不同，本研究所讨论的信任是基于地缘、趣缘、情感而生发的信任，这类信任是老年人自发性合作的基础，也是老年人自助与互助的必要条件。

信任何以生成？观点一，"信任三阶段说"。列维奇和邦克提出"信任三阶段说"并予以解释。这三个阶段分别对应计算型信任、了解型信任、认同型信任。第一阶段的计算型信任是基于惩罚的威胁或可能的奖励；第二阶段的了解型信任主要源于双方交往的经验；第三阶段的认同型信任是基于交往双方互相的充分了解和对彼此行为动机与意图的认同建立，并表现为愿意为对方目标的达成贡献自身力量的倾向（翟学伟、薛天山主编，2014：59~61）。观点二，"信任三个维度说"。信任的基础是理性、心理和文化。信任的理性维度是指信任建立在对象的可信性的基础之上，即信任者所获得的关于被信任者的相关知识和信息。信任的心理维度是指信任在个人历史经验的累积中建立，并固化于行动者的人格中。信任的文化维度是指信任建立在特定的社会、社区或社会群体历史上积累的集体经验的沉淀物上。什托姆普卡（2005）提出信任的理性维度具有知识论性质；信任的心理维度具有系谱学特征，是个体、传记式的系谱；信任的文化维度具有集体的、历史的系谱学特征。观点三，"信任的社会经验延续说"。信任从来不会没有理由，总是从已有的证据进行推断。信任的生成始于先前的经验，并将经验泛化，使其延续到其他"类似的"事件中去，这种期望泛化过程有三个重要方面值得注意。其一，疑难问题从"外在"到"内在"的部分移位。从根据外部情境不同而进行选择转变为对某种对象的稳定的态度。其二，信任是一个学习过程。这种学习不仅是从先前经验中进行归纳，还需要将成功的信任经验进行迁移和概括。其三，信任是对周围世界结果的符号记述（卢曼，2005：34）。总之，无论是列维奇与邦克的"信任三阶段说"、什托姆普卡的"信任三个维度说"，还是卢曼的"信任的社会经验延续说"，均表明信任基于参与主体先前的经验与当下相互熟悉、相互了解程度，包含了认知、情感、行为三者的混合，是一个通过不断学习与积累，由陌生到熟悉、由"外在"到"内在"的社会建构过程。

信任的功能有哪些？其一，信任的简化功能。不管组织怎样努力，人们很难根据对行动后果的可靠预测来指导所有行动，因而仍有不确定性。信任具有消解不确定性、将复杂性简化的功能（卢曼，2005：30）。其二，信任的解脱、唤醒与激活功能。什托姆普卡（2005）认为，信任对参与者的功能体现在互动中，当我们给予他人信任时，我们将从提防、监督和控制他人的一举一动中解脱出来，使我们免于焦虑、怀疑和警戒，并允许更多的自由和开放。这种信任有利于唤起他人的积极性情感，使其行为更具创新性。正因如此，信任不仅对它的给予者，而且对它的接受者都有积极的效果。信任不仅对参与者有积极的功能，而且对信任所辐射的更广大的团体、组织等都具有积极的功能。第一，信任能够激励人们一起参与各种形式的联合，并扩展人际联结的网络，扩大互动的范围，并允许更亲密的人际联系的存在；第二，信任促进了沟通范围的扩展，并解决了阻碍自发行为的"众人致误现象"①；第三，信任鼓励对陌生人的宽容和接纳，这使得信任抑制了群体内的敌对倾向，并在一定程度上减少了争执的发生；第四，出于认同意识，信任文化增强了个体与共同体之间的联结，并产生强烈的合作、互相帮助、利他倾向以及为他人的利益甚至不惜牺牲自己的奉献倾向的集体团结；第五，当信任文化出现时，交易成本显著降低，而合作的机会显著地提高了。正如卢曼（2005）所言，"当信任存在时候，参与和行动的可能性增加了"。奥斯特罗姆（2014）也认为，产生于制度和网络基础上的信任和互惠使集体行动成为可能。

综上所述，互动双方的信任度与彼此联系纽带的紧密度将直接影响互动双方的互动频率与亲密程度。中国传统社会里人与人的高信任主要缘于人们生活的封闭性（翟学伟，2003：9），而现代社会的开放性、流动性致使传统的人际信任遭遇巨大冲击。互助成员对组织的信任、成员间的信任等是老年人相互关注与共同行动的基础和必要条件。为此，需要互助养老组织通过引导成员参与共同关注的行动或活动，促进互助成员互相认识并增进彼此了解，推动成员间的相互关注与情感连接。随着成员间熟悉程度的加深，成员间的信任也会由浅信任发展为深信任，进而增进成员间的亲密度与互动频率，使互助成员在身心健康、情感慰藉与精神满足中达成自助与互助目标。

基于以上认知，本研究将从三个层面考察组织信任。

其一，老年人对组织的信任。这类信任具体体现为：老年人对组织所

---

① 在突发事件中，旁观者参照其他人的态度和行动来做出反应，尽管没有一个人能够确定正在发生什么事。通常情况下，所有的旁观者都会踌躇不前，当作什么事都没发生，并运用这种"信息"来合理化自己的不行动。

倡导的价值理念与方法的认可，老年人愿意积极参与组织的相关活动，自愿成为组织的一员。这类信任主要受如下因素的影响：组织的服务态度与服务能力，组织声誉、领导方式、沟通机制、文化氛围等，组织成员的价值理念、阶层、身份、生活方式等及其与组织倡导的价值理念和服务内容的契合度等。老年成员对组织的信任可以从认知、情感、评价、行为层面予以考察：第一，认知层面主要指老年个体对自我与成员资格的认知；第二，情感层面包含个体对组织是否关心、是否有组织归属感等；第三，评价层面包含个体对组织成员资格的认可度及对组织内群体的态度；第四，行为层面包含群体参与、相互作用与相互依赖等指标。

其二，老年成员间的信任。与其他年龄群体相比，老年同辈群体由于年龄相仿、生活经历相似，在生命历程中具有共同的生活体验与记忆，在构建相互信任方面具有独特的优势。但我们也应意识到，老年群体并非同质性群体，他们在兴趣爱好、价值观念、生活方式等方面可能存在较大的差异。正因如此，组织主体如何充分挖掘并回应老年同辈群体共性的需求，如何通过符号系统的建构和共同的健康促进行动加强老年互助成员间的相互关注与情感连接以及老年人之间的相互信任，都是需要深入探讨的问题。对于老年人的信任建构过程，本研究将侧重从如下三个层面进行考察。第一，老年互助关系建立的信任基础。这种信任一般建立在地缘、业缘、趣缘、网缘等联系纽带的基础上，并受组织成员价值、信念、身份、地位、需求、兴趣、爱好等的影响。在案例 A、B、D 中，成员间都具有地缘关系；在案例 A、B、C 中，成员的阶层、身份、生活方式都具有较高的同质性；在 A、B、C、D 四个案例中，参与成员对组织倡导的互助理念都具有较高的认同度。第二，组织为促进成员间的相互认识与相互熟悉而开展的促进活动。如案例 A 中，组织通过健身仪式化活动促进成员间的相互关注与情感连接。在案例 C 中，组织通过"老有所学、老有所乐、老有所为"系列活动促进成员间相互信任，并拉近成员间的关系距离。在案例 D 中，组织通过系列培训与座谈会的方式间接地促进低龄老人与高龄老人关系的建立与维护，以增进彼此信任。第三，组织成员间的信任建构过程。在成员前期的信任基础与组织活动的共同作用下，组织成员间的信任关系经历了一个动态的变化过程，这个过程可以从组织成员间关系距离的远近、非正式活动的多寡等指标中得以体现。

其三，组织与组织间的信任。本研究主要考察互助养老组织如何赢得基层政府、街道、社区、基金会、行业组织等资源供给主体的信任。这种信任的建构既与互助养老组织的类型、组织倡导与实践的价值理念有关，也与组织负责人的服务态度与服务能力有关，同时也与组织服务成效与声誉密不可分。外部资源供给主体对互助养老组织的信任也有一个动态的变化过程。

2. 人情交换理论

互助养老是以人与人之间的相互信任和相互认同、情感上的紧密连接、频繁地相互关注与相互扶助为基础的。老年群体的交往是在特定的文化规范的指引与约束下展开的，需要遵循中国文化中人际交往的人情关系法则。在中国文化中，人情就是人与人之间的相处之道。在日常生活中，人情虽难以言说，但对人的行为确实很有约束力。正如金耀基（2006）指出，"知恩图报""有恩必报"中的"报"是中国人处理人情关系时的基本准则和应履行相应的义务。与一般的交换不同，在中国人情关系中，所谓的"报"包含送礼与还礼，行为或事件上的互惠或互助，信仰上的祈求与保佑，即礼、行为与信仰三个层面。理解中国人"报"的行动逻辑需要结合交往双方的社会地位。"上"对"下"给予某种优待或好处，让人感激涕零，一般会用"恩"来表达；"下"对"上"所做的一切符合日常或儒家孝或敬之道的行为，一般被认为是应该的；而平等主体间交往的准则是互惠，朋友、邻里、同辈群体间的交往多属于这一层次。虽然"报"在中国文化情境中融合了丰富的文化内容，但它本质上还是属于人际交往中利的层面。追求人情交往中的平衡，不愿成为人情的负债者，不欠"人情债"，这是中国人人情交往的又一重要准则。"钱债好还、人情债难还"及"不可欠人人情"等都是因为欠了人情，在社会关系上就失去了平衡，失去了自己在人际来往上的独立性（金耀基，2006：72~73）。正因如此，为了不欠别人的人情，最有效的方法就是回报别人更多的人情。正如俗语"你敬我一尺,我敬你一丈",人情关系在"施—受—报—欠"之间不断地循环。从这个意义上讲,"欠"成为中国人情关系中一种重要而可行的交换原则,满足了封闭性的交换结构比较稳定持久的要求(翟学伟,2011)。

在中国文化中,与"报"相对应的是儒家倡导的"义"。"义举""义气""义工""义士"等日常用语中都包含了"舍身""施恩""舍财""不求酬谢""分享"等含义,其指向都是不索取回报(翟学伟,2011:214)。倡导见利思义的品质,这不仅为中国人的"交换"与"报"的行动赋予了道德性的意蕴,同时也为中国人从较封闭的、熟人之间的交往走向开放的、流动性的异质性群体的交往提供了行动指南(翟学伟,2011:214~215)。

3. 组织社会资本理论

组织社会资本作为组织发展的重要资源历来备受关注,这里的社会资本是指"行动者在行动中获取和使用的嵌入在社会网络中的资源"(林南,2015:24)。这一概念表明,社会资本嵌入在社会网络或社会关系中,资源的动员成效或获取量取决于行动者自身。行动者如何建立信任,从社会网络中最大限度地获取资源,很大程度上取决于行动者的能力(Nahapiet and Ghoshal,1998;程民选,2007;张超、吴春梅,2011),这里的行动者特指互助养老组织。需要说明的是,组织规模较小是专业力量主导与老年人主导的互助养老组织的共同特征,而且组织负责人或合伙人又是组织的主要发起人与管理者,从某种意义上来看,组织负责人或合伙人个人的社会资本与组织的社会资本具有较高的重合度。依据组织关系网络主体间权力关系的差异,可将组织社会资本划分为纵向社会资本和横向社会资本(边燕杰、丘海雄,2000;张宏,2007;钱海燕等,2010)。纵向社会资本是指组织与政府及相关职能部门间形成的相对稳定的社会关系网络及其资源。横向社会资本是指组织与其他平等主体间形成的相对稳定的社会关系网络及其资源。权力不对等和主体间相对平等分别是纵向社会资本与横向社会资本的鲜明特征。

组织社会资本生成的相关研究成果在企业领域的研究中相对较多,如对企业家社会资本、企业集群内社会资本、产学研联盟社会资本等议题的研究。这些研究都假定网络资源和关系资源是企业社会资本形成的基础（张明亲，2006：31），其中，信任、互动或互惠等是企业社会资本生成的关键性因素（陈丽琳，2007：118）。如陈传明和周小虎（2001）认为，企业家社会资本的生成与企业家的社会阅历、在社会关系网络中的位置、与利益相关主体的互动等因素有关，而互惠与信任是维持关系网络的重要因素。企业集群内社会资本的生成则与成员间合作时间、交互稠密度、成员间的信任水平等密切相关（蔡华林，2005；张魁伟、许可，2007）。产学研联盟社会资本生成是一个由关系嵌入而促进信任产生的动态过程，而社会网络的关系特征是影响产学研联盟社会资本生成的关键性因素（丘缅、王浩，2015：17）。

市民社会组织和社团组织与社会资本有着"天然"的内在关联，市民社会组织内部成员间的互动和横向关系网络有助于培养信任，推动公民合作，是社会资本的"生产车间"。所以，强化公民信任、促进公民合作、"编织"良好的社会网络，是市民社会组织和社团组织的固有功能（Putnam，1995；李茂平、阳桂红，2008）。福山（2016）认为，社团成员必备的情操和美德、成员间互助合作和成员间广泛的社会信任是社团组织内社会资本生成的三个关键性要素。其中，信任是基础，互助合作有助于促进更广泛的社会信任，提高聚合社会资本的能力。Putnam、福山等人的研究都有一个共同点，即将市民社会组织或社团组织作为社会资本培育的载体、工具或平台，这些组织培育与生成的并非组织本身的社会资本，而是组织成员个体或社区的社会资本。

可见，组织社会资本的生成既离不开社会结构的促进与制约，又与行动主体间的互动密不可分。作为社会资本建构的行动者，在既定的制度环境下，如何获取与甄别相关信息，识别与捕捉社会结构中的制约与机会，增进信任、维护关系，汲取自身在不同发展阶段所需的资源，应成为社会资本生成研究重点关注的议题。本研究将组织的社会资本作为影响组织生长的关键因素进行考察，试图突显社会资本的关系性与生产性（林南，

2005：18；科尔曼，2008：279），突显行动者在既定的社会结构下，建立和维护社会关系网络，动员和获取社会资本的主动性与能动性，呈现组织社会资本的建构过程。

4. 资源依赖理论

资源依赖理论认为，"在社会系统和社会相互交流中，只要参与者不能够完全地控制实现某一行动和从行动中获得渴望的成果的所有必要条件，就存在着相互依赖"（菲佛、萨兰基克，2006：44）。组织根植于相互联系的网络之中，无法生产自身所需要的全部财政资源、物质资源以及信息资源，为了生存，组织必须在所处的环境中通过交换、交易或是权力控制获取组织生存所需的资源，从而与组织中其他组织产生依赖关系（Johnson，1995：101~102；吕志奎、朱正威，2010：108~109）。"实质上，所有的组织成果都建立在相互依赖原因和根源的基础之上"。相互依赖可分为成果的相互依赖和行为的相互依赖；基于参与者在相互依赖中处于竞争性还是共生性关系的不同，相互依赖又可以细分为共生性相互依赖与竞争性相互依赖（菲佛、萨兰基克，2006：44~45）。相互依赖根源于组织生存与发展需要资源，需要与环境中的其他因素进行交易。可见，资源依赖理论需要研究组织与外界资源环境、组织与组织之间的关系，研究的焦点是组织与环境的关系和组织社会环境对有关问题决策的重要作用。

任何组织都是根植于由其他组织组成的环境之中的。组织环境可被划分为三个层次：第一个层次，环境由个体系统和组织组成，这些个体相互关联而成为一个整体系统，这些组织也相互关联，并且利用组织事务与中心组织相联结；第二个层次，环境由与组织相互作用的一系列个体和组织组成；第三个层次，组织对环境的理解和描述层次。组织一般是在第二个层次上体验环境的（菲佛、萨兰基克，2006：69~70）。由于对资源的需求组织对周围环境具有依赖性，组织会通过联盟、协会、顾客-供应商关系、竞争关系等，与周围的环境发生联系（菲佛、萨兰基克，2006：3）。当然，组织生长的外部依赖与组织的内部能力密不可分。正如菲佛和萨兰基克（2006）所主张的，组织外部的相互依赖和内部组织进程间存在着联系，这种联系是以实力作为媒介的。正因如此，组织生存的关键在于获取和维持资源。

组织生长与资源环境具有的相互依赖关系对组织管理层的判断力、领导力、沟通力、协调力及处理组织内与环境依赖关系的能力和艺术等提出了较高的要求。组织需要努力处理资源获取过程中的限制因素和不确定性因素。为此，组织领导者必须赋予组织一种理性而有效的组织结构形式，以掌握环境中输入和输出的资源，并通过权力的运作来影响和掌控组织的资源，以确保组织的生存。当然，组织与环境的关系的演化是一个持续不断的过程，同时又具有阶段性特点。

资源依赖理论强调了组织发展的外部依赖，强调了组织的生长需要及其与外部组织进行必要的信息、资金方面的交流与合作的需要。当然，对于不同类型的互助养老组织而言，组织目标、自主性渴求及其对资源的依赖程度是不同的。对于老年人主导的互助养老组织而言，为了追求更多的自主性，尽可能减少对外部资源的依赖，组织会最大限度地在组织内部消化组织成本。而对于行政力量主导的互助养老组织而言，科层组织已利用体制内的优势承担了绝大部分的组织成本，但在促进低龄老人与高龄老人信任与认同方面，行政力量主导的互助养老组织依然面临诸多困难。正因如此，在不同类型的互助养老组织中，组织对资源的依赖程度与组织自主性影响着组织与其他主体合作关系的类型及关系的紧密程度，也在很大程度上影响着甚至决定着组织的生存与发展。

5. 考察互助养老组织生长的视角与维度

运用以上理论考察互助养老组织的生长过程与机制时，本研究遵循以下原则。原则一，从组织内部与组织间的合作关系两个维度审视互助养老组织的生长。在组织内，主要运用信任理论、人情交换理论、日常仪式理论等，审视组织促进或引导老年人聚合的微观组织基础；在组织间，主要运用社会资本理论、资源依赖理论，考察组织间的相互依赖关系。原则二，捕捉并考察不同类型互助养老组织生长的特征与各自的特色。为此，需要结合参与主体的群体特征、行动动机与目标，考察互助养老组织的行动与组织方式。

维度一，在组织内，互助养老组织需要回答志同道合的同辈群体如何动员、聚集，彼此的信任、认同如何促成，组织的社会资本如何生成，自助与互助的成效如何达成等问题。我们认为，互助养老组织中自助与互助行为的产生是以组织有效动员与促进成员彼此信任与认同为基础的，而成员间信任与认同都以成员的需求得到有效的回应与满足为前提。为此，本研究将着力探讨以下两个方面的问题。其一，组织如何有效回应互助成员的需求。不同类型的互助养老组织都不同程度地引导成员通过自助与互助满足成员自身及其他成员的身心健康、精神与情感等方面的需求。不同之处在于，不同类型的互助养老组织，因参与成员的需求各异，组织目标的侧重点会有所差异。其二，组织信任如何建构。组织信任是互助养老的前提。鉴于互助养老组织信任基础与组织促进成员信任所采取方式的不同，在专业力量主导的互助养老组织中，本研究将重点关注健康促进类互助养老组织，关注组织如何通过健身仪式化促进组织信任；在老年人主导的互助养老组织中，本研究将从趣缘纽带、共同记忆与共同行动方面出发探讨组织信任建构；在行政力量主导的互助养老组织中，本研究将关注老年协会如何通过邻里关系网络、培训等方式促进组织信任。

维度二，在组织间，互助养老组织需要回答组织创新何以可能，组织如何在与环境中相关主体的互动中捕捉创新的机会、信息、技术，以及如何筹措组织活动中所需的人力、设施、资金等方面的资源等问题。由于互助养老组织的负责人与关键人物既是组织的发起人，又是组织运行的实施者与管理者，他们的人格魅力与组织管理能力不仅影响着政府、街区对组织的态度，而且也影响着组织内部成员对组织的信任度，并在很大程度上决定着组织的生长进程。为此，本研究将着力关注组织负责人与关键人物在推进组织与环境互动和推动组织融入环境过程中的关键作用。与互助养老组织合作的组织主要有以下三种类型：其一，基层政府、街区之类的组织；其二，基金会、社会服务机构之类的行业组织；其三，媒体、其他参与主体等。

本研究认为，组织对互助养老成员需求的回应，组织信任与社会资本的建构，组织对外部资源的汲取之间相互关联、相互促进，共同影响着组织的生长。为此，组织需要掌握和运用有效的工具，推动组织信任建设，有效地回应组织成员的需求，这将为组织赢得政府、基金会、社会服务机构的资助与支持。与此同时，有效的组织活动会进一步推动互助养老成员需求的满足、组织信任的建构，直接关乎组织的持续发展。总之，只有兼顾好组织内外的需求、促进组织内与组织外均衡发展才能保证互助养老组织的可持续发展。

（四）研究思路

本研究共分七章：第一章为导论；第二章至第四章围绕三种类型互助养老组织的生长概况、需求回应与组织信任建构、组织生长的资源依赖、组织生长机制展开描述与分析；第五章至第六章基于三种类型四个互助养老组织的案例资料，围绕影响组织生长的关键议题进行比较分析，提出政策建议；第七章在前述几章的基础上得出研究结论，指出互助养老组织实践探索的意义、研究中的不足之处及有待进一步探讨的问题。

具体而言，第一章在考察各地实践探索案例经验与评述文献的基础上，提出研究问题，并从概念、理论与方法层面建构本研究的分析框架。

第二章至第四章基于健康促进类互助养老组织（案例 A）、精神养老类互助养老组织（案例 B 和案例 C，重点分析案例 B）、日常关怀类互助养老组织（案例 D）三类四个案例的实证资料，分别探讨以下内容。其一，互助养老组织生长的概况。这部分将以时间为"经"，以互助养老组织与所处环境中相关主体的互动为"纬"，梳理组织生发的缘起、组织创新探索的内容、组织与利益相关主体合作过程中汲取资源的途径与方式等内容，以为下文深入剖析影响组织生长的关键议题奠定基础。其二，组织回应老年群体需求的过程与策略。老年群体的需求是老年人自助与互助行动的逻辑起点，这部分将着力剖析组织如何捕捉并创造性地回应老年人的需求这一问题。本研究认为，回应老年人的需求是推动互助养老组织生长的动力之一。其三，组织信任的建构。组织信任是组织生长的必要条件。组织生长需要解决互助成员对组织的信任与认同以及互助成员一起行动、共同行动时成员间的相互信任与相互认同的问题。为此，本研究将聚焦于各类组织促进成员相互信任与相互认同的理念、方式与成效等。其四，组织与外部资源依赖的关系问题。这部分将着力分析互助养老组织如何有效地与基层政府、街区、基金会等组织合作，从而获取组织生长所需的机会、信息、技术、资金、活动场地等方面的资源与支持。其五，互助养老组织的生长机制。

第五章互助养老组织生长机制的比较研究将基于三种类型四个互助养老组织的实践探索，对影响互助养老组织的需求特征、信任建构、组织管理方式、外部资源的依赖与组织创新等关键因素进行比较分析，试图捕捉不同类型互助养老组织的生长特征与影响因素。

第六章完善互助养老组织培育的路径从互助养老组织的性质与功能定位、影响组织生长的养老观、老年福利政策体系等角度出发，提出互助养老组织的培育路径与完善对策。

第七章结语是对本研究的总结，得出研究结论，指出互助养老组织实践探索的意义，并指出研究中的不足与有待进　步探讨的问题。

三　研究方法与案例简介

（一）研究方法

本研究主要运用了案例研究法。在案例研究设计之前，研究者查阅的资料如下：相关研究文献、各类组织微信公众号或网络媒体上的文章、相关新闻媒体的报道、组织录制的视频、组织成员发表的影视作品、组织内刊等。这些资料为研究者熟悉与理解组织探索的背景、过程、实践成效等提供了多维度的材料支撑。以下重点介绍四个案例访谈资料与观察资料的收集过程。[1]

在案例 A 的研究中，课题组设计了 3 份分别针对组织负责人、社工和

---

[1] 杭州师范大学社会学系的硕士研究生谢琪、宋云襟（2016 级）柴元航、韦春邦（2017 级），吴云佳、王钰、高庆（2018 级），本科生倪燕娜（2018 级）在资料整理的过程中也做了一些工作。在此致谢！

老年成员的半结构式访谈提纲，并在访谈的过程中不断修订与完善。课题组分别于 2017 年 6 月 6 日至 10 日、7 月 6 日至 10 日，在北京 A 互助养老组织服务的三个街道对组织负责人（1 人）、组织员工（5 人）和不同类型的老人（14 人）进行了深度访谈。① 每个受访对象的访谈时间为 30～120 分钟，经整理的访谈资料达 20 余万字。在资料收集的过程中，课题组还直接参与观察了两个晨练点的运作情况和高血压小组的一次活动，现场收集的资料与通过深入访谈法、文献法所获得的资料相互印证、相互补充。在研究的过程中，课题组为了追踪组织运行的情况，一直与组织员工、组织成员保持密切联系，分别于 2018 年 12 月 22 日，2020 年 4 月 2 日、5 月 9 日、6 月 17 日至 21 日对组织的员工、早期合伙人、负责人、深得社区与组织的信任的关键人物进行了追踪性电话访谈。

在案例 B 的研究中，课题组一行 4 人于 2019 年 11 月 3 日至 11 月 5 日在南京对该组织进行了深入访谈。为了深入了解金陵彩虹网络电视台实践探索的资源条件与运行机制，我们首先召开了由金陵彩虹网络电视台现任总编、副总编、电视台台长、记者团团长等 9 人参与的座谈会。考虑到部分核心成员年龄较大、行走不便，课题组在征求被访对象意见的基础上，采用集中访谈与入户深入访谈相结合的方式对组织负责人及其骨干成员共 10 人进行了深入访谈。深入访谈的议题涉及组织成员参与的基本概况、成员间关系的建立与维护、组织的治理结构、组织的功能与其他方面的问题等。

在案例 C 的研究中，课题组先通过电子邮件的方式与组织负责人取得联系并商量好访谈事宜。2017 年 7 月 10 日，课题组对北京的老年缘组织进行了正式访谈。首先，课题组在现任组织负责人的引荐与协助下，组织召开了由负责人、互助团团长代表一行 8 人参加的座谈会，获得了有关组织发展历史演进、发展概况与存在的问题的相关资料，对组织有了更清晰的了解。然后，课题组成员通过一对一深入访谈的形式，对其中的 6 位骨干成员进行了深入访谈。

---

① 访谈个案的编号由 1 个字母加 8 个数字组成，字母代表被访组织类型，前 6 位数字代表访谈日期，年、月、日各 2 位，后 2 位是被访谈对象的编号。

在案例 D 的研究中，为全面了解上海"老伙伴"项目的运行概况与存在的问题，2019 年 1 月 6 日至 1 月 8 日，课题组先在上海 Y 区老年协会会议室召开了座谈会，参与座谈会的成员共 8 人，包括区民政科科长、区老年协会的负责人、街道与社区老年协会的负责人、低龄老年志愿者代表等。然后，课题组对 5 位高龄老年人进行了入户深入访谈。在深入访谈的过程中，区老年协会会安排 1~4 位低龄老年志愿者或组织管理者陪同访谈。在访谈高龄老人的过程中，我们还就相关问题与陪同访谈的低龄老年志愿者或组织管理者进行了深入访谈。这种利益相关者在场的访谈，虽然可以通过相互补充与观点碰撞，将讨论问题引向深入，但在一些敏感性问题的探讨上，访谈的效度受到影响。

（二）案例简介

案例 A：健康促进类互助养老组织——北京 A 互助养老服务中心

自 2008 年开始，组织负责人开始了养老服务事业的创新性探索。2014 年在北京西城区民政局注册了一家专业性社区养老服务机构。该组织的愿景是"天下老人寿享天年、无疾而终"，其使命是"用爱彼此唤醒，提高生命质量"，价值观是"我是一切的根源，爱是唯一的答案"。该组织基于"生命活力是养老第一驱动力"的理念，试图通过倡导运动康复、饮食调理、起居调节、情绪管理、助人为爱"五大手段"实现老年人健康改善和同辈群体互助的目标，通过组建老年人自治团体探索社区互助养老模式。该组织的实践探索已得到地方政府、学界、业界的普遍认可。2015 年该组织获得"社创之星"金奖，被央视新闻多次报道。

案例 B：精神养老类互助养老组织——南京金陵彩虹网络电视台

南京金陵彩虹网络电视台由南京市老年大学师生于 2013 年创办，以金陵彩虹网站①为依托，构建了一个老年群体的互动平台。该网站主要面向老年人开展电脑网络信息技术学习辅导，刊载南京地区老年大学学员的影视

---

① 网站于 2007 年底经工业和信息化部批准和备案（许可证编号为苏 ICP 备 13055042）。

作品，宣传关爱老人的事迹，弘扬孝敬父母的社会风尚，报道面向老人的公益慈善活动，介绍南京地区养老机构情况，等等。

南京金陵彩虹网络电视台致力于营造老年人的精神乐园。学员平均年龄为 63 岁，年龄最大的记者已有 86 岁。目前，该组织的受众遍布全国，是老年人线上和线下交流的重要组织平台和老年人的快乐家园。组织秉承"老有所学、寓教于乐、老为公益"的宗旨，推动老人线上学习电脑、摄影等与科技有关的新技术，并在线下进行交流娱乐，组织引导老年学员运用所学技术从事服务老年人的公益活动。

案例 C：精神养老类互助养老组织——北京的老年缘组织

北京大学燕北园社区老年协会是以北京大学退休教师为主要成员的一个老年自组织，并在民政部门登记注册，成为海淀区第一个社区法人社团。该协会创建了北京大学老年缘网站。在网站上，协会会定期分享老年协会各社团举办的各类活动照片。该协会考虑到老年成员各有所长、各有所爱，创办了燕北健身团、合唱团、互助团、文化团等。燕北健身团包括乒乓球队、走山队、舞蹈队、太极队、养生舞队等；合唱团包含民乐合唱队、知音合唱队、燕北歌咏队、燕北民乐队、葫芦丝队等艺术团队；互助团包括单身互助会、家园互助会、饮食互助会、保健互助会、微信互助会等。该协会是一个开放性社团，有兴趣的人可以加入团队学习，有才华的老人可以做团队队长教大家。这个网站也是寻找失联同学、老师的平台。为了引导老年人更好地适应现代科技，该协会还建立科技养老团，举办微信学习班，推广智能养老的计划，等等。

案例 D：日常关怀类互助养老组织——上海"老伙伴"项目

2012 年，"老伙伴"项目成为上海市政府实事工程之一。该工程由上海市民政局与上海市老年协会联合主办，得到了民政局下属的市福利彩票公益基金会的资助，各区县、街道、社区的三级老年协会是"老伙伴"项目的执行机构。在服务输送的过程中，为了提升低龄老人的专业服务技能，政府通过购买服务的方式对低龄老人开展了大量的社会工作、心理学、养生、康复护理等方面的专业培训。该工程倡导并激励低龄老年志愿者与高龄独居老人结成伙伴。低龄老年志愿者的服务任务主要包括关爱探访、发现需求、情感支持、健康倡导等，以此传递政府和社会对高龄独居老人的关爱与关怀，同时在一定程度上达到预防高龄老人失能和防范独居高龄老人风险的目的。

本研究将重点分析案例A、B、D，理由如下。其一，三个案例都经历了近十年的探索历程，互助养老组织生长的条件、成效、问题等都得到了较全面的呈现，对我们全面深入地考察互助养老组织的生长规律具有一定的启示意义。其二，三类组织各有特色，案例A属于健康促进类互助养老组织，组织围绕社区老年人整体健康促进而展开自助与互助活动；案例B属于精神养老类互助养老组织①，组织围绕老年人精神家园建设而展开自助与互助活动；案例D属于日常关怀类互助养老组织，围绕高龄老人日常生活关怀与低龄老人老有所为的需求展开。其三，在以上案例中，虽然组织主体不同，但在组织过程中体现的信念、组织方式与目标具有相通性，如都相信老年人具有自助与互助的潜能，尊重老年人的积极性与主观能动性，都意识到需要充分发挥老年自组织作用，等等。其四，需要做出进一步解释的是，本研究的分析单位是组织，案例A以专业力量为主导，案例B和案例C以老年人为主导，这两种类型的三个案例研究都聚焦单一组织的生长，案例D以行政力量为主导，行政力量涉及上海市民政局及其下属的市老年协会、民政部门的福利彩票基金会、街道等，准行政性的机构涉及市社会工作协会、三级老年协会、社区等，这些组织早已有之，因项目而聚合，更像是由多个组织因项目而聚的"合作型组织"，并不像前两类组织那样只有一个组织，有一个清晰的从无到有的组织生长过程。基于以上原因，本研究在组织生长历程的梳理中，对于案例D，主要梳理了"老伙伴"项目的发展历程。之所以将案例D纳入研究视野基于以下考虑：第一，以行政力量为主导的日常关怀类互助养老实践的社会影响最大，推广起来也相

---

① 案例B和C都属于老年自组织，本研究在第三章将重点分析案例B，在第五章比较分析时，将案例C中一些差异性特征也纳入其中。

对容易；第二，从影响互助养老组织良性发展的因素来看，不仅需要以老年人为主体，还需要充分发挥专业组织的力量和行政资源的优势，这些多元参与主体间的权责关系如何定位并达至平衡，案例 D 的实践探索可以给我们诸多启示。基于以上考虑，从研究的分析单位来看，"老伙伴"项目研究的分析单位虽与前两类的分析单位不同，存在一定的"游离"，但从研究问题与研究目标来看，"老伙伴"项目的实践探索能够与前两类组织实践探索形成鲜明对比，更能丰富并加深我们对互助养老组织的性质、功能、管理与生长机制的理解。

第二章

健康促进类互助养老组织

在传统文化与社会中，老人通常被刻板地描述为养老资源与养老服务的被动接受者，是逐渐丧失活力、失去自主能力的一类群体，是需要被照顾的对象。事实并非如此。在老年人的经济、医疗有保障的前提下，绝大多数能自理的老年人，他们在空巢和独居时，并不想消极地等待子女或社会的给予，而更愿意积极主动地融入同辈群体，渴望拥有自主而富有活力的晚年生活。他们倾向于与同辈群体一起活动和娱乐，期待在同辈群体的相互关注、相互关怀与相互慰藉中，实现晚年幸福生活的愿景。

一　北京 A 互助养老组织生长的概况

（一）组织生发的缘起与社区探索阶段

对北京 A 互助养老组织（简称 "A 组织"）的探索缘于组织负责人郑德纯[①]的家庭变故。郑德纯早年遭遇父母离异的变故，跟随父亲生活。正当苦尽甘来之时，郑德纯得知他父亲得了一种罕见的血液病，已无药可治。郑德纯毅然辞去工作，陪伴父亲。在奔波各大医院，多次向外求助无望之

---

① 人名为化名，下同。

后，他最终选择了"向内求"，与父亲一起探讨生命价值，叩问人生意义。在父亲临终前，经过多次劝说，郑德纯最终促成了充满怨恨且十余年未联络的父母见了最后一面，化解了父母间的隔阂。在郑德纯看来，是其父亲用生命唤醒了他，唤醒了他对生命意义与人生价值的思考，并直接促成了他的志业转型。父亲去世后，他下定决心选择把"为老服务"作为自己"人生后半场"的志业。他为老服务的理想是通过专业性力量的介入与干预，使老年人的生命能量以可以接受的方式逐渐衰弱、缓缓下降，而不是断崖式下跌。为此，他相信"人本自具足""人要向内求"，认为对老年人的临终关怀需要前置，为老服务活动也因此需要在老年人健康时开展，倡导老年人通过锻炼、学习促进生命能量的提升。带着提升"老年人的生命能量"与"精神气"的梦想，郑德纯开始了对养老事业的探索。

初次探索未果，萌生新理念。郑德纯在养老领域的初次探索是为一家老龄事业发展基金会工作，负责实施一个老年人远程教学项目——"幸福养老大课堂"。该项目是基金会为破解当时老年大学入学名额紧张的难题进行的探索。该项目计划在老年大学的课程中遴选一批优质课程录制成在线课程，录好后上传到网络平台，然后以低廉的价格卖给社区，社区再下载课程让老人观看学习，事后再组织线下教学。但该项目出于各种原因，没能顺利推进。在郑德纯提出的要做生活式、嵌入式、陪伴式老年教育的意见未得到该基金会负责人回应后，郑德纯就决定退出该基金会进入社区开始探索陪伴式老年教育的理想实践。

社区试点为老服务初见成效。为了实践其生活式、嵌入式、陪伴式老年教育的理念，郑德纯进入社区开始了为期三个月的实践探索。他精选了运动、养生、国学、心理、情绪管理课程，根据课程的特点采取了课堂教学与室外实践相结合的陪伴式教学模式。将运动课程安排在早晨，陪伴老年人一起锻炼；情绪管理课程安排在社区的课堂上，鼓励老人将自身的情绪问题表达出来，然后探讨如何解决。实践探索结果显示，参与的老年人的身心状况都在不同程度上得到了提升。为此，郑德纯适时进行了必要的反思与总结。其一，当时的养老现状是，大家的眼光还盯在问题人群上，诸如失能、失智、不能自理的独居老年人，而对于一些健康的老年人的需求关注不够。其二，基层政府对自理老年人的潜能发挥的局限。为了充分发挥低龄健康老年人的潜能，2005年前后，北京市民政局下发通知，要求每个社区都要有一个养老的互助队，一些社区也适时做出了积极的探索，取得了不错的成效。在这一探索中，基层政府、街区计划在志愿服务的基础上将有意愿、身体好、有时间、有精力的老年人组织起来，让老年志愿者发挥其潜能。虽然街区也会给这些老年人一些荣誉，但街区激励不足的问题较为明显，参与的老年人有限，大量半自理或健康状况不佳的老年人并没有参与。为此，郑德纯不仅关注社区里较活跃的老年人，还考虑将以前身体不算很好的半自理老年人以及之前不是社区志愿活动主力的老年人，通过陪伴式老年教育，激活老年人的潜能，使之焕发生命活力，提升生命质量。

在郑德纯退出"幸福养老大课堂"项目后，该基金会负责人又将向翠①招进组织。向翠的父母均是大学老师，向翠毕业之后也成为新疆某大学的一名教师。但向翠是一个不安于现状且有闯劲的人，按她自己的说法就是，"我觉得，我这辈子不会过一工作就看到退休是什么样子的日子，就觉得我这辈子一定是要做一些事的，至于什么事就是一边走，一边看"。为此，她从高校离职后只身来到北京，过上"北漂"的生活，从一个教计算机网络管理的大学老师转型为一名户外杂志主编。在工作小有成就时，她觉得这份工作也并非她所想从事的。这中间她停了一段时间，到北京一家做临终关怀的十方缘公益基金会做了一年多的临终关怀服务。在服务的过程中，她觉得老年人临终时碰到的很多困惑或迷茫的事情，应该在他们自己还很清醒时就主动帮他们处理掉。这样，她便想着凭借自己之前做媒体的那些经验，做一本专门为老年人服务的刊物。在策划此事时，她偶遇郑德纯，与他一聊，发现他们的想法与理念比较契合。为此，他们就有了聚在一起走进社区开展创新性养老实践探索的想法。这样郑德纯、向翠二人就以志

---

① 向翠，人称翠姐。

愿者身份，怀揣一颗想陪伴老人、提升老年人生命能量的"初心"，开始了社区互助养老的实践探索。

在 2008 年前后，社区老龄工作仍重点面向独居、高龄、失能等老年困难群体。对于能自理或半自理的健康老年人，因社区人力、物力、财力有限，社会各界的关注并不是很多。组织负责人以健康自理或半自理老年人生命能量提升为目标的探索初衷，并未得到社区的认同。在组织负责人的再三解释与劝说下，双方最终达成了初步合作意向，即由社区提供一个场地，由组织负责人自己想办法动员老年人搞活动，活动成果归社区。为动员老人参加活动，郑德纯在小区里通过逐层逐户上门介绍、发传单等方式，邀请老人在约定时间、地点参加组织的活动。第一次讲座，遭遇"滑铁卢"——开始时来了三十个人，中途走了二十七个人，讲座结束时只剩下三个人。经过多次讲座和多方动员，最终勉强凑成了一个三十人的老年小组。为了更好地开展小组活动，他还曾向一位从事养老事业的熟人温总求援，争取到两个志愿者协助组织进行实践探索。他与老年人协商，请求老人们给他三个月时间，与他一起活动，看生活会发生什么变化。经过一段时间的锻炼与学习后，老年人发现，他们的身心健康状况的确发生了质的变化，大家也更愿意为他人发光、发热。

2013 年 7 月，组织负责人与周品、翠姐等人，开始在北京大栅栏社区进行实践探索。周品是一名心理咨询师，她的初步设想是对老年人的心理健康进行干预。干预的方式就是通过上课的形式与老年人分享一些有关老年人心理健康方面的知识。虽然周品很擅长个案咨询服务，但集体分享效果却要差一些，在探索了两个月之后，她选择了离开①。后来，组织又邀请了一个养生方面的老师，给老年人分享养生知识。刚开始，组织主要以讲

---

① 据组织的合伙人介绍，周品走了以后王英来了，王英走了以后徐姐来了，徐姐走了之后马梅来了，马梅走之后，又来了一个任姐，后来来了陈姐。再后来，就是林姐、益群，后来又招了一些人，最后也都走了。这中间其实有很多人，前前后后有很多伙伴一道走过，走的过程中觉得不合适就离开了。据离开的成员介绍，他们都很珍惜这段缘分，也很怀念一起走过的岁月，有些伙伴在离开后，还积极参与组织负责的网络课程，给予必要的支持。

座的形式进行教学。在教学过程中，这位老师发现，如果讲座持续时间太久，老人就会打瞌睡。为了活跃讲座氛围，这位老师在授课过程中会加入一些互动内容。结果表明，互动内容越多，效果就越好。后来，组织逐渐将运动项目加入讲座中。再后来，组织的另一个成员，因之前在北京十方缘公益基金会负责志愿团队管理，与全民健身操的创始人赵之心有过合作，而赵之心在北京中老年人群体中的声誉度颇高。所以，在这一成员的建议下，组织就将赵之心创设的健骨操引入。为此，组织还专门邀请赵之心给200多名老人做了一次讲座。之后，晨练就做这套健骨操，刚开始人也不多，两周后，人就慢慢多起来了。从健骨操开始，组织负责人逐渐将从中医那里学到的手指操、经络操等尤其是一些拍打的项目融入运动项目中。再到后来，组织还将念力设定、零极限和三首有关生命的主题歌曲逐步融入晨操。这样，组织常规活动就由晨操，拓展到二十四节气养生活动与社区公益服务等。经过一年多的探索，A组织便探索出一套适合老年人的晨操。在组织创建初期，他们因注册后的组织会受到各种力量牵制而顾虑重重。组织通过与街区的初步合作，得到了街区的支持与资助，在一定程度上，打消或减轻了组织负责人的顾虑。这样，在与街区合作的推动下，组织最终在一名成员①的协助下，于2014年在北京西城区民政局注册②。组织在民政局注册标志着组织步入规范化建设阶段。在这之前，组织成员因生活经历、价值观念等相似而相互吸引汇聚于组织之下，并考虑到组织处于公益创业初期，主要依靠他们自身的公益热情而自愿地为组织探索无偿付

---

① 该成员从事艺术品交易，聪明且有爱心，业余时间从事老年志愿活动，与组织负责人相识较早，并对他的理念与想法高度认同。但与此同时，该成员因做事认真、比较严厉、具有较强的批判意识，经常因组织中的一些事情与其他成员发生较激烈的争论，加之她居住位置距离组织活动的地点较远，后来她就选择了离开。

② 注册时的一个小插曲是，早期街道曾极力建议在街道下面注册，但组织又怕受街道的约束，市级层面注册的门槛又高、较难，所以，选择了在区级层面注册。因任姐与区政府那边关系好一点，所以，材料准备好之后，就由她负责处理。组织原名是"A社区养老服务中心"，由于她来的时间不长，以为组织后面会有做养老院的打算，所以，在注册时主动加上了"照料"二字，最后该组织的注册名为"北京市西城区A社区养老服务照料中心"，这里的"照料"二字与组织负责人及法定代表人初衷相违背，组织性质是民办非企业。

出。但在组织正式注册后，组织法定代表人就不仅要考虑服务老人、如何为服务对象创造价值的事情，而且还要考虑资金筹措问题，以保证组织的正常运作和持续发展需要。为此，组织法定代表人竭尽全力利用自身积累的各种人脉关系资源来助推组织的发展。

组织在实践探索中，除了延续之前开展的讲座、晨练和公益活动外，其他活动项目与服务内容也慢慢被开发出来，如举行"百位老人的生命故事"、社区孤寡老人的生日会、中秋会、百家宴、金婚庆典等活动，开设老年兴趣小组、心理课程，等等。

这一阶段是组织正式注册之前的探索阶段，组织由一个人的实践探索发展到 3~5 名成员的协同探索；经过一年多的探索，组织的服务内容逐渐走向稳定与成熟；组织的创新性探索赢得了街区的初步认可，并被安排去孵化社区里一个助老队并助推其成长。这个阶段组织发展存在的问题是：组织虽然有一个模糊的方向，但尚未形成清晰的组织愿景、功能定位、目标定位、组织架构等；组织的微信公众号未能按时推出；外部资金支持不足、无力给组织成员发工资，组织成员都以志愿者的身份参与组织服务，组织队伍并不稳定，组织成员的流动性较大。

（二）组织支持网络的建构与多点推进阶段

田社工从北京师范大学生物学专业毕业后曾在北京师范大学的一所附属分校工作，因不满足于学校的生活状态，与他人合伙开了一个保健药专卖店。这样一边教书一边开店，做了几年也没赚钱。田社工在孩子上大学后，因远在东北的双方长辈几度病重甚至病危，不得不多次被迫往返老家临时照顾老人，在照顾病重长辈与返城工作中她体会到奔波之苦。特别是当田社工的父亲突发脑血栓时，她开始对死亡产生了恐惧，开始思考人的生命是什么，人怎么活着才更有意义的问题。后来，田社工对健康生活方式的关注越来越多。在学习心理学课程时，她认识了组织负责人，并于2014 年参与了组织策划的"百位老人的生命故事"活动。刚开始，她以一名志愿者的身份断断续续地参与了组织的一些活动。2015 年，在观看北京社创之星的演讲时，组织负责人的人生经历、生命感悟与人生追求引发了她的共鸣。郑德纯在演讲中说的那句"要提升老人生命能量，不要认为，人老了就会病，就会孤独，就会没用，我们老人也会有一个精彩的绽放"，触动了田社工的心灵，她当即决定正式加入该组织。这时，正式的员工只有组织负责人、法定代表人向翠和田社工。

田社工因年尊辈长，加之组织沟通与表达能力强，一加入组织就承担起了组织内部能力建设重任。首先，她完善了组织的例会制度。她加入组织之初，目睹了组织因成员意见不一致而相互争论致使一些决策久议不决、参会人员不欢而散的场面。也因成员间多次发生言语冲突导致组织在很长一段时间内没有例会。田社工自加入之后，就主动提出每周要开会且由她来主持。在例会中，她强调了例会的组织纪律，如不许迟到，每人都要发言，并在发言时遵循"罗伯特议事规则"，大家平等地沟通交流。其次，她加强了组织与外界的沟通与交流。之前，组织的微信"公众号（更新）总是有一搭没一搭的，更新较慢且不持续"，她将其调整为定期更新微信公众号推文，定期向外界推送有关组织活动的信息，使组织与外部的沟通进入稳定化、常规化的状态。最后，她极力主张给员工发工资，强调物质资源对于组织生存与发展的重要性。组织由之前的单纯接受成员提供的志愿服务、无偿服务转变到开始考虑给员工发工资的问题。田社工的加入，虽然未能改变之前的参与者马梅喜欢批判式争执的特点，也未能阻止向翠与组织负责人因观点不同产生争执而最终分道扬镳的局面，但她为组织的规范化建设做出了积极的贡献，减少了组织成员的内耗。

在加强内部治理能力建设的同时，组织也开始积极主动地融入更广阔的社会公益圈。具体体现在，组织通过参加恩派的能力建设项目，为融入公益圈，建立起与基层政府的合作关系奠定了基础；通过北京老博会这一平台，为组织与基层政府的合作提供了契机；通过北京春苗慈善基金会组织的社工培训，提升了组织成员社工专业素养，同时也为组织赢得了每年三十万元的合作项目①。与此同时，组织的创新性探索被央视媒体关注与报道，组织与北京市西城区民政局的合作项目得到了北京市西城区民政局的高度肯定。这些报道与肯定都不同程度地提升了组织汲取资源的能力。访谈结果显示，2016 年组织争取到的项目资金就达 60 多万元。

2014~2018 年，组织在加强内部能力建设的同时，积极主动融入社区基层治理和养老服务行业，获得了长足的发展。这具体表现在组织知名度不断提升、社会支持网络逐步扩大、汲取外部资源的能力日渐增强、资金来源不断增多，组织员工规模由 1 人扩大到 10 人。与此同时，随着组织与基层政府合作的加深及基金会资助项目数的增多，组织亟须增加人手。2015 年，组织吸引了王芝②、董宇等新志愿者的加入。2016 年，组织决定招聘新员工，经过初步遴选、面试、短期集训、双向选择等多轮程序，从 50 多名应聘者中招聘了 6 名（含 1 名会计）认同组织价值理念、具有较强组织管理能力和有一定工作经验的人员。据组织负责人及骨干成员的介绍，组织在招聘新员工时，首先看重的是新员工是否高度认同组织的价值理念。这一倾向体现在组织设计了集训三天的招聘环节，组织负责人通过与应聘者同吃同住、相互交流与分享，将组织发展历程、核心理念、组织愿景、服务内容传递给应聘者，考察应聘者的职业价值观、能力与经验。其次看重他们的工作经验、组织管理能力。在这一阶段，组织得以发展壮大，具体有如下表现。

其一，组织员工由志愿者转为专职的助人者。组织员工此前所做工作为无偿的志愿服务。从 2015 年 5 月开始，组织员工开始领取月薪 1500 元的工资。2016 年，员工的税后月收入达 5000~7000 元③。其二，组织在合作中的自主性有所增强。在与基层政府合作时，组织不再像创业早期那样，为了

---

① 这项合作原计划是三年，后因引进资金的法定代表人退出，组织与该基金会在合作一年半之后就终止了。
② 她曾在统一企业工作，更讲究方案的执行能力。
③ 组织在 2014 年注册时，并没有专门的会计，当时的财务就外包给其他的公益坊来做。公益坊的负责人与组织法定代表人较熟，曾力荐组织上社保、发工资，哪怕只发最低工资。但因组织注册的钱都是借的，还完之后就没钱了，也没什么钱可发。组织资金状况真正宽裕一点是从 2016 年开始，那时发工资的问题才被正式提上议事日程。

迎合街区的需要而做项目，在选择合作对象时，其自主性明显增强。这集中体现在组织对高家园合作项目①服务点的选择上，选择试点服务的合作社区前，先由组织负责人提出组织的服务理念、工作目标以及理想社区的特征，然后由街道提供几个供组织选择的社区，最后经组织负责人实地考察与比较后才选定服务社区。组织最终于 2016 年 7 月 14 日进入该社区，开始了新的创新性探索。其三，组织逐渐提炼出一套成熟的服务模式。这个阶段，组织的生长体现在组织基于长期的实践探索，总结并提炼出一套相对成熟的社区互助养老的健康促进模式。在这之前，组织在负责人的带领下，虽然经历了长时间的探索，也积累了不少成熟的经验。但组织员工和外界对于组织的目标、宗旨、工作方法的认识并不清晰。正如组织的骨干成员介绍，组织在 2015 年虽然做了不少事，如开展了晨练、奉粥、新春联谊会、生日会之类的活动。但组织在运行过程中存在总目标模糊、工作缺乏计划性、员工上班没有规律、岗位职责不清晰等问题。组织开展的对外宣传和对外合作推动了组织对自身宗旨、服务理念、工作方法与工作手段进行系统的反思、总结、提炼。访谈资料显示，组织负责人于 2015 年底至 2016 年初，将组织探索的经验概括为"一个目标""三大原则""五大手段""九个步骤""十二件事"的互助养老服务体系。这套体系就成为组织后期开展服务的重要指南。

在高家园社区的实践探索中，组织不仅将之前实践探索出的相对成熟的服务模式加以推进，还尝试将社会工作小组的方法运用到工作实践中。组织采取了一般老年人互助式健康促进工作与重点人群健康促进工作齐头并进的服务供给模式。组建了高血压和糖尿病两个康复小组，并在饮食起居、健康锻炼等方面给予全方位指引与督导。与此同时，组织在其他两个服务点同时开展创新性实践，每个服务点由 2~3 名社工负责。

在组织的互助养老健康促进模式不断完善之时，组织的生存与发展也面临着诸多危机与挑战。其一，员工规模扩张较快，在短时间内招了 6 名专

① 这个项目由北京市的福彩基金会资助。

业人员，员工规模扩大到 10 名[①]。其二，组织内部因观念不同而产生的分歧开始显现。如负责人与组织员工在如何筹措资金、获取资源等方面存在诸多分歧。其三，组织的资金来源较为单一，主要依赖基层政府的购买服务和相关基金会的资助，对政府的依赖度较大。而一旦与基层政府合作的项目结束，组织就会面临难以支出员工工资的难题，随时可能面临解体的风险。

（三）组织解散与全民自健康探索的新阶段

以上关乎组织生存的危机与挑战，在组织与基层政府、基金会合作的项目陆续到期之后就逐渐显现出来，组织被迫接受资金链断裂"无米下炊"的艰难考验。在组织一步步迈入艰难局面的过程中，一些曾在企业工作的员工就建言组织负责人主动引进一些合作伙伴，以增加组织的资金的筹措渠道，但都遭到组织负责人的拒绝。在 2018 年前后，组织不得不面临无钱

[①] 组织负责人将员工扩招至 10 名使组织负责人与组织法定代表人间的分歧进一步扩大。据组织法定代表人介绍，在没当组织法定代表人时，她对经济问题并不敏感。在当了法定代表人之后，她就要想办法解决钱的问题。当了法定代表人以后，对员工的工资与社保就变得慢慢敏感了，再加上她的一个好友益群是专门做财务的，在向好友请教之后，她就更加重视工资与社保的事情了。"在 2016 年以后，益群就说了我们必须得有社保，然后才开始有劳动合同。当时，田姐要撤出，可是组织那会儿的确是挺艰难的，然后田姐提出她不撤出的前提是工资要加上来，我们当时给她也是 1500 块，然后那个包括王芝也进来了，就提出要加工资了。当时组织账上钱特别少，那个钱大概只够发一个月的，就一咬牙就加了，先加了再说。结果没想到就是，发了以后，那个后面的其他的钱又进来了。组织对新老员工工资的待遇一样，实习完之后，大家都是一样 5000 块，对这种无差别的工资，其实组织内部成员间也有不同的看法，觉得不合适，理由是暂不论贡献大小，关键是要看自己的资金量能否支撑得起。当时，10 名员工，1 个月不算社保你都得开销是 5 万块钱。"因为员工工资的问题，组织成员间的矛盾较大。在组织法定代表人与后来的田姐看来，大家都要养家糊口，组织负责人也不能不停地向组织里搭钱。因钱的问题，大家的争论较大。正如组织法定代表人所言："我是属于那种不当法人的时候，我什么都可以不管，你爱怎么折腾都行，我都跟你一起折腾，但是当了法人才发现，你身上的那个责任一下子就特别大。我不能只考虑我一个人，我必须得考虑整个团队。所以，我觉得，反而是注册以后，我们的矛盾会（才变得）越来越多。然后尤其是在钱上面，抠得特别紧。只要一开会，我一定会谈钱，因为钱是看这个机构能不能生存下去的一个基本的啊！……其实我就发现，大家一起创业的时候挺愉快的，但是真正牵扯到那个跟钱有关的东西的时候，就会矛盾越来越多。"

给员工发工资的窘境。最后，组织成员被迫离开，组织也因此被迫解散。至此，以互助式健康促进模式为特色的社区互助养老组织，在经历了十年探索、试验之后，被迫选择了暂停。

当然，组织负责人并未因主要成员的离职而停止开展健康促进的创新性实践活动，他对健康促进与生命质量提升的探索也并没有停止。受疫情的影响，他选择了探索"线上与线下"相结合的全民自健康服务模式，自此，组织也进入全民自健康探索的新阶段。在组织负责人看来，如果说扎根街区的健康促进模式属于组织创新性探索的 1.0 版本，那全民自健康服务模式就是组织创新性探索的 2.0 版本。

在全民自健康探索的新阶段，组织主要致力于将养老实践探索中获得的健康促进经验与组织运作知识运用到全民自健康的实践探索中，如将被服务者变成服务者，把学员变成导师，再由这些导师建立自组织，以帮助更多有需求的人，形成自组织运作的自循环模式，实现其自运营，并无限复制。在此过程中，组织根据人们的问题与需要，探寻事业的发展方向。全民自健康的实践探索内容包含基础健康知识普及工作以及对健康管理领域中从业人员的培训工作。这种健康管理从业人员并非传统意义上机构里的工作人员，而是自主创业的人员。他们自身有解决困惑与问题的需要，在外部指导与支持下解决了自身的问题后，再去帮助更多的人解决问题，这是创业的基本思路。导师以中年人与青年人为主，导师带动自己身边的人组建自组织式的社区互助服务组织，在此基础上，再组织开发相关的职业培训课程，以便进一步推广、复制，服务更多的人。

新的健康管理服务涉及"问诊""挖宝""归正"三个环节。"问诊"环节的主要工作是获取服务对象有关健康的信息，并结合其自身遇到的问题分析问题的根源。"挖宝"环节主要是运用一套服务方法与技术，引导服务对象以积极心态去面对问题，将问题变成宝藏与机会，而不是逃避问题。"归正"就是经过创新性实践，系统地总结收获。在组织负责人看来，任何一个问题都是由不平衡造成的，回到正确道路上来，回归平衡了，问题就解决了。

从课题组的回访情况来看，组织也试图让一些组织服务过的老年人参与到线上课程中来，但据一些老年人反映，他们当中有很多人不熟悉智能手机的使用，有些老人没有智能手机，能参与线上课程和活动的仍然只是少数，绝大多数老年人还是喜欢组织倡导的线下晨操活动，并一直在坚持做。

在这个阶段，组织创新性探索具有以下特点。从组织服务空间来看，组织不再局限于北京市，而是借助互联网平台将活动空间拓展到全国各地。从服务对象来看，已不局限于老年人，已将年轻人、中年人纳入组织的服务对象范围。从服务内容来看，养老服务仍是一项重要的服务内容，而帮助年轻人与中年人解决创业与家庭生活中遇到的问题已成为该组织工作中更为重要的内容。从服务资金来源看，早期组织运作主要依赖政府购买项目的资金资助，作为服务对象的老年人享受的是免费服务，现在则转为采用免费服务与付费服务相结合的模式筹措运作资金。从团队成员来看，除了为老服务人员外，组织增设了新岗位，如"问诊师""挖宝师""归正师"等。从服务的方式来看，组织创新性探索的 1.0 版本的实践主要通过"线下"面对面的互动与共同行动来完成，组织服务工作的主平台在"线下"，且这种"线下"活动主要由组织工作人员带领进行；"线上"内容主要借助微信公众号、喜马拉雅平台等，主要功能是宣传、分享组织的价值理念和活动成果，在组织运作中只起到辅助作用。而组织创新性探索的 2.0 版本的实践主要借助各类自媒体平台，由组织负责人及其邀请的相关专业人员通过"线上"的分享与探讨，引导服务对象践行健康理念、调整健康生活方式、提升生命质量等，"线下"的活动主要由老年自组织的核心人物带领大家来完成，在必要时，组织负责人才会到现场给予必要的指导。组织的创新性探索，无论是 1.0 版本，还是 2.0 版本，都是围绕人的身心健康问题展开的，培养健康促进的"种子"、"导师"或"关键人物"，希望这些导师组建自组织之前，先解决自身的困惑与问题，在解决自身的问题之后再将其上升为理论，然后再组建自组织帮助更多的有类似需求的人解决问题，从而实现"自转"，"转不动"时，专业组织再给予指导，实现"公转"。

本研究将重点关注组织创新性探索的 1.0 版本，也就是组织经过七年多的实践探索于 2015 年底至 2016 年初总结出的"一个目标""三大原则""五大手段""九个步骤""十二件事"的互助养老服务体系。理由如下：组织在经历长期的创新性探索之后，概括并提炼出相对成熟的服务模式，这套模式的成效在模式探索的初期、中期和后期，甚至在组织撤离社区后都得到了验证；组织创新性探索的 2.0 版本还处于探索阶段，其成效还有待验证，服务流程还处在不断探索与完善之中；各类专业组织在政府和社会力量的支持下，扎根社区，为老年人提供了有效的支持与服务，这是应用面较广的一种服务方式；组织"线上"与"线下"全民自健康创新性实践，最终还是需要互助养老的"种子"在社区层面践行，健康促进的理念与方法才能真正得到贯彻落实。

二 北京 A 互助养老组织创新性探索回应老年人的整体健康需求

瞄准服务对象的潜在需求，为服务对象创造价值是一切服务型组织的生存之本。只有积极有效地回应老年群体的需求，互助养老组织才能够生存下去。而这种服务有效性也是组织对那些为组织提供资源和支持的团体的需求进行管理的结果（菲佛、萨兰基克，2006：23）。对互助养老组织而言，组织生长需要综合管理并有效回应老年人、基层政府、街区、基金会等多元主体的需求。其中，互助养老组织通过创新性探索回应老年人身心健康的需求是其生长的基础，本部分将以 A 组织为例分析专业组织回应老年人整体健康需求的方式、特点、成效等问题。

（一）有关老年健康促进的研究述评

梳理国内外有关老年健康促进的研究文献可以发现，在老年健康促进研究领域存在以下几个方面的问题。其一，在研究内容上存在重生理健康轻心理与精神健康的倾向。"健康不仅仅是没有疾病或不虚弱，而是身体的、精神的和社会的完好状态"（WHO，1947）。健康促进专家在开发健康促进项目时，往往侧重于关注维持身体功能，而对老年人个人成长和灵性等方面需求的关注不足，这种以身体健康为重点的自上而下的健康促进方法，可能无法满足目标群体的需要与期望。基于此，本研究认为，老年人的健康促进需要从整体健康的视角予以审视，同时需要结合老年人获取健康资源的能力与社区资源间关系，动态地予以观察与分析。其二，有关老年健康现象分析与老年健康促进政策的研究成果较多，而对于老年健康组织促进实践的研究成果不足。本研究认为，健康促进本质上是对人们的健康观念与健康行为的干预。从这个意义上讲，健康促进的最终指向不在于对健康促进的技术工具与政策的探讨，而在于探讨如何从组织层面将健康促进的技术工具、政策工具用活，以此来回应老年人的整体健康需求。其三，从日常生活视角出发探讨老年人整体健康促进的研究成果不足。与其他年龄人群的健康促进不同，老年人的健康促进，不仅需要将健康促进融入老年人的日常生活，而且要重视老年人更易遭受的孤独和社会孤立等方面精神与心理问题。

基于此，本部分拟从老年健康组织促进的视角出发，探讨专业组织在基层政府、街区、行业组织的支持下，创造性地综合运用健骨操、经络操、歌曲、正念、零极限等健康促进工具，全面促进老年人生理健康、心理健康与社会健康的方式、特点与成效。

（二）促进老年人整体健康需求的方式

2007 年，卫生部疾控局、全国爱卫办和中国疾控中心共同发起了传播健康知识，促进居民健康行为养成的品牌项目。该项目以推行"健康一二一"（日行一万步，吃动两平衡，健康一辈子）为切入点，以"我行动我健康我快乐"为号召，借助各种推广技术措施和支持工具，倡导和传播健康生活方式与价值理念，并开展形式多样的全民健康活动（杜玉开、徐勇主编，2018：27）。与健康知识传播与健康行为养成的全民健康运动有所不同，A 组织主要运用了"用运动来康复身体""用饮食来代替吃药""用符

合自然的方式起居""用智慧管理情绪""用助人为乐来提升生命能量"等
"五大手段"来实现其愿景。这"五大手段"可概括为运动康复、饮食调
理、起居调节、情绪管理、助人献爱。

1."用运动来康复身体"

A组织倡导用运动助力身体康复。在组织为老人专门编写的"一日流
程"之"十二件事"当中，占比较大的是晨操、正念行走等柔性运动项目。
其中，晨操广受老年人欢迎，其包括九大步骤，程序如下。第一步，拥抱、
问候。第二步，准备活动。此环节动作由组织负责人根据赵之心创编的健
骨操改编①，主要由能有效拉伸、舒展参与者经络的项目组成。第三步，花
式健步走。其动作直接移用赵之心编排的十五式花式健走动作②。第四步，
做手指操③。第五步，吟唱手语歌。伴随舒缓、纯粹而温暖的三首手语歌
《生命的河》、《一家人》、《让爱传出去》（童声版），仪式性活动进入情绪、
情感唤醒环节。在这个环节，老人一边用心地吟唱，一边做感恩的手语，
爱与感恩的情感涟漪浸染并滋养着每个参与者的心灵。第六步，正念。正
念具体包含以下步骤，先是成员间的相互激励的仪式化活动。老人排成几
排，每排的老人转至同一个方向，步调一致地喊"你真棒！你真有着正能
量！""病气、烦恼气、衰老气、统统排出去！"同时老人们跟着音乐节奏自
上而下地拍打前面老人的背部，拍打完之后，再自上而下抚摸身体，然后
转至相反的方向，做同样的动作，如此反复，几个回合后进入老人自我激励
环节。老人面向左边或右边的同伴，双手捧脸，一边微笑，一边大声地喊：
"我很健康！我很幸福！我正年轻！"在群体或小组的初建期，组织除了要求

---

① 具体包括脊柱活动、肩部活动（振臂）、肩绕环、体侧、体前曲、转肩、翻手腕、掰手腕、
勾手腕、十点十分式等。

② 十五式具体包括大雁飞行，练好肩颈；曲肘绕环，肩好不难；胸背联动，免疫提高；揉捏
腰腹，五脏齐好；左扭右转，腰好腿好；左倒右倒，腿脚不老；扭腰转胯，肠子清爽；撤
步扬手，躯干如柳；高矮行走，膝好腿好；踏步跺脚，血管叫好；前后行走，强健小脑；
灵活手指，健脑防老；睁大眼睛，精神定好；拍拍打打，经络通达；放松放松，效果倍增。

③ 具体包括虎口平击、手掌侧击、手腕互击、十指交叉、虎口交叉、拳击掌心、手臂互击、
搓双耳、手掌心捂眼睛。

统一着装外，还设置了发愿与分享环节。第七步，哈哈笑。老人深度弯曲身体、双手自然下垂，然后深吸一口气，接着双手慢慢举起，带动上肢和头部上抬，随之开怀的笑声自然而然地从肺部爆发出来。在大笑中，老年人的积极情绪被增强。第八步，零极限。老人与左右两边的同伴对视，一边做手势，一边大声地说："对不起！请原谅！我爱你！谢谢你！"第九步，拥抱，结束晨练仪式。做完这套充满仪式性的晨操活动需要一个小时左右的时间。这套晨操前四步包含拉伸、拍打、振臂、走动等动作，以动静结合的方式达到通经络、活气血、激细胞之功效，在此过程中，老人的细胞得到有效激活，积极的情感得以酝酿；后五步以吟唱、正念、哈哈笑、零极限、拥抱等方式强化前四步酝酿起来的积极情绪和情感，使正向情感得到进一步的渲染和积淀。

当然，组织编排的晨练操并不是一成不变的，而是根据组织发展阶段、参与成员的需求、组织负责人对晨练活动内容的理解等做出动态性调整。在组织建立初期，为了促进老年人健康观念的转变，提升老年人的正向情感和团队凝聚力，组织专门设置了念力设定环节。有关晨操的价值与意义，从课题组对组织员工和老年人的访谈结果来看，组织员工和老年人对组织的晨操活动都给予了较高的评价。

> 晨操是有魔力的，它由物质、信息、能量几个部分组成。它很有能量的，有的人听了歌词就会流泪。它对人的能量有一个提升。它非常有吸引力，有的过路人也会加入进来，然后大家手拉手做操。这个晨操，只要我们开始（我们开始做之后），就没有黄过，只分有的时候人多，有的时候人少（A17060906）。

2. "用饮食来代替吃药"

《"健康中国2030"规划纲要》提出老年人群营养改善行动，该行动具体包括开展老年人群营养状况监测和评价，实施满足不同老年人群需求的营养改善措施，促进"健康老龄化"，建立老年人群营养健康管理与照护制度（杜玉开、徐勇，2018：31）。在这方面，A组织采取的健康促进举措如下。其一，为了使老年人学习并深入了解生命法则和生命系统的知识，管理好自己的内在生命之旅，组织开展了有关人体八大系统的系列讲座①、体质检测，使老年人更加了解自己，更加清楚运动、饮食、起居、情绪等之间的相互作用原理，从而更好地掌控和管理自己的健康状况。其二，邀请营养专家给老年人传授健康养生理念与知识。其三，结合二十四节气变化，倡导健康饮食。组织在一些重要节气来临时，会举办百家宴传递顺应节令的健康饮食理念和方法，如在小雪开始进入"补虚季"，在芒种要"养心、补心"，夏至"阴生，阳气要养足"。其四，充分发挥老年人的互助潜能，通过分享会、沙龙等形式给老年人分享一日三餐饮食结构和膳食宝塔的知识，并引导老人意识到养生要从改变自己的饮食习惯做起。

3. "用符合自然的方式起居"

"上古之人，其知道者，法于阴阳，和于术数，食饮有节，起居有常，不妄作劳，故能形与神俱，而尽终其天年，度百岁乃去"（孙可兴、张晓芒，2014：45）。A组织强调要依据天地运行的自然规律去生活，去实践"一日流程"，去正常饮食起居。与此同时，注意管理好自己的"念头"，随时从正面给自己增能。组织负责人认同"吸引力法则"，相信"我周围的一切都是我自己吸引来的"。A组织认为老人要做到"健康生活到天年"，需从管理自己的"念头"开始。

4. "用智慧管理情绪"

A组织引导老年人学会自我情绪管理，主要通过大课集中学习与小课的交流分享两种途径来实现。大课集中学习，组织主要通过组织负责人自己或邀请心理健康、中国传统文化等领域的专业人士为老人开展情绪管理讲座，传授情绪管理知识和技巧。如开展"陪伴的技巧——给老人的梦想插上翅膀"、"爱你就是心念相随——关爱失智老人"系列讲座、"预防老年痴呆秘诀　心相伴在一起共亲共爱"、"以平静的心态：认识他，找到他，关怀他，照顾他"、"认可理论：以同理心的态度，将每个人当作一个整体来

---

① "消化系统——身体的大慈善家""神秘的内分泌：人体八大系统讲座纪实"。

看待"、"分享心里程，共建好人生"、"了解自我 建立自信"及"平和心态皆欢喜"等主题讲座或大课活动。小课的交流分享主要由组织工作人员围绕某一主题或老年人面临的情绪问题组织老人展开探讨与分享。如组织通过举办"发现美"主题心理沙龙引导老年人发现日常生活中的美或对其中的某个老年人开展"优点轰炸"。被欣赏的老人说："当大家在赞扬我的时候，感觉（有些）心花怒放，脸上（真像）乐开了花儿一样，感到脑里内啡肽嗖嗖嗖地释放，心理压力和烦恼便一扫而光。"

一个礼拜上一次大课。上完大课就讨论，然后小组还要交作业。组长可负责了！有的老人不会写，可是他们想完成任务，不会写的会委托别人来写，作业也认真。他们交上来的所有东西，德纯都给他们批改，批改时画圈，然后再给他们打印，我们做的工作就更细。

除了大课外，我们还会组织事例（即案例）讨论。现在有一个赵阿姨，有人老在她家门口放垃圾，不拿走，她都要气死了。就这么一件事，我们拿出来给大家讨论，就是这到底是一件好事还是坏事，面对这种情况，你会怎么做？大家讨论到最后也会发现，这样一件事仍然会处理得很好。然后我们也说"我爱你"啊，让他们用具体的事例来讨论来说明。反正周三或周四，大家就围绕老年人身边的一些事情进行讨论与交流（A17060906）。

当然，上课的时间与要求，组织也会不断调整。如刚开始是周五下午上大课，但后来发现周五下午老人困倦，加上周末，心都飞了，教学效果并不好。后来就将大课挪到了周二上午，持续了很长时间。再后来又发现，周二上午呢，可能与很多兴趣队（时间）有冲突，人就不全了，我们就挪到周一下午。周一下午呢，一周的开始，就是把各种矛盾吧，可能化解了一部分。比如说人员少啊，到夏天以后可能打瞌睡什么的，老人要午休了，那效果就要差一点。

刚开始，组织对老年人上课的要求也比较高，不仅要布置课后作业，还要求老年人上课时要遵守纪律，如点名、考勤什么的，不允许迟到与随便讲话。在这过程中，有些老人产生了畏难情绪或觉得太麻烦，有些就中途退出了（A17070616）。

系列心理讲座与沙龙活动的开展使老年人对自己的情绪、心理健康有了初步的了解与重视。除此之外，这些活动对老年人个人觉悟、能力的提升，心态的调适等也起到了积极的促进作用，并对家庭关系和邻里关系的改善产生了潜移默化的影响。

5. "用助人为乐来提升生命能量"

组织在倡导老人参与助人活动时，无法回避老人对助人动机和目的普遍困惑。"我为什么要帮助别人？""我帮助了别人，谁来帮助我？"从古至今，助人一般被视为由社会道德倡导与激励的利他行为。但在 A 组织的价值理念和教育引导中，"助人是一种自我成长的需要"。这种助人观对老人的心理冲击是很大的，而要让老人理解这种助人观，认同并践行它，需要组织采取一定策略，并付出诸多努力。一方面，A 组织邀请专业人士，通过课堂教学，从理论层面阐释助人与生理健康之间的内在关系，阐述了为什么要助人。如在"神秘的内分泌：人体八大系统讲座纪实"中就解释道，"最近研究发现，如果自觉自愿地做公益志愿活动，我们的脑垂体就会持续地分泌足够多的内啡肽，对身心有益。而当我们生气或发怒时，肾上腺在 3 秒钟内会分泌出肾上腺素，这种肾上腺素会让我们心跳加快、血管收缩，易导致脑部和心血管的堵塞。现代研究发现百岁以上的老人大都有一个共同的特点——性情平和，也验证了这一点"。另一方面，组织负责人倡导"内在需要"驱动型的公益观。在组织负责人看来，只有帮助别人，才能解决你自己的问题。做公益，不仅仅是别人需要帮助，更是我们内在生命成长的需要。正如组织负责人所言，"我们做公益，从来不是去想我们能帮助谁，只是他给我一个机会，我要感恩他，好好地给他帮助好，生命才能成长"。这种公益观，将公益与自身内在需要相联系，并不需要外在激励。这种"内在需要"驱动型的公益观，也在一定程度上回答了组织成员参与助人服务的动力来源问题。

与街区对社区志愿者的激励偏重物质手段相比，专业组织对社区老年志愿者的激励，侧重于心理与精神层面。专业组织认为，帮助别人要让助人者体会到快乐、被信任感和成就感，这些收获会激励助人者。为此，A组织提出，在助人的过程中，不伤害服务对象和老年人是助人的底线。在助人过程中，A组织为参与志愿活动的老人提供了专业的健康促进支持。如组织在引导老年志愿者助人的过程中坚持"三不原则"，即"不给服务对象添乱""不要让老年志愿者在服务的过程中受到伤害""不评判"；引导老年志愿者要带着热情和诚意去参与老年志愿活动，而且要让被帮助的人瞬间就能感受到；倡导志愿者在从事志愿活动时，要与老年人进行真诚沟通与交流；引导志愿者正确地看待服务对象存在的问题，尤其是志愿者解决不了的问题，接纳老年人现存的状态，尽可能给予陪伴和送去祝福；引导志愿者分享助人的体验，疗愈因负面经历造成的心理伤害，拆除参与者建立起来的心理围墙，使老年志愿者怀揣一颗被疗愈的心，收获积极的情感体验。

我们同样送粥，送围脖，都聊了好半天，老人经常会说，"你别走啊"……老年志愿活动，它得有互动交流，而那种（非专业组织的）特别缺乏这种东西（A17070820）。

（三）回应老年人整体健康需求的特点

1. 以促进老年人的整体健康为行动目标

A组织倡导的整体健康促进是指老年人生理、心理、社会和道德四个层面健康的整体推进。这四个方面的健康有机融合于组织倡导的"五大手段"和"一日流程"的"十二件事"当中，并相互促进、相互包含。组织通过晨操、饮食起居调整改善老年人的生理健康状况，通过健康观念的更新、情绪的疏导、道德的提升促进心理健康，通过老年成员心理健康、共同行动、相互关怀等促进老年人的社会健康，通过老年人健康观念的更新和心理、社会健康的促进提升老年人的道德健康状况。

如 A 组织每年开展的"腊八奉粥"活动中的"培元粥"项目，组织相信身心不二，充分挖掘"腊八奉粥"深厚的文化内涵，由中医专家黄汉礼介绍粥料的组成及配伍原理，精选食材，使其更加营养、健康。组织者认为，受益者、孤残者与志愿者之间并无受助者与施助者、施与舍之别，每个生命都本自具足，爱心无等级之分，人与人不因捐款多少而分等。活动组织所需人力基本来源于老年群体中的爱心人士，这些老年爱心人士完成食材的采购、清洗、熬制等环节的工作。与一般的强调饮食健康的活动有所不同，组织会在老人饮食之前植入《一家人》手语歌、零极限、正念、静坐呼吸、感恩仪式等内容，以使日常的饮食生活更富仪式感与神圣感。在仪式化活动中，引导参与者用心细品羹汤的滋味。这一过程促进了参与者生理健康与心理、精神健康的相融、相促。可见，组织所倡导的健康饮食，除了包含健康饮食观念外，还解决了老年人"与谁吃"和"吃的意义"问题，回应了老年人除饮食之外的社会交往和心理层面的需求。在生理健康促进中糅合老年人心理健康、社会健康的促进，从而使老年人从三者健康的相互促进中获益，是 A 组织健康促进活动的鲜明特色之一。

2. 以利他主义价值观为社区互助式老年健康促进的灵魂

虽然仪式的结构主义与仪式的建构主义理论对于仪式与集体意识、价值观、信仰、共同情感、文化符号之间因果关系的认识存在较大差异，但都承认特定的信念、价值观等文化内涵与道德意蕴对于仪式的建立、维护不可或缺。在 A 组织负责人看来，"感恩"与"爱"为核心的价值观才是老年人整体健康促进的源泉，是互助养老与精神养老的"根须"。为此，A 组织在老年人日常仪式化行为中融入"感恩"与"爱"的价值观，倡导"生命是养老的第一驱动力""生命本自具足""爱是最高的生命能量""爱是唯一的答案""爱出者，爱返""付出就是最大的收获"等，其灵魂是"我是一切的根源"与"爱是唯一的答案"。为此，A 组织将其宗旨确定为"唤醒爱、传递爱、成为爱"，并用老人能懂、可理解、可接受的朴素的语言和方式进行宣传，通过日常的仪式性活动潜移默化地唤醒老人内心的"爱"，让老人在"关注"与"被关注"、"关心"与"被关心"、"帮助"与"被帮助"中"传递爱",在积极践行与体验"付出就是最大的收获"的信念后"成为爱"。可见,以"感恩"与"爱"为核心的信念与价值观是老人宽恕心态、博爱胸怀养成与担当意识、精神境界提升的"秘诀",亦是组织可以通过日常健身仪式化活动将社区里关系松散的老年个体整合成一个具有高度黏性的集体,促进老年人敦亲睦邻、精神境界提升,实现老年人生命价值与意义重建的"法宝"和根本之所在。

3. 借助日常健身仪式化活动重塑老人健康观念与行为

日常健身仪式化是指在日常健身活动中融入仪式性的元素,赋予日常生活庄重感、神圣感与意义感的过程。"道不离日用",A组织将"感恩"和"爱"为核心的价值观融入日常健身仪式化活动中,引导互助成员在日常生活中遵照《健康生活指导手册》中的步骤、方法开展健身活动,引导互助成员在祈祷、冥想、念诵、哈哈笑、拍打等日常健身活动中,用心觉察、相互倾听、自我体悟,唤醒并激发对日常生活的内观和感念,提升并增强生命能量和精神满足感,使日常生活更富意义感与神圣感。可见,组织对老年人日常健身仪式化活动意义的赋予与仪式的创造相关联,是在人为规划、设计、发明、编创仪式。这种仪式意义的赋予与创设,与组织所认同和倡导的特定的生命观、价值观相联系,与一定的生活方式、人际关系联结方式相贯通。当然,参与者是否认同这些生命观与价值观,是否践行健身仪式化的生活方式与人际联结方式,仍取决于参与者的自主选择,他们在健身仪式化活动中的建构性作用不可忽视。

4. 老年健康促进项目与活动的设计遵循"简单、有效、不花费"原则

"简单"是指A组织在课堂教学与室外活动的设计中,尽可能考虑到老年人生理、心理的特点与文化程度上的差异,尽可能用老年人可理解、可接受的方式进行倡导与实践。"有效"是指老年人在持续参与组织活动之后,他们的身心健康状况会有明显的改善。这一点从课题组访谈的几十位不同类型的老人反馈中得到印证,参与的老人不仅感冒减少、医药花费降低,而且身心愉悦,精神状况得到了明显改善。"不花费"是指老年人在参

与健康促进项目与活动中无须支付费用。这些费用主要来源于政府购买资金与基金会资助。

5. 老年健康促进方式注重整体健康思想引领与健康行为养成相结合

A 组织在老年人健康促进实践过程中，重视整体健康思想对老人健康行为引领作用。A 组织通过邀请专业人员讲解运动、健康的饮食起居、情绪管理与老年人身心健康之间的内在机理，将健康思想观念和整体健康理念传递给老年人，使老年人认识到组织所倡导的整体健康促进的科学依据，有效地增强了老年人对整体健康理念和行动的认同感，更加积极地践行组织倡导的生活方式和行为方式。在课堂上，A 组织通过教学传播了健康的生命观、养老观、生活方式；在课堂外，A 组织遵循整体健康促进理念，策划并实施了大量能促进老年人身心健康的实践活动。A 组织通过日复一日、年复一年的健身仪式化活动，潜移默化地影响并改变老人的生活方式、价值观念等。总之，专业组织所开展的课堂教学与课外的实践活动是紧密结合、相互影响与相互促进的关系。在健康促进的过程中，组织不仅重视健康思想引领与健康行为养成相结合，而且在引进外部专家资源的同时，重视老年群体内部资源的激活，通过老年人主导的沙龙、分享会、百家宴等活动方式充分激活老年群体内部的资源，并促进老年人的自助与互助潜能的发挥。

（四）促进老年人整体健康需求的成效

1. 促进老年人生理健康的方式与成效

学界大量的研究业已证实，适量运动对人的生理健康、心理健康和人体的适应能力都有非常好的促进作用（丁萌，2008：85）。正因如此，体育锻炼作为健康促进的有效方式，越来越受到人们的重视（罗旭，2008：84）。在自理或半自理老年人当中，患有一种及以上慢性病的老年人所占的比例较高。通过锻炼缓解慢性病症状，提升生活质量、增强生命体验，是每个参与晨操的老年人的心愿，也是 A 组织积极回应老年人健康促进需求的初衷。当然，对老年人生理健康的促进，体育锻炼只是至关重要的一个方面，除此之外，符合自然与生理规律的饮食起居、和谐健康的人际关系、良好的道德修养等都对老年人的身体健康有直接的促进作用。

访谈结果显示，被访的老年人无一不反映，经长期锻炼，其健康状况得到了明显的改善——不仅失眠、骨关节病、高血压和糖尿病等慢性病症状消失或缓解了，而且冬天感冒的次数减少了，全年的医药花费也降了下来。

> 原来，我是静不下来。自从参加这个组织后，我起床就做起床操，先 10 分钟静坐，完了以后喝水。经过长期打坐，现在我静坐能入静了。以前，我每年冬天都要感冒一次。自从参加这个组织之后，2016 年，我没有感冒过。在上班的时候，我的脚就干，没有汗。后来，经过每天 20 分钟左右的正念行走，我的脚也出汗了。这袜子，每天都湿了（是湿的），说明脚底的汗腺（被）激活了。我自己都觉得挺纳闷的，原来是干脚，现在（竟然）出汗了（A17060702）。

> 晨练的效果还是很明显的。因为每天都有一遍经络的拍打。大家都说，冬天感冒的老年人少了。另外，也减肥了，像我原来腰有赘肉，经过拍打、锻炼，就瘦了不少（A17060703）。

2. 促进老年人心理健康的方式与成效

伴随养老与医疗保障制度的不断完善，老年人的心理健康需求日益增长。从访谈的结果来看，老年人的心理健康问题主要有以下几种类型：类型一，与子女或伴侣沟通存在问题导致的心理问题；类型二，子女不在身边，子女对其关心、关怀不足导致的心理健康问题；类型三，对社会的不满导致的心理健康问题。尽管导致老年人心理健康问题的原因各异，但这些心理健康问题都使老年人都产生负面的、消极的情感体验。这些负面的、消极的情感若不被及时疏解，就会对老年人的心理健康产生消极影响，也不利于老年人的生理健康。这类心理健康问题在一些独居老年人身上体现得尤为突出。解决独居老年人心理健康问题迫切需要老年人自身在血缘纽带之外的非血缘同辈群体中寻求精神、心理与情感的寄托。

对于专业组织而言，在回应老年人的心理健康需求时，不仅需要及时疏导老年人的消极情绪，而且需要探寻如何从根源上消除导致老年心理健康问题的因素。A组织在促进老人心理健康方面，采取的主要举措如下。

举措一，组织借用正念、零极限等工具引导老年人正视生活的痛苦与烦恼。深入访谈的结果表明，A组织引导老人运用正念与零极限的理念与方法，直面生活中的痛苦与烦恼，以积极乐观的正向思维与内部归因模式替代消极思维与外部归因模式，及时清空消极负面情绪，使老年人从痛苦与烦恼中抽身，恢复情绪稳定，消除情感困扰。据受访者反映，零极限与正念的方法已融入老人的日常生活之中，成为其处理情感困扰与冲突、清理与净化消极情感、提升精气神的重要工具。

举措二，组织通过健身仪式化活动不同程度地促进了参与者消极情感的宣泄与积极情感的生成，满足了参与者情感慰藉的需要。

> 我每天早上起来，从做完这套操起，心里头就特别高兴、舒畅，而且大家一拥抱就显得特别亲。我感觉，这种拥抱好像就是心灵（之间）在传递（爱）。我是这种感觉。然后一天的心情都会不错。因为早上起来，只要一出去呢，又做操、又唱歌、又拍背，马上（就）舒畅了。如果早上起来心情舒畅，这天肯定就特别舒畅了。所以，它能让我产生一种增加喜悦细胞的感觉（A17070607）。
>
> 我姑娘讲，"妈您看，您每天练操练得多开心啊！"别人也都说，给我们带来快乐了！这一笑，我们也能笑起来了！我就想通过锻炼，像后面唱的这三首歌一样，大家在一块儿就跟一家人似的。大家也难得凑一块儿，要不是这个锻炼身体的（活动），谁是谁，都不认识（A17070610）。

举措三，组织引导老年人正确地看待并尊重自己与他人，满足老年人获得尊重的需要。尊重是人类共同的价值，是处理社会关系与社会交往的首要伦理准则，包含自尊与尊人。政府与社会对老人价值与贡献的认可、对老人合法权益的维护、尊老敬老社会氛围的营造、善待每个老人等都属于"尊人"层面。本研究认为，尊老不应仅停留在以上层面，更高层次的"尊老"需要激活老年人自身的潜能，使老人在自强、自立中获得人格尊重和较高的自我价值感，使老人拥有"自尊"的底气。正如罗尔斯（1988）所言，自尊就是对自己有价值的感觉与对自己实现自己意图能力的自信。对自尊的渴求会推动人们自强自立、有所作为、取得成就、创造价值（王海明，2009：314~315），同时也可以帮助人们缓解生活的焦虑与压力（王澍、柳海民，2009：2）。

在 A 组织中，老人获得尊重的需求得到满足，具体体现在以下几个方面。其一，组织相信"生命本自具足"，并用积极语言和文化符号激励老人重视自我价值与潜能。如组织为各街区互助点的老年群体起了一些温馨且正能量十足的名字，如"夕阳天使""活力老人""天年宝贝"等，表达组织对老年人自身潜能与潜在价值的信念与信心。组织负责人也曾在参加北京社创之星的评选时提及尊重对于老年人的重要性。他认为"用担心、可怜的态度去对待老人，老人就失去了生活动力。自助与互助的模式反而让他们有了精神"。而组织通过健身仪式化活动激活了老年人自身的潜能，提升了老年人的自我效能感和自我价值感，促进了老年同辈群体自助与互助潜能的发挥，这也是组织尊重老年人的具体表现之一。

其二，组织成员间的相互尊重体现在无处不在的互动细节之中。如健身仪式化活动前后的说笑、相互倾听、相互拥抱，活动中，老人一边相互拍打、手拉手，一边向对方竖起大拇指说"你真棒，你真有着正能量！"另外，老人在零极限仪式中默念"对不起！请原谅！谢谢你！我爱你！"时的自我觉察、自我反省也是老人相互尊重的一种体现。当然，正式的组织活动之余，互助成员一起过生日或生病时的相互关怀、相互慰藉、相互帮扶之中也包含着老年人的相互尊重。可见，老年人在组织中所获得的这些积极的情感体验增强了老年人的自尊，这既可从每位老人脸上洋溢的发自内心的笑容与充满自信、响亮的口号里反映出来，也可从老人整体健康状况得到较大幅度改善的自我评价中得到佐证。

举措四，组织促进了老年人的家庭和谐，改善了老年人的心理健康状况。家庭既是老年人日常生活的主要场所，也是其心理、情感支持的重要源头，对个体的整体健康至关重要。老年人参与组织这一行为对家庭的影响是双向的。一方面，老年人参与组织的活动动机与家庭成员的关系结构密切相关；另一方面，老年人参与组织后的积极成效必然也会影响家庭成员之间的互动关系。家庭关系和谐与社区老年健康促进密不可分。研究发现，这些参与老年健康促进组织的老年人在思想观念、生理健康、生活方式等方面都做出了不同程度的调整。这种调整为促进老年人家庭关系的和谐提供了有效的支持，而家庭关系和谐又进一步促进了老年人持续参与组织的健康促进活动，两者形成了良性循环。

> 很多老人说参加完这个（组织的活动）以后，（特别是通过）零极限、情绪管理，家里头的关系缓和了很多。有一位老人分享时说咱们这"十二件事"改变了他很多不良生活习惯。因为现在我们给他们每人发一个收音机嘛，里头把这"十二件事"配上音乐啊，包括郑德纯给他们做的一些引导，让他们照着去做，也是（让）情绪改变了很多。有的人身体的改观也很显著。所以，他说，"哎，体会到好处了，体会到甜头了，就把这不良生活（习惯）改变过来了"。还有就是在我们这里头有很多老太太都是外地的嘛。原来我了解过一个老太太，就是喜欢吃咸的，大油大香大辣的。因为她是湖南那边的人，口味就比较重。后来，我们讲养生课，讲运动健康，分析她为什么血压高啊，说她这饮食不对啊，饮食结构有问题。然后就让他们去改变，但是（据）我了解有的人改了，有些人还是没改变（A17060805）。
>
> 老年人参与组织活动后，对他们的家庭关系的影响还是比较大的。因为，我们分享的时候啥都说嘛。有一个老太太，以前的话她回去看这个不顺眼，看那个不顺眼，看老头儿不顺眼，看哪个都不顺眼，老是（处）在那种指责的状态嘛。但是，她做完（这个活动）以后嘛，特别是做了零极限，她也觉得要感恩。我们就是强调要感恩。她回去

看到她老头儿，她敲门，老头儿过来开门，还给她拿鞋。其实（她老头儿）原来服务就挺好的，但是她可能原来就感觉怎么（老头儿）半天才来开门啊，觉得（人家）不好，而现在她夸奖（老头儿）两句，那老头儿就觉得特别不一样。是不是？你说好话，那对方就会觉得很高兴，那整个家庭的气氛它就会变得很喜悦了。然后，有一次老头儿在那儿看报纸，她还过去夸了一下，老伴儿啊我爱你呀，把老头儿吓了一大跳，"哎哟，这怎么回事啊？多少年了，连年轻时都没说过，你现在老了，突然来那么一下"。但是，其实都是很高兴的，你说出来，自己也很开心，老头儿接收到，他也会非常开心。这整个家庭的气氛就变了，所以说，其实一个女人在家庭中的情绪是影响整个家庭的气氛的（A17060804）。

这一研究结论与学术界既有研究成果相呼应。贺寨平（2002）的研究表明，家庭、邻里等非正式支持对老年人的身心健康有积极的促进作用。在老年人的社会支持网络中，有无配偶与老年人的生活满意度和身体健康状况都有显著关系。蒋京川（2014）认为，家庭代际关系直接关乎老年人的整体健康、生活满意度、自尊感、孤独感。邓敏（2019）基于CGSS2015数据的实证分析得出，家庭层面的夫妻、代际关系与邻里和亲戚关系对老年人主观幸福感也具有显著影响。朱伟珏（2015）的研究表明，由社会支持、社会参与、信任和互惠等要素组成的社会资本可以通过增进邻里间的互助精神、拓宽获取健康知识和信息渠道、增加由人际交往带来的愉悦感等方式对老年人的健康状况产生重大影响。常捷等（2017）的实证研究亦表明，老年人主观感受到的社会支持感，信任、互助与安全感等与老年人的心理健康度有正相关关系。以上研究表明，老年人的社会性活动与家庭关系的和谐是相互促进的关系。本案例也表明社区老年人健康促进活动对老年人家庭关系的改善有着积极的促进作用。

3. 促进老年人社会健康的方式与成效

本研究发现，老年人的健身仪式化活动对老年人自身行为的修正与精神的提升等都有积极的促进作用。自我归因、积极暗示、正念注入、"爱出者爱返"等思想观念与健康促进方式成功地通过老人健身仪式化活动渗透到老人的精神世界与日常生活中，在释放老年人负面情绪与情感能量的同时，正面的情绪与情感能量得以注入，使老年人重新恢复心理的平衡。正如一些受访老人所言，通过参与组织的健身仪式化活动，他们的心态趋于宁静、平和，"心胸"开阔了，"心眼"宽广了，也更容易"想得开"了，老年人的家庭关系、邻里关系等也都发生了较大的变化，老年人的人际关系也得到了明显的改善。

> 我最大的变化是心胸开阔了，不爱生气了。刚开始，我甭管在哪儿，只要别人一说什么我不想听的，我马上就要烦了。而且，我是不爱说的，堵得慌，回家就跟我老公发脾气。发完以后呢，我老公知道我使小性子。后来，等参加完这个（组织的活动）后，心胸丌阔了，就觉得不应该这样了……尤其是他那 12 个字——"对不起！请原谅！谢谢你！我爱你！"在你特生气的时候，你要想着这些，就能把心放平。我对这点还是比较认可的。可以说，参加这个组织，不仅使我心情上愉悦了，而且（使我）心眼（变）宽了（A17070607）。
>
> 我觉得，这个组织对我帮助最大的还是精神上。因为一旦精神上想开了的话，有些小问题和身体不适就全部没了，不高兴也全没了。人必须得有一个精神支柱，有自己的目标，比如说今天我要干什么，是不是？就说我没什么特长，跟着大伙儿一块儿帮助别人，有时候帮助别人更高兴。你知道吗？要做一件善事，做善事越多，你的心情就越高兴，因为你给别人造福了（A17070709）。

三　组织信任的建构

作为一个外来的社区专业养老组织，在嵌入社区开展活动时，需要解决两个关键问题：第一，如何赢得基层政府、街道、社区、老人的信任与认可，只有赢得这些主体的信任与认可，专业组织才能获得嵌入社区进行互助养老实践探索的机会，才有可能将组织倡导的互助养老理念、生活方式、关系联结方式等植入老年人的日常生活中；第二，社区养老组织通过何种方式或手段增进组织信任，从而将关系松散、彼此间信任度低的服务对象整合成一个具有高信任度的集体，为激活老年人自助与互助的潜能创造必要的条件。可见，组织信任是互助养老组织生长中的关键问题之一。

（一）有关组织信任建构的研究

1. 专业养老组织嵌入社区时面临组织信任难题

外来的专业养老组织嵌入社区时首先需要获得进入街区的"门票"和老年人的信任与认可。学界既有研究（姚远，2002；王莉莉，2011）表明，老年人在文化娱乐活动中对"政府依赖"的情结仍较重，他们对政府的信任度较高。社区养老组织在社区开展老年健康促进活动时，同样离不开街区的信任与老年人的认同。正因如此，外来的专业养老组织在嵌入社区时，如何赢得街区的认可是其接近并有可能介入社区老年群体的第一关。但从既有的研究成果来看，外来的专业养老组织嵌入社区时要面临来自社区机构与老年人的不信任难题，造成这一难题的原因极其复杂。

其一，专业组织不能凭借其专业化的服务给街道、居民等带来价值，其"合法性不足"。朱健刚和陈安娜（2013）关于 Z 市 M 区 T 街道的一个政府购买服务项目的实践研究显示，当 Z 市 M 区政府抛弃政府主导层级推进的服务供给模式转而探索政府购买服务模式时，专业社工机构虽试图嵌入原有的街区治理体制中，但在嵌入的过程中并没有充分展示其专业优势，反而引发了一系列的利益冲突与权力较量。在这场权力较量中，专业社工机构最终被街道权力网络所吸纳，产生了诸如外部服务行政化、内部治理官僚化和专业建制化等问题。专业组织嵌入社区实践探索失败既与相关行政部门履责不足、监管不当、管理权力不断延伸等因素有关，又与专业社工机构自身无法凭借其专业化服务证明其存在价值，其"合法性不足"等密切相关。

其二，专业组织赢得了基层政府的认可，但因在嵌入街区的过程中与社区内原有组织发生利益之争，遭到社区的排斥。张旭升和牟来娣（2017）的研究表明，虽然政府购买居家养老服务走向制度化，为民间养老组织嵌入街区提供了制度保障，即便民间养老组织赢得了全国老龄办的信任与认可，为其嵌入街区创造了良好条件，但这也并不意味着街区必然会积极支持和配合民间养老组织的活动。在一些街区看来，民间养老组织参与居家养老服务供给，实质上是作为竞争对手，在与其争夺基层政府有限的财政资源，并可能会降低它们在政府、社区居民中的影响力。这种现象并非孤例，既有的研究（王浦劬等，2010；朱健刚、陈安娜，2013）亦表明，街区对外来民间组织的抵制与排挤现象较为普遍。而政府购买居家养老服务的有效供给却离不开街区的参与和协助①。因为社区居委会对老年人个人及其家庭信息的了解程度明显高于外来的社会组织，且社区居民对居委会的信任度较高，而对外来民间养老组织的信任度偏低②，这在居家养老服务探索的初期更是如此。在居家养老服务探索的初期，如果没有街区的参与和支持，外来民间养老组织的工作将难以展开，解决街区的排斥问题，赢得街区的支持与配合是民间养老组织与政府合作时绕不开的重要问题。

可见，赢得基层政府、街区对外来养老组织的信任、支持与资助是专业养老组织接近社区居民开展专业服务的第一步，专业组织如何通过创新性服务供给，赢得老年群体的信任与认同是专业组织嵌入社区的第二步。

2. 专业养老组织信任建构面临的挑战

李强和葛天任（2013）认为，由于单位制的解体、住房的商品化、劳

---

① 如助老服务员第一次入户需要社区工作人员的引荐，服务对象资格遴选和对服务投递者的监督等需要社区参与。

② 当前，城市社区里以"免费活动"为幌子的诱骗性、欺诈性的非法商业活动使独居、空巢老人对陌生人或组织缺乏基本的信任。

动力市场的构建以及土地城市化等多重因素的影响，社区在社会空间结构、利益结构、权力结构等层面都逐渐呈现一种碎片化的状态。阎云翔（2012）认为，当前中国社会呈现社会个体化的趋向，具体表现为个体脱嵌于社会，个体的权利意识觉醒，行为方式和生活方式不再过度依赖于社会。无论是社区结构的碎片化，还是社会个体化趋向都引出了一个值得学界深入关注与探讨的新命题，即专业组织试图进入一个社会个体化与碎片化社区时，如何将分散的个体聚集起来，使之形成必要的共识并共同行动，促进成员间的相互连接，以实现共同的目标。这个问题的实质是专业组织如何整合社区居民，重建信任与社会团结的问题。

当然，不同类型的组织和群体会基于不同主体的利益诉求在社区层面开展不同类型的整合，而不同居民也会基于其各自的需要选择性地参与不同的社区活动。既有研究表明，社区层面的整合主要有以下几种类型。其一，政府自上而下地对社区进行的整合，这是将社区作为国家治理单元的整合（杨敏，2007：162）。其二，社区居民为维护共同的权益，自发地组织起来，形成共同意识与共同行动的整合。其三，在专业组织的倡导与组织下，社区居民基于共同的兴趣、爱好组织起来，形成共同行动的整合。

在这三种类型的整合中，前两种整合类型较为普遍，亦是当前社区整合实践与理论研究的重点，但对于第三种类型的整合，学界的探讨还明显不足。而在人口流动频繁、住房商品化、社区传统的联系纽带与关系网络被逐渐弱化的背景下，社区居民的异质性程度不断提高，致使城市社区中人与人之间的交往日趋减少，陌生感不断增强。在这一新形势下，如何促进群体成员的相互了解、相互认同就成了一个值得关注与探讨的问题。本研究拟重点关注与探讨专业组织如何基于参与者对健康需求的共同关注而促进群体的整合。

在案例 A 中，本研究将关注社区居民基于共同的兴趣、爱好组织起来的信任建构问题。专业组织基于成员共同的兴趣、爱好将分散的老年人聚集起来共同行动时，就面临如何促进成员间的相互认识与相互了解，通过何种方式或途径促进成员一起行动与共同行动、相互关注与情感连带的问题，以便在一起行动与共同行动时，促进老年群体身心健康状况的整体改善。

（二）组织信任建构的方式

1. 专业养老组织信任建构的路径

从信任关系的主体来分，专业养老组织的信任体系具体包括基层政府、街区对专业养老组织的信任；基金会、公益孵化组织、相关行业组织对专业养老组织的信任；社区老年居民对专业养老组织的信任。这些主体对专业养老组织的信任与认可，直接关系到组织的生存与发展，而这些主体间的信任关系又是相互影响、相互传递、相互促进、相互转化的。

赢得街区对专业养老组织创新性探索的肯定与认可是专业组织能够扎根于社区的必要条件。街区对专业养老组织的信任与认可之所以如此重要，与城市居民的异质性、老年人被骗案件时有发生的社会环境不无关系。在此环境下，司法部门在严厉打击各种诈骗犯罪之余，还积极联合学校、媒体、社区等加强防骗宣传与预防。课题组在访谈过程中，也经常看到各小区都在显眼位置的宣传栏里提醒居民注意防骗，并特别提醒空巢与独居老年人不要轻信陌生人，不要给陌生人开门；各小区除了在大门口处有保安把守外，各单元楼也都安装了单元门，有的甚至在各家的大门外还安装了防盗门。这种人与人之间的不信任也可以从社区里陌生人主动搭讪时，居民要么不搭理，要么眼神警惕或言辞谨慎可见一斑。正因如此，在处处设防、信任度低的社区环境中，外来专业养老组织要赢得社区老年居民的信任与认可，如要进行逐户动员，需要付出的代价与成本之高令人难以想象。正因如此，外来的专业养老组织需要赢得街区的认可与支持，借助街区的公信力高和动员能力强的优势，才能进入服务现场。在中国，赢得政府相关部门的信任与认可，获得政府购买项目的资助与支持，也是专业组织提高知名度与信誉度的重要步骤，是专业组织赢得街区支持、媒体关注与行业组织支持和老年人信任的重要因素。同样，媒体关注与宣传的多少，行业组织的认可与支持力度，这些都从不同的角度表明了组织的社会影响力与社会知名度，这些宣传报道与社会认可都有助于专业组织赢得基层政府与街区的信任与认可。

调研结果显示，对于一个没有官方背景的、外来的专业养老组织而言，组织信任的建构方式因服务模式的成熟程度与政府认同度的不同而有所差异。如在本案例中，在服务模式的实践探索阶段，组织一般遵循"自下而上"的信任建构路径，而在服务模式成熟且赢得基层政府的信任之后，组织一般会采取"自上而下"的信任建构方式。专业组织"自下而上"的信任建构一般发生在专业组织成立初期，组织信任建构的具体过程如下。首先，专业组织需要赢得某一社区主任或书记的认可，以为其在社区探索争取到必要的机会与条件。其次，专业组织借助社区在居民中的号召力与影响力，积极动员老年人参与，并通过专业组织创新性服务赢得居民与社区的信任与认可。再次，在赢得居民与社区的信任与认可之后，专业组织在相关媒体的关注下进行相应的宣传报道，这些宣传报道会扩大街区与专业组织的社会影响力与社会知名度，这些都为专业组织赢得基金会的资助、社会服务机构的关注提供了可能。最后，在赢得居民的信任与认可，街区支持和基金会、媒体的关注与行业组织认可之后，专业组织便以此为基础进一步赢得各级政府及其相关职能部门的信任与认可，获得政府购买的资助与支持。

一旦专业组织通过"自下而上"信任建构路径建立起必要的组织信任，专业组织就有可能赢得各级政府和基金会的资助，并有机会将实践探索中业已证明行之有效的服务供给方案推广至其他地点，实现服务模式的复制与拓展。在服务模式复制与推广的过程中，专业组织在居民中的信任建构，一般遵循着"自上而下"信任建构路径。首先，专业组织基于初建期积累的服务成效和组织声誉赢得街区、居民和行业组织的信任与认可，在此基础上获得政府认可或政府购买服务的资助，这些主体的信任与认可可从组织声誉、媒体的宣传报道与政府合作的项目类型中得到佐证；接着，政府相关部门通过行政命令的方式要求街区给予专业组织必要的配合与支持；

然后，社区养老组织再在街区的支持与引荐下，接触到社区居民；最后，社区养老组织通过专业化养老服务赢得居民的信任与认可。

从课题组的调研情况来看，无论是"自下而上"的信任建构路径，还是"自上而下"的信任建构过程，专业组织在嵌入社区时都离不开街区的支持。"自下而上"的信任建构是在特定街区进行的，组织信任是建立在参与主体长期的相互熟悉与相互了解的基础之上，尤其是建立在专业组织服务成效的基础之上的。而在"自上而下"信任建构过程中，街区对专业组织的信任，最初是基于上级政府的要求、组织的社会影响力与声誉。这些因素都为专业组织嵌入街区奠定了基础，但能否真正被街区所信任与认可，还是需要经历一个相互熟悉、相互了解的阶段和过程，尤其需要社区养老组织通过专业化服务赢得街道、社区和居民的信任与认可。当然，在不同的行政环境下，专业组织信任建构的难易程度也存在较大的差异。

虽然专业组织嵌入社区离不开街区的支持，但这并不意味着所有街区都会积极支持和配合专业养老组织的活动。在一些街区看来，外来的专业养老组织在嵌入街区的过程中，客观上是在与它们争夺基层政府有限的财政资源，并可能降低它们的社会影响力。这种现象并非孤例，既有的研究（王浦劬等，2010；朱健刚、陈安娜，2013）亦表明，街区对外来民间组织的抵制与排挤现象较为普遍。而政府购买服务的有效供给却离不开街区的参与和协助，外来的专业养老组织要赢得居民的信任与认可，也离不开街区的支持。

2. 专业养老组织信任建构的行动策略

从课题组的访谈的结果来看，专业养老组织为赢得街区的支持采取了以下行动策略。

一是运用灵活的动员方式，赢得街区与老年人的初步信任。

专业组织在不同的时期进入社区时，因组织知名度、社会认可度的不同，在赢得基层政府、街区的信任时，其可言说的、能证明组织服务供给能力的事迹、动员的方式也存在较大的差异。从调研的情况来看，在组织实践探索的初期，组织尚无多少可言说的组织资本，这时组织主要通过真诚沟通与游说，赢得街区允许其进行社区实践探索的"入场券"，并通过低调探索、用心服务赢得街区居民的信任与认同。而在组织实践探索取得明显的成效、赢得社会各界的认可，尤其是在经央视媒体报道以及赢得公益行业组织的认可之后，组织就能将能证明其组织能力与组织信誉的证据作为组织宣传、动员的"通行证"。

专业组织通过体制内渠道资源，嵌入式动员老年群体。如何赢得社区居民对外来专业组织的信任是专业组织嵌入社区开展活动时需要解决的一个难题，而社区居民对专业组织的信任是专业组织服务关系建立的前提。

> 信任是关键，要是没有信任，可能连谈话都谈不下去，我可能是因为上面给我的任务，于是就敷衍着随便谈谈，挑哪些好话讲讲，哪些避而不谈是不是（A17060916）。

专业组织在社区老年居民的动员中，一般重视发挥社区党组织的作用。在基层社区，社区里的门栋组长或楼道长一般由有党员身份的老年人担任。这些老年党员大多是社区里的活跃分子，是联系街区与社区居民的桥梁，是社区活动中的中坚力量。专业组织一般通过社区书记或主任的引荐，借助社区党支部这个渠道和组织平台向社区各党支部成员介绍专业组织的宗旨、愿景与目标，再充分发挥各党支部成员的影响力，去动员、吸引更多的老年人参与。

> 高家园我们来的时候，是从党支部开始做的，这边的党支部建设非常强，他们有10个党支部。各个支部都有书记什么（的），当然，这里面有强有弱啊。各个党支部都有支部活动啊，党支部的活动能力很强（A17060906）。

在组织动员中，专业组织会充分呈现并展示媒体对该组织的报道、区民政局领导的肯定、行业组织颁发的奖项和老年人认可情况等。这是专业组织吸引老年人关注与参与的第一步。专业组织建立组织信任的第二步是通过组织在实践探索中总结出的"五大手段"，尤其是晨操的仪式化活动，能够在较短的时间内改善老年人身心健康状况，促进并提升成员对组织的信任与认同。第三步是组织通过持续性的日常活动，促进群体成员间的相互联系与情感连接，提高组织信任，从而使组织成员间的关系具有高度信任感与黏连性特征。

二是通过健身仪式化活动促进群体成员高度信任。

"向内观"与"向内求"的内部会话机制和相互关注与情感连带的社会互动仪式机制是组织促进成员间相互信任的两个相互关联又相互促进的机制。

第一，"向内观"与"向内求"内部会话机制。符号是内部仪式的起点，符号在互动仪式中的第一层序生成之后，将在第二层序的会话网络和第三层序的思维（虚构的内部会话）中循环（柯林斯，2009：251）。A组织内部仪式中的符号具有两个鲜明的特征。其一，从符号的来源来看，它由组织负责人精心选定，经参与者认同，并在社会互动仪式中被不断地被强化与内化。其二，从符号的内容来看，内部会话仪式中融入了"爱"与"感恩"的元素。对于认同组织的价值理念与健康倡导的参与者而言，这些符号对于他们的思维与情感具有导向作用，能为老年人疏解消极情感，唤醒温暖记忆与积极情感体验指明方向。内部会话仪式的作用机理是"向内观"与"向内求"。组织通过正念仪式化引导参与者"向内观"，即"主我"客观冷静地去正视、觉察"客我"在当下情境中的思想、情绪、情感，然后选择放下执念、调整有损健康的行为并接纳不完美的自我。这种内观内省的方式，可在一定程度上切断自我与负面情绪或情感间的过度关联，有效地提高老年人的自我接纳水平（彭彦琴、居敏珠，2013：1011）。可见，正念仪式化通过促进自我各部分间的对话，生成了自我团结和积极的情感能量。以此为基础，组织通过零极限仪式化引导老年参与者"向内求"，即引导参与者在有节奏地、重复地说"对不起！请原谅！谢谢你！我爱你！"，倡导参与者将日常生活中的困扰、问题的产生与"我"联系起来，把"我"应该对问题的产生与解决承担必要的责任的思想渗入其中，唤醒并激发参与者主动担当的意识，为其疏解生活中的不满、抱怨、怨恨等各种负面情感，生成积极的、正向的情感提供了可能。可见，老年参与者"反求诸己"的"向内求"，既能避免老年人向外归因时矛盾与冲突的加剧升级与负面情感持续蔓延并趋向复杂化的可能，又能引导老年成员养成积极面对人生与问题的豁达态度，涵养包容的胸襟，为重建更加亲密、友好、和谐的人际关系提供了可能。

第二，相互关注与情感连带的社会互动仪式机制。相互关注的焦点、群体聚集（身体共同在场）、共享的情感状态、代表群体的符号等因素相互作用、反馈循环共同构成了社会互动仪式的运行过程。其中，相互关注与情感连带是这一过程的关键环节。首先，整体健康是社区老年人健身仪式化活动中老年人相互关注的焦点。柯林斯（2009：88）认为，相互关注的焦点是"仪式运作的关键要素"，参与者在"共同的行动或事件"（包括程式化的形式）的互动中生发出"相互关注焦点"。在组织的健身仪式化活动中，老年人相互关注的焦点是由组织者根据老年人的共同需要选定的，即围绕"寿享天年，无疾而终""健康生活到天年"这一人类永恒的"健康"命题展开。这里的"健康"包含"身""心""社"三个方面。而老年人参与的自愿、主动性和对组织倡导的健康理念、健身仪式化的生活方式的高度认同感，使老年人在群体聚集、身体共同在场、同频共振的行动中，共享的情感与意识、群体团结更易生成，群体所能实现的情感连带的强度较高，组织的价值倡导和代表群体的文化符号也更易被群体成员所认同与内化。

其次，老年人的群体聚集和身体的共同在场增进了成员间相互关注与情感连带的强度。涂尔干从不同的角度强调了群体聚集和身体的共同在场对于集体情感、集体意识生成的重要意义，认为集体兴奋的"触电感"的第一步是从稀疏到密集的身体聚集的发展（柯林斯，2009：129），只有群体的聚集与共同行动，集体观念、集体情感和社会意识才有可能产生（涂尔干，2011：578），也只有按时定期地强化和确认集体情感和集体意识，这种情感和意识才能获得其统一性和人格性。这种精神性的重新铸造只有通过聚合、聚集和聚会等才能得以实现（涂尔干，2011：589）。戈夫曼（Goffman）和柯林斯则从微观主体互动层面，论述了群体聚集、共同在场与集体情感、集体意识间的关联。当人们以群体聚集和身体共同在场的方式接触时，因身体的彼此靠近，人们更容易察觉他人的信号和身体表现。人们不仅可通过眼神或面部表情、身体姿态等进行频繁的互动，而且可以通过进入相同的节奏来捕捉他人的姿态和情感，还能够通过发出信号，确认共同关注的焦点，从而达到主体间性状态（柯林斯，2009：93~94、106）。正如戈夫曼所言，当人们彼此觉察到对方存在时，就可能相互追随或表现得似乎在追随他人（Goffman，1981：103）。一旦参与者体验到愉悦、开心的情感之后，他们表达或分享情感的欲望也会随之增强（柯林斯，2009：96）。Kertzer（1988：62）认为，人们定期聚集与共同活动是群体团结生成的必要方式。人们在长期的共同在场、相互关注与情感连带的社会性氛围中生发愉悦感与团结感（McNeill，1995；Warner，1997、2008），而群体中不断增强的团结感，反过来也将持续地补给情感愉悦和集体兴奋感（特纳、斯戴兹，2007：65），并吸引人们持续性地进行群体聚集和保持身体的共同在场。以上研究为我们理解组织成员持续性的群体聚集、身体的共同在场对于推动老年同辈群体间的情感连接、群体团结和提升组织归属感的意义提供了强有力的理论支撑。

再次，共享的情感状态。仪式化的情境与同频共振的行动是激发参与者共享情感状态生成的重要因素。戈夫曼认为，与工作生产的互动情境相比，社会和庆祝情境更有可能产生情感能量和文化资源（特纳、斯戴兹，2007：69）。在仪式化情境的营造方面，A组织以"爱"与"感恩"为主基调，着力营造简单而活泼、温暖而友善等富含情感与意义的互动情境。这契合了老年人的身心特点与需要，对于疏解老年人内心的负面情绪具有积极作用。在节奏舒缓、温暖友爱的音乐的包围与愉悦融洽的群体氛围的催化与感染下，老年成员一起拍打、相互击掌、相互拥抱、相互激发、相互祝愿、一起大笑。这类同频共振的行动是老年成员间相互唤醒、积极情感能量被激发的关键环节。据 Porges 的多重迷走神经理论（The Poly-Vagal Theory）中神经生理学的最新研究成果，参与者的自主神经系统连接着人的情感与生理动作，调节人的注意力和情绪唤醒（Heinskou and Liebst，2016：354）。同频共振的行动不仅可使参与者的消极情感得以表达、宣泄、疏导，积极的情感被唤醒、强化，而且可以创造集体欢腾。集体欢腾促进了成员间的关系黏连、情感连接与社会团结（Heider and Warner，2010；Wellman et al.，2014）。人类最强烈的快乐来源于全身心地投入同步进行的社会互动中。这种集体兴奋模式，是人们愿意参与高度互动仪式并生成团结感的根源之所在（柯林斯，2009：109）。参与者在集体欢腾中生成的共同情感并不是一种看不见、模棱两可的、私人性情感，而是一种可见的、明确的、由社会和道德约束的并为公众认可的情感（Rappaport，1999：122），在仪式的集体行动中唤醒的情感能量亦是信念的基础（Mellor，1998：98）。

最后，代表群体的文化符号增进了成员间的相互关注与情感连带，促进了群体团结。涂尔干的结构仪式论认为，观念结构随群体结构变化，仪式是群体结构与群体观念的中介环节（柯林斯，2009：59~60）。柯林斯（2009：66~67）的互动仪式论以互动情境为中心，强调仪式文化符号的情境属性。而在 A 组织倡导的健身仪式化活动中，仪式的结构与仪式的互动情境相互促进、共同塑造了代表组织和群体的文化符号。一方面，组织需要通过群体的文化符号促进成员间的相互关注。在健身仪式化活动中，A 组织积极倡导"感恩"与"爱"的群体价值观；统一的服装、组名、队旗、组徽与组织的微信公众号、微信分享群等群体文化符号和共享的媒介信息平台突显并塑造了群体成员身份；群体成员间以姐妹或兄弟相称，拉近了彼此的心理距离；一套独特的健康提升方法也使 A 组织与众不同。A 组织的创新性探索被央视媒体关注与报道之后，政府购买该组织服务的项目随之增多，A 组织的公信力与品牌效应也随之得以提升。这些表征群体关系与 A 组织形象的符号，都不同程度地增进了成员间的相互关注与情感连带。另一方面，参与者在健身仪式化活动中生成的共同情感、群体团结和归属感也都需要借助具有一定文化意义的符号予以表达。而且，只有通过符号化方式将其表达出来，彼此间进行相互碰撞与交流时，这种仪式中生成的社会性的共同情感和情感能量才能够成为一种稳定性存在。涂尔干认为，神圣的符号具有唤醒人们高强度情感的力量（特纳、斯戴兹，2007：60）。而柯林斯（2009：128、134）认为，高度的情感连带、集体兴奋是短暂的，长期情感的生成取决于与仪式相关的符号、情感记忆或意义的作用，在未来情境中影响群体互动以及个人的认同性，是情感连带关注的焦点。特纳和斯戴兹（2007）也认为，群体团结一旦形成，人们将希望通过物质性或具有神圣或特殊意义的词或短语来展示这种团结的意义以及使团结生成的情感兴奋和愉悦，并唤醒情感和激活集体兴奋，这种情感能量被唤醒将增加集体兴奋、情感愉悦、节奏同步、共享心境和共同注意。正是在此意义上，Heider 和 Warner（2010：89）对柯林斯的仪式成分提出了修正性的建议，即回到涂尔干，将互动仪式的第四元素——"共同情感"转换成集体的意识。行文至此，我们就不难理解 A 组织负责人为什么重视组织的符号化建构，为什么要将"感恩"与"爱"为核心的价值观当作组织的灵魂，为什么要将表征组织的符号通过各种途径与方式融入每个参与者的日常生活中，使之成为参与者日常生活中不可或缺的一部分。

总之，相互关注、群体聚集（身体共同在场）、仪式化的情境、同频共振的行动、集体兴奋、情感愉悦、群体团结、群体符号等互为资源，相互增加对方的价值，而相互关注与情感连带是社会互动仪式的核心。

第三，内部会话机制与社会互动仪式机制的关系。在 A 组织创设的内部会话仪式中，老年人通过自我关注与情感连带，思维流入那些产生最大的情感能量的内部会话（柯林斯，2009：252）。通过内部会话仪式，老年人对生命的感知由自我觉察走向自我觉醒，内在的生命潜能与生命能量得以激活。这为老年人积极融入同辈群体，在群体层面实现相互关注与情感连带奠定了坚实的基础。在社会互动仪式中，老年人在持续性的群体聚集、共同在场、相互关注、同频共振、情感连带中整体健康、精神境界得到全面提升，尊重、群体归属感的需要得到满足，这种积极的情感体验与认知反过来又进一步提升了内部会话仪式的吸引力与实践成效。

内部会话机制与社会互动仪式机制虽然在老年人整体健康促进的理念、方式、途径等方面有所不同，但都以"爱""感恩"的价值观为导向，在疏解老年人的消极情感与生成积极情感，提升老年人的包容度与道德感，实现自我与外部世界的和谐共处，充分激活老年人内在的生命潜能与生活动能，促进老年同辈的自助与互助的潜能等方面并没有本质性的差别。正如柯林斯（2009：253）所言，内在的或精神的与外在的或社会的之间并没有严格的藩篱。总之，内部仪式与社会互动仪式相互补充、相互促进，共同促进了老年群体间的关系黏连与情感连带。

三是回应外部的质疑与不信任，维护街区与老年人对组织的信任。

专业组织在建构组织信任的过程中，并不是一帆风顺的，而是一直伴随来自老年群体、社区领导的质疑与不信任。从访谈的结果来看，这些不信任与质疑主要表现为以下几个方面。其一，对组织参与动机的质疑与不信任。"我说你们不挣钱，还给我们买什么衣服，发什么养生资料，然后还奉粥，还有养生汤，又给我们上大课，还给我们买收音机，那你们图什么呀？""你看着吧，现在说不收钱，以后就该收钱啦。"社区老年人的这些怀疑在组织探索初期表现得极其明显。其二，对组织口号的质疑，如"'生活到百年'是他们忽悠人，谁能活到 120 岁啊，活不到他赔啊，全是假的、全是骗人的"。其三，对组织有宗教倾向的质疑。组织负责人自身信佛教，并在老年人身心健康促进中运用了正念仪式、感恩仪式、零极限、冥想、禅等工具，有些老年人怀疑组织是否有宗教倾向，是不是邪教之类的组织，并将这种怀疑与担心汇报到社区书记和主任处。其四，怀疑组织在给老年人洗脑或进行思想控制。有些老年人直言，"你这是在对老年人施加思想控制""你这是在给老年人洗脑"。

对于这些质疑与不信任，专业组织都给予了公开的回应。对于参与社区为老服务动机的质疑，专业组织主要通过持续地践行组织的承诺，使老年人在长期有效的实践活动中感受到该组织是发自内心的、真诚的服务，从而化解了老年人对组织动机不纯的担忧。对于"生活到百年"的愿景，组织邀请专业人士从细胞科学层面做出了必要的解释①。一些老年人对组织活动中存在宗教倾向的怀疑与举报也曾引发社区书记的高度关注与警惕，为此，社区书记也向社区里的一些老党员与党支部书记多方求证，最终廓清了一些不实的说法与误解。对于组织在给老年人"洗脑"的质疑，组织负责人并不否认这种说法。他认为，组织的确在给老年人"洗脑"。在一般人的观念中，"洗脑"是一个负面、消极的标签。但在组织负责人看来，组织的"洗脑"是正面、积极的，以"爱"为核心的，"洗脑"的目的就是要更新老年人陈旧的观念，用积极、健康的世界观与养老观武装自己的头脑，以发挥老年人的主观能动性。

当然，组织在老年群体信任建构过程中的难易程度与社区群体是否同质、彼此间的信任度与交往程度高低等密不可分。在老年人社会资本较高的社区，专业组织嵌入社区促进老年人相互信任与相互认同的成本就较低，老年人参与的积极性也相对较高。

> 哎呀，高家园社区非常不得了！他们这些老年人当年就是支援国家建设（的人才），都有一颗爱国爱党之心。你想第一个五年计划的时候，他们都是从全国各地来到这里的。其实，这是很不同的。他们就怀揣着一颗革命的理想，是这样的一群人，就特别有奉献付出的心，我觉得可不同于一般的小市民。大栅栏（街道）就是那种市民气很重（的地方），但这里绝对不是。大家工作的时候也都是（有）那么旺盛的工作热情，我们这些活动就唤起了他们心里青春的热情。高家园（社区）就是这样的，我们搞什么活动，我们大课有一个课表，都会给他们（说明）上什么课（A17060906）。

---

① 组织邀请专业老师在"神秘的内分泌：人体八大系统讲座纪实"讲座中就给老年人做出了必要的解释，最新的科学研究发现，人体的生命细胞一生中可以分裂50次，每一次是2年零4个月，人的寿命可达120岁是自然法则，所以活到120岁是可实现的。

（三）组织信任建构的特征

1. 趣缘与地缘联系纽带是信任关系建构的基础

趣缘是将彼此并不熟悉的老年人联系起来的最主要的纽带。对组织倡导的理念与方法的认同，对健康的共同追求是老年人愿意聚集起来的重要原因。地缘是促进老年人彼此走近的另一个重要的联系纽带。有些邻里之间本身就是几十年的同事关系，有些老年人虽然彼此不熟悉，但空间的相近，客观上打消了老年人彼此间的陌生感、不确定性，便于增进老人间的相互信任与相互认同。还有一个重要的联系纽带是共同的记忆，这些同辈群体因拥有共同的记忆，在彼此走近时更易产生亲切感并引发共鸣，更容易相互信任与相互认同。

大多数老年人在同一个社区聚居了几十年，他们对所生活的社区有很深的感情。这种区位认同虽然离群体认同还有一定的距离，但几十年来，这些老年人在社区组织的倡导与引导下共同开展了一系列社区娱乐与公益活动并与邻里建立了不同程度的关联，共同经历并见证了人生中的一些重大事件，这些联结与地方性共同记忆是其他年龄群体的人所不能比拟的。正因为有这些联结存在，在社区层面倡导并促进老年群体相互信任与相互认同具有较好的基础。而且这种地缘性关系网络具有的居住空间相对稳定的特点决定了成员间的交往是一个重复博弈的过程，成员会有意减少失信的风险，有利于在关系建构中生成稳定的预期，即你今天帮了我，我明天也会反过来关心你的互惠利他的行为预期。而老年人对自己独居、空巢时可能会产生的不安全感、孤独感的预期，也驱动老年人与相邻的伙伴建立一定联系，以便在紧急情况下有人关心和问候。可见，这种地缘关系为非血缘互助关系的建立与维护提供了一个内在预期得以满足的有利基础。正所谓，"远亲不如近邻"，"我为人人，人人为我"。

2. 对健康促进理念与方法的认同是组织信任建构的前提

参与组织活动的老年成员对组织倡导的价值理念、健康生活方式与组织者能力的认可是组织信任关系建构的前提。在 A 组织负责人看来，老年人整体健康促进的根本在于老年人的价值观念。积极健康的观念会使人产生积极的情绪，反之，消极的观念会使人产生诸如担心、恐惧、冷漠等消极的情绪。如果老年人的价值观念转变了，他们的情绪也会随之发生变化，其日常行为、生活方式也会发生相应的调整。A组织将自身的角色与功能定位于"唤醒爱、传递爱、成为爱"。"唤醒爱"是彼此唤醒，而不是交换，它是一个相互提升的过程；"传递爱"是倡导去传播、多奉献，而不是等待别人给关怀；"成为爱"就是活成一个发光体，成为传播正能量的人。

A组织提出的"我是一切的根源"，这里的"我"主要指"我的观念"。A组织引导组员"向内看"，与生活方式的调整相比，更重视老年人的观念或信念在老年人的整体健康促进中的作用。在A组织负责人看来，生活方式只是行为层面上的东西，如果不改变观念和思想，仅改变行为方式是很难拥有一个好的生活方式的。思想会指导人的行为，观念会影响人的情绪与心理，老年人的观念与思想才是健康促进的根本。健康的、积极的观念会促使老年人生发积极的情绪，反之，消极的观念将可能与担心、恐惧等负面的情绪相联系。

3. 观念重塑与行为转变齐头并进是组织信任建构的策略

虽然A组织负责人认为，健康、积极的观念是老年人整体健康促进的根本，但在健康促进宣传时，为了使参与的老人更容易理解与接受，A组织在突显重塑老年人健康观念的重要性的同时，还选择了将健康的观念重塑与健康的行为方式调整齐头并进的促进策略。在A组织负责人看来，老年人整体健康提升的核心在于健康价值观念的重塑与健康生活方式的养成。老年人健康观念的重塑主要通过组织定期举办健康大课的形式予以实现，A组织开展的大课是一种健康观念的大众传播的形式，是要解决老年人观念更新和树立正确的健康观问题。虽然这些专业力量传授的健康知识并不一定真正被参与者所理解或相信，但它在老年人心中种下了一粒粒种子。据课题组了解，提高大课的教学效果的方式也有一个动态变化的过程。在早期，健康知识的传授主要通过传统的课堂教学方式进行，教学效果很大程度上取决于教师的个人魅力、学员对教师的信任等因素。

后来 A 组织采取了体验营或场外情景教学法，在 A 组织负责人的带领下，大家一起参与，在做的过程中融入一些理论的讲解。在 A 组织负责人看来，情景教学法一般能使参与者吸收 60% 的课堂内容，而传统的大课形式，参与者只能吸收 10% 左右甚至更少的内容。

最关键的是行动层面的调整，A 组织推广的健康促进工具包括晨操、念力设定、零极限、正念冥想等，通过专业社工陪伴式的健康教育倡导，引导老年人持之以恒地运用这些健康促进工具提升自身身心健康水平。实践证明，能持续参与的老年人健康状况都有明显的改善，这种积极的成效不仅是激励老年人持续参与的重要动因，也是带动与影响身边人持续参与的重要影响因素。无论是老年人自己还是老年人身边的其他人，当他们看到老年健康促进的效果了，他们的观念也会发生改变。正因如此，在 A 组织负责人看来，如果组织一味地讲思想道德情操、价值观念，这是可笑的，也是很难行得通的。如果你坚持做了，你身体状况就好了。其实在做的过程中，老年人观念也会不断地发生改变。在 A 组织负责人看来，行为是果，观念是因，健康促进的实践成效是最有力的说明。健康观念能否被参与者接受、认同，最终取决于老年参与者在参与过程中的实践成效如何。对于老年人而言，最直接的实践成效体现在老年人整体健康的改善上，间接的实践成效体现在组织的创新性实践被基层政府和社会所认同。这些直接和间接的实践成效都能从不同层面促进参与组织的老年成员对组织健康倡导的价值与理念的认同和接纳。

表面上看，是老年人身体上（的）变化，因为那种不是剧烈的、养生式的运动，它能带来健康和身体素质的提高。但最核心的，还是老年人思想观念上的变化，就是老人看待事物，或者说，以前处理一些事情常爱吵架，现在不爱吵架了，这是因为他们观念改变了。其实我们上大课也好，也就是在灌输这些以爱为核心的思想（A17070616）。

4. 健身仪式化活动的开展是促进组织信任的重要手段

以何种方式促进老年成员间的信任是组织在开展互助式老年健康促进实践探索中面临的重要问题。在社区老年群体的整合和信任重建中，组织需要促进成员间的关系联结与情感连带，需要回应社区老年人提升整体健康水平的需求，探寻老年群体间信任建设的动力来源和文化基础。寿享天年、身心健康是老年群体共同的愿景，也是老年人参与组织倡导的健康促进活动的重要动机，从这一点切入，更容易引发老人的响应和共鸣，激发其参与群体活动的意愿。围绕促进老年群体整体健康的目标，A 组织注重挖掘自理和半自理老人自身拥有的潜能，通过转变老人的思想观念和行为模式，提升老年人的生命潜能，助力老人实现与同辈群体一起探寻生命价值与意义的愿望，进一步巩固老年群体间的信任。A 组织在政府资助、街区和行业组织的支持下，为激活老年人的生命能量，促进群体成员间的相互信任、相互认同，促进老年人的相互关注与情感连带，在综合中西方养老文化的基础上，创设了一套健身仪式化的实践活动。这套健身仪式化活动的开展重塑了社区老年人的关系联结与情感连带方式，增进了老年群体间的信任，深入而持久地影响着老年人的整体健康与精神生活，重建了老年人生命的价值与意义。

（四）组织信任建构的成效

实践证明，A 组织通过健身仪式化活动促进了老年人整体健康水平的提升和老年群体的相互关注与情感连带，从而提升了互助成员对组织的信任度，具体表现如下。

1. 促进了组织认同

实证资料表明，长期浸染在友爱、健康、积极的仪式性活动氛围中，老人消极的情感得到疏解，积极的情感得以生成。而活动中的仪式性要素与情感体验的符号化，则更持久地影响、巩固和加深了成员对组织的信任与认同。这不仅可以从老人对组织愿景、价值观的认同与对组织负责人及员工的信任、依恋上得到佐证，而且还可以从老人自愿参与组织活动的频率、情感卷入的深度中，从老人间"亲如一家人"的关系黏度上得到体现和证明。可以说，长期的健身仪式化活动氛围影响并重塑了老年人的信任与认同，使得原本陌生或不亲密的老年同辈群体关系经由仪式化氛围的熏染和仪式化行为的塑造，实现了由陌生或弱连带的关系到强连带关系的转变。

> 我们早上起来晨练的人，人际关系相比原来都变好了，变亲切了。原来走到一块儿都是比较冷漠，你看他一眼，他看你一眼，合得来的，说两句，合不来的，就谁也不理谁。现在呢，不是了。早上起来，一过去，都互相拥抱一下，很亲切的感觉。过去谁也没有这个拥抱的习惯。就说大家因为是一家人么，都将彼此当成亲人了，这个我觉得是变化挺大的（A17060703）。

> 大家在一起，就跟一大家似的，比较亲切。通过这些活动，将人心拢在一起了。在一起，那种集体生活，那种融洽，跟邻里之间还是不一样。邻里之间，现在都住楼房，有的就比如说都住一个单元，有的都不那么熟悉。这个呢，天天见面，在一起呢，有时候也谈谈心，像我们一个队伍一共有八个组，组与组之间当然要搞好团结啊，每个小组，十几个人，关系最亲，以前都不说话的，不是那么亲切，现在就拉近了距离。人与人之间我觉得还是应该多接触，多沟通。小组内部如有成员不舒服了，我们都去看他，最起码我们两个组长都要去看看，另外组员与组员之间也都挺关心的（A17060701）。

2. 促进了邻里团结与社区认同

互助成员的组织信任与群体认同，客观上也在一定程度上促进了社区邻里关系和社区成员对社区的认同。

> 老人与老人之间的关系更融洽了。刚开始，我跟你可能是一般的关系。比如啊，过去，我下楼了，遛弯儿了，彼此看到打个招呼；现在

呢，哎，要不今天去我家吃饭吧，也就是邻里之间更加和睦了。以前关上门，我管你？爱咋咋地！你家着火了，我都不带出门的。现在不一样了，还有一个什么呢，就是老人主动去做公益了，他自己愿意去做了。加入我们，他自己也提升了，他看待问题的角度不一样了，有变化了。他加入这些组织，不是说只加入 A 组织，是加入社会这些正能量的团体以后，他的思想有变化了，他把正能量释放出来了（A17070616）。

参与组织后，扩大了老年人的交际圈与人际圈。原来你看这里是多少个厂的宿舍区，大家在一个社区里头，可能最多的也就是相邻的人见面点点头，然后认识的、面熟的点个头打个招呼而已，没有说哪个去串门啊，聊得很多的。那现在的话，有这么一个机会，一个团体，然后就很面熟了，而且参与组织活动的话，是有助于人际深入交流的。而且像那种大型的社区活动，如包粽子啊、百家宴啊、包饺子啊什么的，在这些过程中就是把原来你不知道的性格等都展现出来了，那你们如果谈得来，那就成为朋友了。所以，这些组织活动有助于他们扩大自己的交际圈，这个其实很有助于他们的健康的（A17060804）。

3. 激励组织成员持续参与

老年成员对组织倡导的价值理念、健康生活方式、人与人联结方式的认同都在不同程度上激励了组织成员持续地践行组织倡导的健康促进方案，这种持续性的社区邻里活动不仅促进了他们各自的身心健康，而且也增进了老年人与邻里间的沟通、联结。老年人持续参与组织的系列活动会增强成员间的相互关注、相互关怀与情感连带的频率与强度。总之，成员对组织的信任与对群体的认同、持续性参与行为、老年人身心健康的全面提升，三者相互激励与相互增强。对组织的信任与对群体的认同促进了成员的持续性参与行为，而成员的持续性参与行为促进了老年人身心健康水平的全面提升，老年人身心健康水平的全面提升反过来进一步增强了成员对组织的信任与对群体的认同。正是因为有这样的良性循环，当专业组织退出社区后的两年，老年自组织还能持续运行并持续发挥积极的促进作用。

四 组织生长中对外部资源的依赖

（一）政府与街区的资助与支持

资源依赖理论认为，任何组织都不拥有其生存和发展所需要的全部资源，这就决定了组织需要与所处环境中的相关组织或机构建立并保持不同程度的合作关系。对于专业养老组织而言，能发挥专业服务的优势和特色，创新居家养老服务供给，完善居家养老服务体系，从而赢得基层政府、基金会的资助与街道、社区的支持，是事关组织生存与发展的首要大事。据 A 组织负责人介绍，组织在 2016 年前后，其运作所需资金的 60% 来源于政府购买服务项目的资助，40% 来源于基金会资助。组织对于外部资源的强依赖性，在组织规模扩张时体现得尤为突出。访谈结果表明，2016 年，A 组织实现了组织规模的快速扩张，而这种扩张与其汲取的资源增多不无关系。2018 年，A 组织被迫解散，实际上也与 A 组织和政府合作的项目陆续到期，组织没有其他资金筹措渠道，遭遇资金链断裂的危机直接相关。

据课题组观察，专业组织之所以能赢得基层政府的资助与街道、社区的支持，至少有两方面原因。一方面与专业组织的创新性供给直接相关，另一方面也与宏观与微观政策的推动密不可分。2016 年出台的《"健康中国 2030" 规划纲要》明确提出了要 "把健康融入所有政策" 的要求，这是影响并推动基层政府增加老龄健康服务供给的宏观政策背景。与此同时，北京市社会养老保障制度的不断完善与老年人健康需求的不断增长，也是基层政府推动老年福利政策开始向健康老年人服务领域拓展的微观政策背景。中国养老服务体系虽然强调了 "以居家养老为基础"，但这个 "基础" 具体包含什么服务内容、如何夯实仍是有待政府和各级老龄服务机构进一步探讨的实践问题。上述这些因素和条件的存在，为专业组织嵌入社区进行健康促进的创新性探索提供了生存空间与机会。

专业组织在与基层政府和街道、社区的合作中，会根据组织所拥有的社会资本的多寡采取不同的行动策略。如在组织初建期，当组织仅有健康促进理念而无实践成果时，组织活动或行动的合法性就明显不足，在其进入街区开展服务探索时，就会因此而遭到街区与潜在服务对象的双重质疑。在这个阶段，专业组织只能采取共享成果的策略与社区沟通，以此来争取社区的支持，从而获得进入社区进行创新性探索的机会。在三个月的社区试点探索之后，实践证明了组织倡导的健康促进方案富有成效。街道、社区和社区老年居民对专业组织的信任初步建立，他们对其的态度才由怀疑转向主动为其争取政府购买项目的资助、活动空间、设施等资源支持。专业组织在社区的实践探索初见成效之后，也通过适时给街道送锦旗表达感谢的方式来巩固双方的合作关系。而在专业组织赢得社会各界的认可之后，专业组织就凭借其实践成效、荣誉、组织公信力等资本吸引其他参与主体的关注、资助、支持。

研究表明，专业组织在嵌入街区的过程中，及时洞察并回应街区的利益关切是赢得街区支持的前提条件。专业组织一旦进入街区场域，就会在不同程度上改变街区原有的权力关系结构，引发新的不平衡，在某种程度上甚至在某些资源掌控和社区居民影响力方面与街区形成直接与间接的竞争。为了避免这种潜在竞争影响街区对专业组织的支持态度，专业组织一般会积极关注街区的利益关切，主动为其分担忧虑或创造价值。从 A 组织的实践经验来看，首先，在与街区合作时，专业组织需要积极主动了解街区的需求与工作动向，洞察街区的阶段性工作重点和利益关切，明确专业组织能为街区创造的价值之所在，并尽力履行好责任和承诺。

> 你（这里指街区）有事，需要干什么，我们帮你干。干完了之后，我们将材料给你。你看，我们的计划里，你能干的，你一定要干的，我们来干，来做（A2017070620）。

其次，力所能及地协助街区完成社区治理任务和上级指令工作。组织利用其群众基础较好的优势为街区做一些力所能及的事情，如搞活动、发东西、做调查、建群等。街区也会对组织的创新性探索给予必要的支持和回报，如在 A 组织进入社区的早期，社区主任或书记就到达晨操现场，"为专业组织站台"。为了平衡好与社区、老年群体间的关系，A 组织在组织大型活动时，一般会有意识地邀请社区主任或书记一同参与，共享活动成果。

（二）公益行业组织的资助与支持

专业组织的生长离不开公益行业组织的资助与支持，具体体现在以下几个方面。

其一，公益孵化组织提供能力建设支持。如恩派为专业组织提供了能力建设支持，并为专业组织融入公益圈、加强与基层政府的合作提供了协助与支持。深入访谈结果显示，A 组织负责人与管理骨干通过组织法定代表人的牵线，于 2014 年 10 月参加了公益孵化组织举办的一个为期 3 个月的"N 动力·社会创业特训营"培训。通过这次培训，A 组织的主要管理人员加深了对社会创业的路径、机构愿景、产品设计、战略规划、业务模式、品牌营销、关系管理等社会创业工具的了解。更为重要的是，借助恩派这样知名的公益平台，专业组织获得了展示组织理念和实力，融入公益圈并与基层政府合作的潜在机会和有利条件。如在恩派的推荐下，A 组织参与了公益领域颇具影响力的社创之星活动①。在参赛的过程中，组织还得到了恩派专业团队的指导，并获得了 2015 年"社创之星"荣誉称号。

其二，基金会提供资金扶助与支持。如春苗基金会、福彩基金会等为组织提供了一些项目资金扶助。春苗基金会还邀请 A 组织参与了"医务社工培训项目"。通过这次培训，A 组织骨干系统学习了社会工作、小组工作、社区工作等的方法与技巧，组织督导能力有了明显的提升。在学习过

---

① 社创之星活动由恩派、社会创业家全媒体共同发起，搜狐公司、友成基金会和敦和基金会共同主办。该活动在北京、上海、青岛、南京、杭州、深圳、厦门、合肥、东莞九大赛区进行海选，评选出的全国"36 星"进行模拟通关比赛，角逐"12 星"，之后进行年度总决赛。组委会开设特训营，给予创业者专业指导。详见《2015 年"社创之星"36 星首星诞生》，发表于《中国青年报》2015 年 2 月 3 日，第 10 版。

程中，A 组织负责人与管理骨干还于 2017 年考察了台湾医务社工的工作情况，对台湾志工系统的运作有了更深的了解。这次考察学习对于 A 组织进一步开发老年志愿资源，具有重要的启示意义。在这次培训结束之后，A 组织管理骨干还考了社工证，这为 A 组织后来申请北京市民政局的"三社联动"项目创造了必要的条件。在这次培训中，A 组织被春苗基金会选定为社工培训实习基地，其管理骨干田社工因从教经验丰富、组织沟通能力强，还被聘请为实习基地的督导。另外，这次培训也为 A 组织赢得了每年 30 万元的合作项目。

其三，专家学者为课堂教学提供师资支持。访谈结果表明，为了提升老年互助成员的理论素养与认知水平，A 组织负责人积极邀请了情感管理、健康养生等方面的专家，为老年人提供专业的大课培训服务。专家学者作为 A 组织开展大课教学的外聘师资，为大课教学提供了师资保障，其培训服务既丰富了 A 组织的课堂教学内容，又间接提升了 A 组织管理骨干的专业水平。

其四，公益行业组织提供展示平台与合作机会。在公益孵化组织恩派的建议与指导下，A 组织于 2015 年 10 月 24 日至 26 日参加了北京老博会。在北京老博会上，A 组织负责人面向北京的基层政府、各街区负责人、基金会负责人和相关的养老组织等公开演讲，分享了组织创建过程与组织创新性探索的理念、做法、实践成效等情况，并成功赢得了多方关注。A 组织在北京老博会平台的这次亮相是组织发展史上一次较为成功的"亮相"，为组织走向更广阔的公益舞台，争取多方合作资源与支持创造了机会。访谈结果表明，北京老博会结束后，A 组织就与北京海淀区、西城区等相关街区达成了合作意向。

（三）新闻媒体与粉丝群的支持

1. 借助新闻媒体宣传，扩大组织知名度与公信力

公信力打造和知名度提升是专业组织汲取外部资源的重要条件，这不仅需要以组织自身的创新理念和富有成效的实践探索为支撑，而且需要借

助新闻媒体、群众口碑等多种力量。经过一段时间的创新性探索，A 组织所开展的相关活动，得到了老年参与者的首肯和合作方的认可。2016 年 2 月 15 日央视《新闻直播间》的一篇报道，极大地提高了组织的社会知名度，提升了组织在公益行业中的影响力，使其公信力得到了有效提升。这篇报道使组织发展获得了一张珍贵的宣传"名片"。

2. 发挥粉丝群的口碑效应，培养健康促进的"种子"人选

在 A 组织的组织设计的理念中，老年健康促进的"种子"来源于组织在全国各地宣讲、服务过程中积累的"福粉"。"种子"人选就是在这些"福粉"中培育并遴选出来的。选拔、培养与认证"种子"人选的途径或工具有二。其一，系统培育认证志工队伍。在 A 组织设计的理念中，这种认证旨在减少对导师的依赖，探寻健康促进方案的标准化和规范化实施路径，如播放一些课件，传授一些健康促进的现成方法。而这个工作需要提前确定，使其可以复制，就像撒种子一样，让其生根发芽。其二，通过健康体验营形式传播组织理念与方法，培育健康促进的"种子"选手。A 组织通过在北京郊区建立房山体验营或应其他地区友好人士之邀，在北京以外的其他地方建立体验营，传播组织健康促进的理念与方法，并播下希望的"种子"。在 A 组织负责人看来，培养老年自组织领袖人物较成熟的模式就是举办老年健康促进体验营。老年人参营的前提是认同组织健康促进的理念和做法，并愿意为改善自身健康状况付费。之所以选择这种体验营，一方面缘于组织负责人对这套健康促进理念与方法促进老年人整体健康成效的信心；另一方面基于组织运作成本的考量，在社区健康促进的实践探索中，A 组织与老年人之间的相互信任、相互认同的建立，不仅需要经历一个较长的了解过程，而且需要面临如何分摊组织运营成本的难题。借助健康体验营的运作形式，A 组织不仅有效解决了组织运营成本分摊的问题，而且可以将在社区里预计 3~6 个月完成的事缩短至在 7 天内完成。参营的老年人在通过 7 天的体验后，身体健康状况得到初步改善，对组织的信任度也明显提升。

五　健康促进类互助养老组织的生长机制

组织使命与发展理念的选择与组织功能的定位都基于组织负责人对老年、养老、老年人的需要与养老服务业的系统反思。关于老年，A组织负责人在学习塞缪尔·乌尔曼的名篇《年轻》后，将其认同的部分观点摘录在组织的网页中，"没有人仅仅因为时光的流逝而变得衰老，只是随着理想的毁灭，人类才出现了老人。岁月可以在皮肤上留下皱纹，却无法为灵魂刻上一丝痕迹。忧虑、恐惧、缺乏自信才使人伛偻于时间尘埃之中"①。对于养老，他在陪伴其病重的父亲的三年中感悟到，有效的养老服务应该在老年人能自理和半自理时提供。对于老年人的需要，他相信"生命本自具足"，相信老年人所需要的是其对生命潜能的激活。对于中国的养老服务业，他认为，目前仍以贫困、失能、高龄老年人为主，在疲于奔命、"救火式"消耗有限的医疗与人力资源中展开，效果并不理想。他理想中的养老服务业应能激活老年人内在的生命潜能与生命能量，引导老年人积极参与社会、实现自身的价值、过健康高质量的生活。为此，他将组织的使命定位于唤醒老年人内在那股"精神气"，每位老年人都有自己的理想与追求，每位老人都是一个发光体。正如他所言，"如果一个人退休后，积极参与社会活动，充满自信的能量，确认自己的存在是对社会的贡献，那么中国的老龄化问题则不是挑战而是发展的机会。A组织就是为了所有的老人都达到这样的生命状态而存在的"②。

A组织负责人在回应老年人整体健康的需求时，系统学习了中医养生学，古人的养生之道，心理学、佛学中的正念，夏威夷疗法中的零极限等内容，并将这些内容糅合在组织实践中。经长期探索，A组织总结出一套以"爱""感恩"为核心价值理念。这套价值理念具体包含以下内容："爱是最

---

①　https://baike.so.com/doc/9590769-9936045.html.

②　https://baike.so.com/doc/9590769-9936045.html.

高的生命能量""爱是唯一的答案""爱出者，爱返""付出就是最大的收获""我是一切的根源""爱是唯一的答案""唤醒爱、传递爱、成为爱"等。为了突显组织对"爱"的信念，A组织在编写《健康生活指导手册》时，在手册封面正中位置印上了大大的"爱"字。据课题组调查，A组织健康促进理念的选择与组织负责人受到宗教信仰的影响和中国传统思想文化的洗礼不无关系，所以，在确定组织核心价值观时，组织负责人自觉不自觉地也将"感恩""博爱""慈悲"的思想观念融入了其中。

信任是组织将组织负责人的个人的理想转变为几百人、几千人理想与实践的内在机制。认同性信任是组织团队建设与共同行动的基础。2008年开始，在A组织负责人和合伙人的身边总有两三名志同道合者，他们一般以兼职者身份从事无偿探索，参与时长一般在2~3个月至1年。他们对A组织负责人倡导的价值理念的认同、对互助养老的理想与对激活老年人内在生命能量的憧憬激励着他们的持续关注与投入。后来，A组织在招聘正式员工时，除了要考察组织员工的工作经历与组织管理能力外，还将对组织倡导的价值理念是否认同、成员间心性是否相投作为必要条件。从访谈的结果来看，团队成员对组织的价值理念和健康促进工具高度认同。可见，团队成员间的认同性信任是组织团队建设的核心要素。

老年成员对组织的信任与成员间的相互信任是组织生长的关键因素。为了赢得老年成员的信任，A组织负责人以老年人身心健康的提升为旨归，系统学习了中国传统文化，认真总结前期"幸福养老大课堂"实践探索的经验教训，在探索社区陪伴式健康促进方案时，不断地尝试、总结、调整与完善实践方案。在社区推广老年整体健康促进方案时，组织采取了以下推进策略：首先，通过社区嵌入式动员和组织声誉赢得老年成员的初步认可；接着，通过一段时间高频率的健身活动有效地促进参与者生理健康，以此促进组织成员对组织的信任与认可；与此同时，组织通过课堂培训传播健康的养老观、积极的价值观与情绪管理的方法与技巧等，为组织成员健康观、生活方式、社会关系网络的重塑等种下理念的"种子"；最后，组织通过日复一日的日常仪式化实践、重大节日的集体活动与老年小组的非正式活动等践行健康的生活方式，进一步维护并增强成员间的相互关注与情感连带，增进成员间的信任。正是基于健康促进的成效与老年成员间高度黏连的信任关系，A组织在老年人心中埋下的健康信念与积极价值观的"种子"才逐渐被老年成员所理解并内化。这也是A组织在退出街区服务点后，老年人的晨操还能得以持续且成员间的相互支持与相互扶助的关系还能得以维系的重要原因。

组织间的信任亦是组织汲取外部资源，保证组织生长的必要条件。赢得街区的信任是A组织生长的必要条件。无论是早期的试点探索，还是后期在街区的实践，A组织都离不开街区的支持。在不同阶段因组织资本的不同，A组织赢得街区信任的方式也各异，相比于早期的游说、权力让渡而言，在A组织获得政府购买资金的资助、央视媒体和行业组织认可之后，A组织就可以借助于由此获得的声誉赢得街区的认可，并通过互惠共赢赢得街区的信任。街区的信任为A组织嵌入老年群体提供了可能，同时也为A组织使用街区的活动设施、活动空间提供了机会，而赢得枢纽型组织和平台型组织的信任也为A组织融入更大的公益平台提供了可能，如通过组织合伙人的引荐，A组织专业骨干成员参与了恩派的培训项目，并有机会在北京老博会上与多方资源主体接触。A组织通过恩派的推荐与已取得的声誉进一步赢得了基层政府、基金会的信任，这为A组织的生长赢得了更多的活动空间、资金、活动设施等方面的支持。可见，赢得多方主体的信任并汲取更多的资源是A组织生长的必要条件。但在A组织员工规模迅速扩大时，组织汲取资源的意识与能力并没有及时跟上组织发展的速度，这也导致后来A组织面临员工的工资发不出来的窘境，组织资金的不足直接导致了组织解散。

如上所述，成员间的信任、成员对组织的信任、组织间信任相互影响与相互促进，共同影响并决定着组织的生长。组织只有与各类专家学者、行业组织等相互交流、相互扶持，才可能创新健康促进的方式，吸引员工参与，获得行业组织支持和政府资助。组织只有争取到街区的认可，才有可能赢得在街区实践探索、使用街区活动空间与活动设施的机会。只有组织成员对组织有了基本的信任，组织倡导的健康促进的价值理念与方法才有可能为组织成员所认识、熟悉与实践。也只有组织成员在组织引导下行动起来组织成员的身心健康才能得到全面提升，组织成员间的相互信任、成员对组织的信任才有可能得以加强。而只有成员间相互信任增强了，相互关注与相互帮扶才会成为他们日常生活中的常态。

综上所述，健康促进类社区互助养老组织的生长与专业力量的老年观、养老观、服务态度与创新性服务供给能力直接相关。在案例 A 中，专业力量对于老年与养老都持积极的态度，A 组织以激活老年人生命能量与潜能，促进老年人相互关注与相互帮扶为目标。在服务的过程中专业力量的为老服务赢得了老年人的信任与认同，老年人也愿意在专业力量的倡导与引导下与其他成员一起行动。当然，只有专业力量所倡导的共同行动能有效地促进老年人整体健康水平的提升，老年人对组织的信任才会有根基。实践表明，专业力量所倡导的日常仪式化活动确实有效地促进了老年人之间的相互关注与情感连带，增进了成员间的信任，这样老年人才愿意与其他成员共同行动，通过互助满足各自的需要，也只有成员间信任得以增强及他们各自的整体健康得到全面提升，互助成员在专业力量退出之后才愿意自主管理、自主运营老年自组织。当然，专业力量能否持续性地从组织外部汲取组织生长所需的各种资源直接关系到专业力量的存亡。专业力量对外部资源的汲取能力与组织负责人和运营团队的社会资本，对资金、与政府合作的态度等都直接相关。

如何看待健康促进类互助养老组织的实践探索？本研究认为，如果仅以组织存亡为标准来判断 A 组织实践探索的价值与意义，这无疑是有失公允的，它会遮蔽 A 组织在互助养老创新性探索中的贡献。在社区互助养老的实践中，A 组织所倡导的健康理念、健康促进工具与方法、健康促进成效等都赢得了包括老年互助成员、基层政府、行业组织等的认可。需要特别强调的是，老年互助成员在参与 A 组织的活动的过程中，他们的身心健康水平得到了极大提升。即便在 A 组织解散后的两年，A 组织曾经服务的三个服务点的老年自组织成员仍在坚持做晨操，且仍然保持着定期一起行动和共同行动的习惯，这些老年互助成员间的联系纽带与相互扶助的关系并未因 A 组织的解散而断裂。从这个意义上讲，A 组织所倡导的互助养老的健康理念、健康促进的方法以及促进互助成员相互关注与情感连带的日常仪式化活动值得我们进一步关注与研究。

有关 A 组织解散的讨论。为什么一个具有一定创新性的养老组织，在实践探索过程中也曾得到政府、街区的认可，行业组织的支持和老年人的认同，最终还是走向了解散？

> 我觉得，哎呀……，很可惜！就是这个机构的建设没弄好，然后，虽然那个社区里面都做得蛮好的，只是我们自己给散了，很可惜这个（A20040221）。

从三年后的回访结果来看，至少有三种解释。

解释一：组织已完成了使命。

持这一观点的是 A 组织的创始人。他认为，组织当时承接一些政府合作项目的目的就是培育以老年人为主体，以自治为目标的老年自组织，并使其自转，经过几年努力，这个目标基本实现了。然后，组织将街道、社区级的一些项目与资源转介给这些自组织，以便这些自组织能够通过与街区公益基金会与社区服务驿站合作，实现老年自组织可持续运转的发展目标。在 A 组织创始人看来，这一目标已经达成。

笔者认为，这一说法与该组织公开宣传的有关专业组织的角色与功能定位是一致的。该组织曾经描绘了这样一幅理想蓝图：通过 A 组织的两名社工带动 200 名社区志愿者并影响周围 2000 名老人，解决他们 80% 的养老服务的需求。在组织的理想蓝图中老年社工发挥着不可或缺的作用。为此，在 2016 年，A 组织完成了对首批老年社工的培训，并强调了这些老年社工的三大工作目标：一是陪伴老人，通过自身的示范性行为习惯去影响并改变老人的健康的行为方式；二是形成高黏度的健康促进互助小组；三是形成由 50 人组成的互助团队，让社区健康生活成为一种风尚。

在 A 组织倡导与引导下，高家园社区成立了 8 个分小组。这 8 个小组在长期的交往中，建构了相互关注与相互扶助的社区支持网络。虽然 A 组织在服务了两年后退出了。但据笔者于 2020 年 6 月电话回访三个服务点的情况来看，专业组织倡导的晨练活动还一直在进行，在疫情发生前，他们一直在坚持。

夏天晨练的人数保持在 50 人左右，冬天一般（在）30 人左右。A 组织在该社区服务时已用坏一个扩音器，他们离开后，我们又凑钱买了第二个和第三个音响设备。这个设备因要充电，这样 8 个小组长就轮流拿回家充。每个小组长负责管理一周的音响设备。在做晨操前后，一些老年人会聚集在一起闲聊。其中，一个由独居老年人组成的 8 人小组，除了坚持做晨操外，他们还会定期聚会，如（组织）包饺子、外出游玩等活动（A20061803）。

一些关系好的七八个老人，他们还在一起搞活动。他们还是发挥了积极的作用。虽然这个组织不存在了，但之前在一起，由于他们都熟悉了，我还经常看到他们，几个人经常在一起，一块儿玩、一块儿买菜、一起购物、一起散步，全都在一起，纽带还是存在的（A20061805）。

我们这个点的晨操，疫情之前一直在做，20 人左右。老年人之间还有一些活动，如织帽子、唱歌、过生日。不过，这些做操老人已归属社区里的夕阳天使队了（A20062007）。

我们这个（服务）点晨操活动还一直存在，人数在 30 人左右。他们见面时还像一家人一样，很亲热。会聊一聊家常。但其他组织活动，如熬粥、凉茶、织围脖等之类的组织活动，因没有场地和资金支持也就不能开展了。我们老年人还是渴望有一个带头人带领我们一起活动（A20062010）。

这些回访资料可以佐证 A 组织负责人的部分观点，即培育老年自组织的使命的确已部分完成。同时，也从另一个侧面证明，A 组织所倡导的一些价值理念、健康促进的工具与对老年人社会支持网络的重塑，经受住了时间与实践的考验，是较成功的。但由两名社工带动 200 名社区志愿者并影响周围 2000 名老人，解决他们 80% 的养老服务需求的组织理想只是部分实现了。

解释二：组织内部管理出了问题。

持这种观点的主要是 A 组织内的员工。他们认为，A 组织创始人对资金的态度存在问题，对筹措资金不够重视是引发组织内部分歧并最终导致组织解散的重要原因。

> 其实，德纯的想法非常单纯，他说我做的就是付出爱的事，你不纯我就不要，而且呢，我也不考虑钱，我就不相信我做这个会饿死。对，基本上就是这个想法，……我说，德纯你是家里的顶梁柱，你不能这样的，你做公益的人最后饿死掉了。但是德纯非常反感这种说法，德纯说我死了吗？要死，我早死了。我从 2008 年那会就开始做，不工作就没有收入了。但是做这个事是钱支撑的吗？这说不清道不明的。我们说你这么做不对，今天你一个人来了这么做，今天我田某人来了这么做，我们不代表普遍性（不具有代表性），我们还有员工，人家得要有钱呐。哎呀，德纯在这一方面可不突破了。工作时，真的可以忘我的那种，抢活儿干，什么活儿都干。其实，真有基金会来了，"哎呀，郑老师，你们需要什么帮助啊？"一说，他就躲，一说就讲大道理，一说人家都不好意思说掏钱了。真的，其实我们也特别无奈，但是后来，我现在也说不清，但是我还是能够理解德纯的，因为我们做好事就特别好，就真的不是求的，就拿了这些资源。哎，这么好，其实也没想到就来人了，就来钱了（A17060906）。

也有员工认为，组织负责人的组织管理能力欠缺导致了组织解散。

解释三：没有处理好与社区的关系。

持这种观点的是深得社区和 A 组织信任的一名社区支部书记。虽然该组织的资金来源于市民政局的福利彩票基金会，没有与社区发生直接的利益之争。但"人气"之争不可避免。该支部书记认为，社区老年人与社区管辖下的党组织受社区管理，该专业组织的服务对象、服务内容与社区既有的服务内容存在一定的竞争。由于社区与专业组织都在关注同样的老年群体，专业组织频繁地将老年人聚集起来开展活动，势必在一定程度上影响了社区既有的老年服务活动的开展。更为重要的是，专业组织所开展的系列活动，这是之前的社区所不能开展的，在老年人对专业组织的信任与认同度不断提高的同时，一些社区工作者也产生了警惕，在他们看来，这些老年人是"跟着郑德纯跑了"。有些老人甚至说出这样的话来了，"社区要对我们这么关心，对我们这么好，那多好啊！"对该组织有看法的人还不少，并经常到街道办事处反映这些问题，后来街道办事处就将这个服务点给撤了。之前的一个党委书记还是支持这项工作的，如果要不是之前的那个党委书记的支持，A 组织负责人说他早就待不下去了。其实，在 A 组织进入社区，服务一段时间之后，这位支部书记就发现了其中隐藏的矛盾与冲突，她就曾积极建议 A 组织负责人，"你能不能搞搞别的或兼职做做，你这样搞下去能待得长吗？"在她看来，A 组织负责人将所有的时间与精力都放在社区老年人身上了，他还年轻，他应该将这个作为兼职，而不能全身心投入，作为主职。如果兼职，适当地帮帮社区搞一搞，可能还行。但是 A 组织负责人并没有接受这个建议。而在后来的服务中，由于该组织员工全身心地投入为老服务中，当老年人身心健康水平得到全面提升之后，在社区与专业组织之间，在准官方背景的社区驿站与专业组织之间，社区老年人更加认同专业组织的服务。

第三章

精神养老类互助养老组织

互联网时代，面对巨大的"数字鸿沟"，一部分老年人因为没有智能手机或者不会使用智能手机等而无法享受科技进步带来的生活便利。这个问题值得整个社会重视与反思，需要采取切实有效的方法予以解决。"最好的孝敬，是带父母跟上这个信息时代"。通过文化反哺的方式帮助老人学会新知新技能，适应社会变化，跟上信息时代快速发展的步伐，是子女和社会义不容辞的责任和使命。同时，应积极鼓励并支持老年人自主地跟上信息时代。在政府与社会都在关注弱势老年群体面临的"数字鸿沟"问题及其解决方案时，我们也应意识到老年群体是分层的，有些老年人不仅没有落伍，而且是互联网时代的"弄潮儿"，他们还可以凭借自己的一技之长为弱势老年人提供支援性服务。

一　南京金陵彩虹网络电视台的生长概况

南京金陵彩虹网络电视台（简称"金陵彩虹网络电视台"）是南京地区乃至全国第一家由老年人自主创办、自主管理和自我服务的老年人网络电视台。该电视台具有强烈的社会责任感，以服务南京地区的老年群体和宣传并营造尊老敬老的社会风尚为目标。成立 10 多年来，该网络电视台运作队伍不断发展壮大，仅记者团队就由最初的几十人发展至目前的 300 多人。在内部管理方面，该网络电视台已经建立起了完善的制度体系。

（一）老年大学教育中孕育着老年自组织

调研显示，金陵彩虹网络电视台的诞生离不开当地老年大学从事电脑教育工作的林坚的大量付出和他的一批学生的追随和参与。自 20 世纪 90 年代始，中央政府就规划和部署了"构建终身教育体系"，"形成全民学习、终身学习的学习型社会"的宏伟蓝图，各类老年大学、社区教育随之在各地兴起。在中国企事业单位改革，大量的"单位人"向"社会人"转变的过程中，一些受过一定教育、有意向继续学习的低龄老人将目光转向了身边的老年大学，希望在老年大学中继续学习新知识、结交新朋友，充实自己的晚年生活。

金陵彩虹网络电视台的主要创办人之一林坚自 1980 年开始在南京市电视大学从事高等教育工作。2000 年，林坚开始在南京的一些高等院校从事电脑技术方面的教育工作。林坚之所以会在后来选择从事老年大学的电脑技术教育工作，基于以下几个方面的原因。其一，老年大学电脑技术教育的社会需求旺盛。伴随中国老龄化的步伐，中国老年大学教育开始兴起，但普遍面临师资短缺的问题，电脑技术方面的教师尤为短缺。在 20 世纪 90 年代，以电脑为代表的信息科技发展迅速，整个社会兴起了一股电脑学习热潮。一些具有一定文化基础且愿意接受新事物，想与时俱进以适应科学技术日新月异变化的老年人也加入了电脑学习的行列。其二，个人的需求。林坚当时正在规划退休后的生活，找一份与自己兴趣相关的工作，以实现"老有所为"的目标。老年教育工作既可发挥林坚自身的专长，又能让其结交更多的老年朋友，与其晚年理想生活相契合。其三，老年人更懂老年人的需要、更能理解老年人。在学习新技术方面，尽管"代际反哺"的现象较为普遍，但在林坚看来，年轻人教老年人学习新技术时，往往缺乏足够的耐心。与年轻人教老年人学习电脑知识过程中的"不理解"和"没耐心"相比，林坚认为，老年人更懂老年人的需要，老年人更能理解老年人。于是，2001 年，林坚就在朋友介绍下进入老年大学从事电脑教育工作。自此，他先后在金陵老年大学、江苏女子老年大学、江苏青春老年大学、南京协和老年大学等多个学校从事电脑、影视制作方面的老年教育工作。林坚在教学中认真负责、用语形象，教学内容浅显易懂，其深受学员喜欢，所教课程获得学员一致好评。

在老年大学的电脑教学过程中，林坚发现一些学员在课外还有"释疑解惑"与"分享交流"的需求。为回应学员的这一需求，他萌发了建立教辅网站的想法。这就是"银发在线网络远程教学平台"建设的缘起。在这一平台上，老年学员不仅可以进一步巩固课堂学习内容，上传并分享一些课外创作的作品，而且一些因身体或家庭等原因不便出门的中老年人也可以方便地通过平台学习电脑知识。正因如此，该平台建立不久覆盖面就由早期的南京地区拓展到南京之外的其他地区，参与人员也由早期的老年大学学员扩展到一些老年大学学员之外的线上学员，平台的影响力也随之增加。

通过老年大学的课堂学习和网站上的线上交流与分享，师生与同学之间都产生了浓厚的情谊。学员们开始希望有一个人能带领他们一起学、一同玩。"带着我们学，带着我们玩，带着一批老顽童"，学员的这一想法，与林坚参与老年大学的动机与需求不谋而合。正因如此，经过一段时间的观察、实践与考虑后，林坚进一步拓展并明确了"银发在线网络远程教学平台"的功能定位，即为老年人搭建"老有所学""寓教于乐""老为公益"的平台和舞台，具体如下。其一，"老有所学"平台。教师既可以将课件传到平台上供学员课下进一步学习，又可以针对老年学员在学习中遇到的疑难点，编制视频与课件，免费供老年人在线学习。老年学员则可以将作业和影视作品传到网络上，与其他学员分享交流，从而形成"教师解惑，学员交流"的学习模式。其二，"寓教于乐"平台。为了实现寓教于乐和学以致用，林坚在线下组织了各类交流和实践活动，让老人运用所学知识技能解决实际问题，并体验到学以致用的乐趣。其三，"老为公益"舞台。挖掘整合老年人的资源，不定期组织老年义工群体为社区和养老机构提供网络服务，惠及更多的老人。可以说，"银发在线网络远程教学平台"的实践探索，孕育并发挥了组织的三大功能，即"老有所学""老有所乐""老有所为"。

如果说，"银发在线网络远程教学平台"是林坚由老年大学课堂教学延伸出的服务与交流平台，那么，"金陵彩虹中老年博客联盟"（简称"博客联盟"）则是由林坚在老年大学所开设的一门课程延伸出的交流与分享平台。2005年，林坚在金陵老年大学首开博客班，为了推动学员学以致用，2006年，以这批博客班的同学为主要成员组建了博客联盟①。博客联盟主要依托南京知名网站西祠胡同网。博客联盟帖子分类包括书画影音、养生保健、往事如烟、快乐旅游、活动通知、特别关注、说说笑笑等。随着博友和博文的增加，博客联盟得到会员和广大网友的关注和支持，并获得社会好评。经过两年的运营探索，博客联盟在南京的老年群体中有了一定的名气和影响力。

（二）老年自组织的实践探索阶段

在"银发在线网络远程教学平台"和"金陵彩虹中老年博客联盟"的建设和运营中，林坚体会到了广大中老年人不甘落后，主动拥抱电脑、互联网新技术，积极融入网络社会的高涨热情。为了拥有自己的交流平台并保障网站持续合法运行，林坚就联系朱继华、高德钧、宣家荣等主动向国内和国际网站域名的主管部门申请备案②。2007年12月，金陵彩虹网站通过了工业和信息化部的审核并获准备案。2008年1月1日，金陵彩虹网络电视台正式启动相关业务。金陵彩虹网站的功能定位如下：为老年人提供电脑网络信息技术学习辅导，刊载南京地区老年大学学员的影视作品；宣

---

① 第一届博客联盟的主任是高新华，后因病去世，金陵彩虹网站专门制作了一个网页悼念他。第二届博客联盟的主任是范建平（博名是"戈壁红柳"），他写了大量的优质博文，截至2015年1月，他的博客的浏览量达270多万次。现任博客联盟的版主是李绍禹。

② 2007年12月8日，金陵彩虹网站申办国际顶级域名www.jlchcn.com，2007年12月29日通过了工业和信息化部审查和备案。现在，金陵彩虹网站有两个域名：www.jlchcn.com.cn（中国域名）；www.jlchcn.com（国际顶级域名）。据笔者查证，中国域名因服务到期，尚未续费已不能打开。

传关爱老人、孝敬父母的社会风尚，报道面向老人的公益慈善活动；介绍南京地区养老机构情况。该网站为老年大学学员提供教辅服务，延续了"银发在线网络远程教学平台"的老年教育与分享功能，回应了老年学员学习新科技、积极融入现代生活的需要，并在此基础上突出了"社会功能"——宣传报道、倡导敬老新风尚。这一社会功能也是广大老年学员"学以致用""老有所为"的具体体现。

随着博客班学员的增多和博客写作风尚的形成，博客联盟的会员数、博文量也不断增加。博客联盟在规模不断扩大的过程中，其运营模式也不断走向完善，具体表现在以下几个方面。其一，从博客联盟内部分离出一个知青频道，并于 2011 年 3 月成立。2013 年 11 月 10 日，组织学员向西祠胡同网申办了一个新论坛，取名"彩虹乐园"。它是中老年网友学习、娱乐、保健的因特网家园——该论坛内容主要涉及休闲旅游、文化娱乐、健康养生、音乐欣赏、体育舞蹈、知识讲座等活动。其二，完善管理员轮流值班制度。为了保证博客联盟的有序运营，组织专门设置了管委会①，任命了多名义务管理员，制作值班表，负责网站的日常维护工作，每年开展一次优秀博文的评选活动。博文涉及学习、养生、文体、教育、社会生活等各个方面。截至 2012 年底，博客联盟会员数达 1193 人，管理员有 20 多人，总访问量达 290300 余次。据受访者反映，组织的一些成员即便出国了，也还在关注组织的网站。

2013 年以后，随着智能手机和微信等的兴起，博客逐渐走向衰落。特别是随着新浪博客平台的关闭，博客联盟也失去了"安身之所"。该组织发现，此前一个学员的作品一周下来有几千人次浏览观看，后来，浏览量缩减至几十人次了。为适应沟通交流方式的变化，在组织负责人的倡导下，该组织又于 2015 年 5 月建立了微信联盟②，部分老年博友会员就由新浪博客转战到了微信平台。为适应这一变化，该组织还特地举办了"微信应用

---

① 2010 年 12 月 18 日，第三届中老年博客联盟管委会，在南京鼓楼心源茶楼成立。

② 聘请黄正清、李绍禹为微信联盟负责人；"金陵彩虹微信公众平台"相当于无线网站，信息单向传播；"金陵彩虹微信联盟"是一个无线网络论坛，信息双向交流。

讲座"，帮助老年学员掌握这一全新的网络信息工具。此时，微信联盟的管委会成员增至 22 人。

在博客联盟时代，金陵彩虹网络电视台下设了博客联盟、知青频道、旅游部、金陵彩虹艺术团、宣传报道部。在 2015 年前后，因知青频道的知青太多，发表了一些消极的言论，影响了正能量传播，加之旅游部举办旅游活动时出现了一些营利性倾向，组织的年审没有过关。后来，该组织就将旅游部取消了，将知青频道改为彩虹乐园频道。2018 年彩虹游乐园频道和微信联盟合并。

与"银发在线网络远程教学平台"和博客联盟的产生类似，金陵彩虹网络电视台的作品一般与老年大学的课程内容密切相关，而这些课程内容又与当时社会的发展趋势和老年人的需要密不可分。在智能手机和网络购物兴起之后，老年人对手机购物和网络超市的兴趣随之提升。为此，2016 年 9 月，该组织负责人又率先在南京协和老年大学开设了"微站与微页设计"培训班，培养了一批从事电子商务的老年工作者。为了引导老年学员进一步掌握智能手机应用技术，该组织引导老年学员开设网络超市，并于 2016 年 10 月创办了老年手机网络超市。该网络超市由微店和微信公众平台两大版块组成。其中，微信公众平台部分汇集了涉老企业、团体单位、养老机构、老年服务中心等单位或机构的微信公众平台，这一举措也是组织"老有所学""老有所为"的又一创新性探索。

在金陵彩虹网络电视台建设的过程中，其服务内容与组织团队也在不断进行完善与调整。如为了回应老年人对健康养生的需求，该组织于 2015 年 3 月开设了《健康生活》特别栏目，介绍中华养生方面的知识，采访健康长寿老人。为了进一步提高记者采访的水平和拓展组织内老年人的活动空间，该组织与 961 江苏老年电视台合作，共同开设《养生有道》人物专访栏目。在无人机兴起之后，一些不甘落后的老年人开始学习航拍。该组织为回应老年人的这一需求，于 2016 年 9 月 30 日成立了金陵彩虹网络电视台航拍大队，这标志着这些老年人开始向现代移动网络、物联网的领域进军，他们在随后的组织学习交流、参观游览、文艺汇演等活动中发挥了独特的作用。

在金陵彩虹网络电视台不断完善"老有所学""老有所为"项目的过程中，其结构与功能也在进行不断的完善和调整。该组织成员会在每年的春秋季到南京郊区和周边的城乡开展采风活动，定期考察和慰问养老机构。为弘扬尊老敬老的新风尚，该组织还开展了各种类型的宣传与报道活动。与此同时，该组织也在不断完善组织的治理结构，完善组织的服务内容，使各部门的角色定位、任务分工逐渐清晰化、明确化。2017 年 12月，由多名资深记者联合策划、编辑、制作的《金陵彩虹网络电视台十周年台庆》专题片，对金陵彩虹网络电视台 10 年的探索历程进行了系统的总结。

（三）创始人离世后的再探索阶段

2018 年初，金陵彩虹网络电视台的创始人林坚突发疾病离世，该组织面临停摆的挑战与危机。其一，组织运行的网站面临中断危机。金陵彩虹网络电视台的运行总负责人是林坚，因林坚的突然离世，无人知晓进入网站后台编程的密码。"通过网管将后台打开后才知，全是代码，看不懂，然后就请袁台长、戴副总编帮忙找科技公司里懂编码的人处理。他们一看就说，'你们这个老同志真不简单啊！'而组织中真正懂原始代码的人又少，操作起来也非常难、非常烦琐"。这时，他们才真正感受到组织负责人管理这么大一个网站的不容易。"现在，网站由袁台长管理，他搞一次要花一两个小时。"考虑到大家对原来的网站比较熟悉，网站设计得也很好、制作得一目了然。组织核心成员经过讨论，初步方案是破译密码，恢复原始的网站。他们为此四处找人，也未能找到合适人选。对此，组织管理层十分苦恼，经过反复考虑，核心管理人员最终讨论决定对网站进行改版。目标只有一个，一定要将金陵彩虹网站继续办下去。组织成员经过 20 天多天的努力（自行设计、寻求科技公司帮助），全面改版的金陵彩虹网站于 2018 年 8月 1 日正式上线。这次改版，是一次全面大改版，由于新旧版本不兼容，旧版网站中部分内容未能迁移到新版网站中，读者无法访问旧版网站中的部分内容。

其二，组织原负责人在长期服务中建立起来的个人威望已深植于成员内心，很难在短期内被其他人取代。组织原负责人离世后，组织总编的职责由戴小兵担任，后因其家中有 90 多岁的母亲需要照顾就主动退出了，改由杨惠担任。杨惠虽然是秘书长，长期与林坚合作，也深得林坚信任与认可，但相对于组织中的其他核心管理人员而言，她的年龄较小、资历较浅，所以，在刚开始接任时，一些成员难以接受。在这种情况下，组织运营就经历了长时间的停摆，组织核心管理团队的活动也暂停。由于缺乏总的领导和整体运作，各个职能部门各自为政，组织出现离散的倾向。如何用有效的服务赢得组织成员尤其是组织核心管理团队的信任与认可，及时纠正这种离散趋向，加强团队的整合，是杨惠面临的新挑战，同时也是组织转型需要回应的关键问题。为此，杨惠采取分步走策略。第一步，将网站正常运营起来，对金陵彩虹网站的版块进行调整。旧版网站主要由智能手机培训、影视制作抠像、金陵彩虹历史和彩虹多媒体平台等版块组成，改版后的网站调整为组织简介、影视欣赏与制作（微电影欣赏和影视制作）、老年大学、养老机构几个版块。第二步，主动加强与组织元老的沟通、交流，形成共识，确保组织正常运营。第三步，进一步完善和凝练组织的宗旨与原则、凝聚人心。杨惠将金陵彩虹网络电视台宗旨提炼为"立足于公益事业的发展，坚持以团结、稳定、和谐、敬老、爱老的办台方针，以强烈的社会责任感服务于社会"。当然，组织未来的发展还存在着诸多的不确定性，有待进一步观察。

本研究将主要关注并探究老年自组织前两个阶段的发展情况，尤其是第二阶段的发展情况，探讨组织如何从早期的一个人的志愿性活动生发成一个准组织，组织如何从"老有所学"逐渐拓展到涵盖"老有所学""老有所乐""老有所为"三大功能的老年网络电视台，探索其背后的动力机制是什么。

二　南京金陵彩虹网络电视台回应
老年人精神养老的需求

（一）有关精神养老的研究述评

在梳理精神养老的文献时，我们发现学界有关精神养老的研究还存在以下几个方面值得商榷的问题。其一，混用"精神赡养"与"精神慰藉"概念或将邻里、亲朋、社区工作者、志愿者等纳入"精神赡养"的概念范畴（穆光中，2002：155）。本研究认为，"精神赡养"一般与子女的责任与义务相联系，被限定在家庭范畴之内。其二，以家庭或政府为责任主体，将老人作为精神养老被动的接受者与索取者的分析范式，虽突显了家庭或政府的责任与义务，但遮蔽了老人在精神养老中的主体性与精神养老社会化的发展趋向。风笑天（2006：83）指出，传统中国家庭养老模式的客观基础已不复存在，中国独生子女父母应转变对子女赡养的依靠与期望的传统观念，从观念上变"依赖养老"为"独立养老"，变"依靠子女"为"依靠自己"。事实上，近年来，越来越多的老年人已降低甚至放弃了被动地等待子女给予情感慰藉的期待，他们正主动走出家门，积极融入社区同辈群体或社区养老组织当中。这不仅激活了老人内在的活动潜能与生命能量，而且有助于满足老人更高层次的精神与情感需要，推动其成为社会化精神养老的积极倡导者与建构者。这种新趋向正随着老人自我意识、参与意识的不断增强，老人健康自理时间的不断延长，社会保障的不断完善而得到强化，并赢得了政府、社会组织、家庭等多方主体的肯定与支持，值得学界的关注与探讨。其三，中国养老研究中以"他助"为主导，对"自助""互助"研究关注不足的问题较为突出。徐连明指出，中国养老研究的传统中，偏重对外在主体、特定群体与外部资源的关注，而对"自养"取向的自我养老、独立养老等的重视不够。当然，这种精神层面的"自养"不可能独立存在与独立完成，是老年人在与其密切相关的家人、邻里、亲朋好友、社区工作者、养老专业人员等的互动中建立起的或远或近、或深或浅、纵横交错的关系网络中生成的。正因如此，徐连明（2016：55）提出将"自养"与"他养"加以综合是当下精神养老理论研究与实践探索的共同要求。

基于此，本研究将"精神养老"界定为老人在政府、家庭与社会的支持下，积极主动地融入家庭与社会，获得人格尊重、情感慰藉、群体归属感、精神提升、价值实现的过程。这一界定试图突显三点：其一，精神养老离不开老人的积极参与，需要发挥老人的主观能动性；其二，精神养老的支持主体涵盖政府、街区、社区养老组织、家庭等多元主体；其三，精神养老是一个不断探索的实践过程且将随老年人精神需求与社会环境的变化而变化。与以往的研究不同之处在于，本研究不是从老年个体的角度探讨如何实现精神养老中的"自养"，也不从空泛的精神养老环境的角度分析精神养老中的"他养"，而是侧重于从老年同辈群体组成的老年自组织层面审视老年同辈群体在行业组织的支持下如何实现精神层面的互助式养老。这种老年自组织式的互助养老是以老年成员对"老有所学""老有所乐""老有所为"理念的认同为前提，以成员间彼此需要和相互信任为基础，以组织负责人与骨干成员的乐于奉献为条件，在家庭与行业组织的支持下，成员通过一起学习、一起娱乐、一起为老年人服务，满足不断成长、情感慰藉、群体归属感、生命能量提升（精神提升）、价值实现等方面的需要。

（二）组织回应老年人精神养老需求的方式

退休之后的晚年生活如何安排？这是每位老年人在退出生产领域之后都无法回避的问题。尽管金陵彩虹网络电视台成员的个人及其家庭情况各异，但他们都希望过上充实的晚年生活，希望自己的晚年生活富有意义，且不愿意落后于时代。金陵彩虹网络电视台的活动内容主要围绕老年人的"老有所学""老有所乐""老有所为"展开。

先把家里安顿好了，就把时间都投入到这里来了。主要是这些也确实是我们感兴趣的事情。我们年纪大了，退休了，但是不打牌也不打麻将，每天就忙着做视频做片子、采访，这是爱好，我们也不为了赚钱，做的这些也是不拿钱的活儿，还是贴钱的活儿哈（B2019110409）。

1. 创办老年大学辅学平台，满足老年人学习新科技的需求

基于"老有所学""活到老，学到老"的共同信念与追求，老年学员从城市的四面八方聚集到老年大学的课堂，不带功利目的地学习自己感兴趣的专业。组织创始人创办老年大学辅学平台，回应了老年学员进一步学习的需要，客观上也提供了一个老年人聚集与交流的平台。访谈结果显示，绝大多数老年大学的学员在这之前并没有机会接触电脑，更谈不上懂什么PS、视频制作。可以说，参与组织的老年成员是因"老有所学"而结缘的，而"老有所学"实际上包括老年大学课堂的学习与课下的交流与分享。

我2003年退休，后来发现，周围的朋友都去上老年大学了。2010年，我第一次接触电脑，开始学打字、上网、发邮件、做PPT、图片处理，全是自学的，也不知道自己水平到底有多高。后来发现我有同事在老年大学就是在学PPT嘛，我也就去跟他们交流一下，看看我自学的水平怎么样，一比较发现我比他们做得好得多。PPT学会了之后，我又想做微电影，做了大概半年，这个东西你知道的，特别对于上了年纪的老人，自学这个东西很难很难，我装了一个绘声绘影，学了两三个月，觉得太困难了。所以，后来就下决心去上老年大学了。第一次上老年大学就学的绘声绘影，找同事帮我介绍一个老师，恰好就是我们的林坚老师，这也就促使了我进入金陵彩虹。进这个班以后我还不知道能不能跟上这个班，我电脑都是自学的，后来学了有两三个月吧，我觉得自己有这个天赋，我学这个绘声绘影、微电影比他们一直上老年大学的快得多。当时我的老师就是林老师嘛，他就看出来了，我学了半年时间吧就开始接触金陵彩虹核心管理层了。进了以后，林老师组织大型X山采风活动就安排我提前做一个导游片出来，我跟他学了一个学期不到，就被委以重任。后来我去一次 X 山往返要三个小时，我去了三次，做了一个导游片出来，后来在金陵彩虹这个圈子里面就小有名气了。别人学了一两年不一定能做出这个成果，后来我就有了一点点底气。到 2013 年，跟林老师学了两年了，我从林老师班里毕业。我当时在那个老年大学，他就给老年大学的领导人介绍，再给他们办一个研究生班，其他老年大学的也到这个班来，让林老师教。林老师不来，后来没有办法，我就给这个研究生班做老师。我当时是很忐忑的，我在林老师的班里刚刚毕业，下面全是他班里的高才生，有的跟我是同学，有的比我年龄还高，很有压力。所以，后来我在那边教了一年，上了一年的课，后来到了第二年，我就不能再上了，不是没有东西教，我再教这个班，我的学习任务就（完）不成了，我也不喜欢总是当老年大学的老师，我想要继续学习新东西（B2019110402）。

我 2010 年退休，2011 年加入金陵彩虹网络电视台。刚开始，在电脑方面，只会开机和关机，其他什么都不会，比如照片的上传、下载，那对我来说简直是不可能达（做）到的事情。所以他们就介绍我去（江苏）青春老年大学跟林老师学电脑，说他电脑教得好。第一年我在初级班，第二年去中级班，第三年开始就教（学习）绘声绘影。老师说，光会电脑还不行，还得学摄影摄像，要学会用绘声绘影这个软件来做微电影。后来学了一年，我们还拍了一部微电影。开始做的片子比较简单，需要一个片头、一个片尾，需要有一些字幕，需要有一些配音、配乐和背景，以后呢，就逐渐地开始加一些画中画，然后就是每个镜头与镜头之间的转场，就开始学得比较多了。后来林老师去世以后，我们现在转到了常青藤老年大学，跟侯一民老师学。我在老年大学学习快十年了，一直跟着学，前面学着后面忘，我的片子已经是做得比较差的，他们几位做得都比我好。不过，我这个航拍还可以，我们出去大家分工，你搞照相，他搞摄像，我搞航拍。这也需要几个点，主机位在哪里，左边一个在哪里，右边一个在哪里，还要有机动的，这样好几部摄像机（B2019110404）。

"老有所学"的具体形式如下。其一，中老年网络远程教育平台。网络电视台记者拍摄制作了多学科教学视频，通过互联网播放，让老年人在家就可以学习老年大学的课程。这为因身体或家庭等不能经常外出的学员提供了一个进一步学习的机会。其二，培训学员。为了与时俱进，组织设立了由电视台台长和一个副台长负责的培训部，培训部定期组织学员进行最新科技方面的应用培训，培训的内容由早期的电脑、视频编辑等发展到后来的"微信应用""二维码技术"，并向养老机构推荐"老年人救助二维码"或帮助养老院申请运营微信公众平台。后来，组织还引导老年人学习航拍的方法与技巧。其三，在日常工作中开展培训与学习。由台长和一个副台长负责培训版块管理。对于培训这一版块，组织成员都比较喜欢，组织也非常重视，尽可能创造机会给大家交流、培训。为了充分发挥组织与老年大学紧密联系的优势，组织的培训一般由组织与老年大学的课程班联合举办。

2. 通过集体活动，满足老年人"老有所乐"的需要

组织成员因老年大学、互联网而结缘，并通过线上与线下相结合的方式进行分享与交流。追求"老有所乐"是组织的创立初衷，也是组织成员的共同追求。组织推动成员实现"老有所乐"的方式如下。

方式一，组织采风活动。为了方便组织成员间的情感交流，使成员开阔视野、放飞心情，组织一般选择在每年春暖花开和秋高气爽的时节出去采风。活动地点一般选择在南京郊区和周边的省份如安徽、浙江、山东等地①。采风频次一般为每年 2～4 次。每次参加采风活动的人数一般在50～300 人。一般采取与旅行社②合作的方式组织。在采风的过程中，组织也会开展唱歌、舞蹈、游戏、摄影摄像等老年自娱活动。

　　每年，金陵彩虹网络电视台都会组织我们记者去采风，每年基本

---

① 如南京六合竹镇大泉村桃花岛、安徽省滁州皇甫山森林公园、南京汤山温泉、富春江、南京绿博园、南京方山地质公园、南京幕府山滨江风景区、山东枣庄。

② 如南京市中国旅行社有限公司、南京春秋旅行社。

上是 5 月份一次、10 月份一次。也就是每年春季、秋季外出采风，实际也是大家一次实习操练的机会。今年三月份，我们到"美丽乡村"（南京绿博园）采风了一次，有 150 多人参与，组织起来也确实是比较费心。每次活动会购买保险，有专门的旅游公司负责，老年人会有各种慢性病，基础性疾病，所以第一个就考虑安全问题，这个安全问题特别需要关注。这些活动费用一般是 AA 制，一般南京周边一天也要不了多少费用。大的节假日拍摄特别活动，大活动就是采风，每年会有工作总结和下一年工作计划安排（B2019110409）。

方式二，举办重大节日活动。在每年的重阳节、国庆节期间，组织一般会组织敬老、庆祝活动。南京的老年人春晚和组织的年会都是组织成员的重大节日。

我们搞这么多活动，什么南京解放 70 周年、建国 70 周年、建党 90 周年，要搞什么活动，拉节目是我的事情。现在我们感到搞活动不愁没有节目，担心的是大家报的节目太多了。比如这次年会，有的老年大学我们就不跟他打招呼了，因为一个年会只要 10 个节目，提前打招呼报名和预约。年会没什么指向性，不像其他比如建党几十周年这种需要主题，年会不要主题，只要有节目开心就行，老人也都很高兴。我们一般给 10 天左右时间让他们报名、报节目，谁有节目他就报，上次就一个女同志说她有一个独舞想跳，她跳舞我们看过的（觉得）还可以，我们就同意了。还有老年大学有两个人想唱歌，想要男女声对唱，这种也可以。搞多了之后，老年大学里舞蹈班、声乐班、戏曲班这些全都有，他们就有经验，他们就会在上课教学过程中就注意保留一些节目在这里，所以当我跟他们约的时候很快就有节目出来。现在如果要搞年会这种大型活动的话呢，除了工作量大点，完全不愁没有节目（B2019110404）。

建立了相互交流的关系，不然一个人玩儿也没什么意思，那跟自己在家养养花没什么差别，现在大家一起乐，一起交流，相互促进，也更高兴了（B2019110506）。

3．"学以致用" 服务地方老年人

在 "老有所学" 中，学员们也需要在实践中运用自己的所学，以进一步检验与巩固所学的内容，并运用所学为社会做出贡献，具体表现为以下几个方面。

其一，报道面向老人的公益慈善活动①，宣传关爱老人、孝敬父母的社会风尚。为传承尊老爱幼的高尚品德，营造良好的社会风气，使老人感受社会对他们的关怀，快乐健康地度过晚年，金陵彩虹网络电视台宣传报道了大量面向老人的公益慈善活动，如无忧好邻里服务明星②。

其二，宣传报道南京的新变化。组织倡导老年学员在日常生活中，拿出自己的相机和手中的智能手机，随手拍下了南京的新变化，宣传日新月异的新南京，为南京喝彩，同时也积极宣传身边的好人好事，宣传身边的正能量。

其三，传播健康的养生知识。如金陵彩虹网站开设《健康生活》栏目，与961江苏老年电视台合作开展《养生有道》人物专访。在日常的活动中，组织倡导并传播健康的生活理念，如2012年前后，倡导慢生活，倡导 "少食肉、晒太阳、雨中行、常唱歌、饭后息、挺起胸、静坐思、天伦乐、步当车、行善事" "健康养生、享受生活、多跑公园、少到医院"；2014年前后，倡导健康养生活动，如体育舞蹈、步行健身活动、徒步微型旅游等，其中，徒步微型旅游即到城市公园、博物院、展览馆、商业区休闲步行观赏，每次步行2小时左右。

其四，介绍南京地区养老机构的情况。组织曾在2010年建立了南京地区

---

① 如2012年，报道了江苏青春老年大学 "2012年教师节庆祝大会实况纪录片"，江苏省老年大学文艺演出纪录片、南京协和老年大学2012年迎春联欢会、南京清润青公司成立三十周年大会纪录片、南京龙江小区欢庆中秋文艺演出纪录片、南京癌友康复协会《自强不息的刘翠花》纪录片。

② 李绍禹（电器工程师，微信联盟的主任，负责修电脑、布置场地等）、姜俊耀（为老人提供修脚服务）、张定成（手机班教学老师）。

养老院大全网站，为全市 400 多家养老机构制作了宣传网页，成千上万的人浏览了这个网站，为人们寻找合适的养老院提供了极大的便利。除此之外，组织还向养老机构推荐"老年人救助二维码"，帮助养老院申办微信公众号等。组织对养老机构宣传推广比较成功的典型案例就是江苏省老年公寓。

> 2014 年，林老师把（金陵彩虹）网络电视台第一任台长的重任交给我。他们江苏（省）老年公寓早期床位租不出去，空余太多，年年亏本。后来，他们就联系到（金陵彩虹）网络电视台，希望组织宣传一下。林老师就将这个采访宣传的重任交给我。我到他们养老院住了一个礼拜，我们记者团就先后去了三次，每次都有三五十个记者去采访他们，做了大量的宣传报道。他们现在的经济效益好了，我们的宣传也起到了很大的作用。现在，这个老年公寓，人人都想住进去，在（要）预定，得先报个名，报名的人不少于一千多人。所以我们在这几个方面很有成就感，我们到几个养老院去给他们慰问演出的时候他们都激动得不得了，很感动（B2019110402）。

其五，考察学习与慰问演出。组织会安排学员到南京市内或周边的养老机构①进行考察学习，这对于学员熟悉当地的养老机构，规划未来的养老方式起到了积极的促进作用，同时也对宣传新的养老理念、增进机构养老的供需对接起到了积极的促进作用。与此同时，每年组织都要联合南京的各类老年人艺术团到社区和各类养老机构慰问演出，如金陵彩虹网络电视台年会及慰问老人新年联欢会，一般在江苏省老年公寓举办，坚持十多年到民营养老院玄武区梅园街道老年照料中心②去慰问，组织在慰问时，都会

---

① 如爱家畅学托老所、江苏省老年公寓、南京市社会福利院、浦口区慈恩老年人服务中心等养老机构。
② 这家民营养老院，环境绿化不够好，空间也较小，从硬件水平来看，在南京属于中等偏下的水平，但该养老院的特点是护工专业性强，认真负责，精心为老人服务，护工的用心服务就成为该养老院的特色。正是看重这点，组织创始人的母亲就住在该养老院多年，直至临终。

带节目到养老院，向老人们拜年。

慰问演出都由（金陵彩虹）网络电视台组织。慰问演出时，一般以金陵彩虹网络电视台为主办单位，然后再找几个艺术团，南京老年艺术团太多了。他们跟我们联系的也很多很多。只要我们找到他们，我们找一个，他们能把所有的节目都报上，所以这方面我们资源太多了。所以慰问演出一条龙全是我们搞的。工作量也是很大的，我们要开几次会议，（做）很多具体的工作（并做好）分工。

我们这个团队里也出了很多很多优秀的人才，江苏电视台还有个老年节目。（在）2015 年的时候，这个老年节目做了我两个作品的链接。就是他们采访我和我们群里面不下于 20 个人，影响力很大，觉得我们做得很好。我们确实是为老年人服务的。而且我们没有利害关系，没有利益上的这种东西，我们金陵彩虹（网络电视台）的工作不搞金钱，纯粹是公益的组织，纯（粹）是公益组织献爱心（B2019110402）。

学了这个东西你还能展示出来自己。当然可以到大自然当中找寻素材，老人的很多活动我们搞下来以后做成了片子，在群里面发，在优酷网上，点击量很高的，这比大自然的片子要精彩得多。上半个月我和杨团长一起给那个江苏知青联盟大型的采风活动做航拍，七辆大巴很多人，我们给他们拍，这就是老有所为。我学到了知识，把学到的知识用来服务老人，这个叫双赢，我们爱学习的老人有了一个展示的平台，退休老人有了一个互动的平台，他通过我们展示的片子能够看到自己参加活动的样子，这个很好，所以大家都愿意（B2019110404）。

其六，宣传老有所为的老年大学老师。为反映老年大学教师的教学实况，组织采访了 70 多位的任课老师，宣传老师认真负责的教学，展示教学成果。除此之外，组织的宣传使文艺爱好者从生活走向舞台，在荧屏上展示自己美妙的歌声和舞姿。这些宣传报道既是记者学员学以致用的具体体现，也是实现老有所为的重要方式与途径，同时对社会尊老敬老氛围的营造做出了组织的贡献。

（三）组织回应老年人精神养老需求的特点

1. 引导老年人拥抱现代科技

组织成员大多有高中及以上的文化基础，学习能力较强。在日常生活中，物质生活有保障，他们对精神生活有较高的需求。他们都渴望独立自主的生活，积极参与老年大学课程的学习，希望老有所学，并渴望将所学的内容运用到实践中，以实现自我价值。老年大学的学习内容一般围绕电脑、智能手机、视频编辑为代表的新技术展开。在精神生活的追求方面，积极主动地拥抱现代科技，缩短代际"数字鸿沟"是该组织活动的鲜明特色。

2. 倡导群体"分享"

通过博文，博友可以学习很多新知识，如如何提高摄影水平，编辑漂亮的动画，提高制片技术；怎样吃更营养，怎样喝更健康；怎样教育孩子，怎样使家庭温馨和谐；等等。老人看了得益，中年人看了增长知识，受益匪浅。正如其中一个骨干学员黄正清所言，"通过学习博客、微信，学习到很多东西，也增加了很多的乐趣，而且也可以为朋友做出一些贡献，自己也很高兴的。身体许可的情况下，多学一点。既可以多学一点新知识，也给家庭、社会留下一些正面的资料"①。

分享旅游世界的记录。金陵彩虹网络电视台记者到西藏采风，到韩国、欧美国家旅游时，他们也会把自己的所见所闻用镜头记录下来，这些视频给人们带来美的享受，不临其境，胜临其境，不出国门，游历世界。通过这种方式，他们给组织学员和网友留下了一部部旅游纪录片。金陵彩虹网络电视台记者先后分享了新西兰、澳大利亚、俄罗斯、马尔代夫、芬兰、

---

① http：//playback. meishe－app. com/meishe/assetmanager/public/video/play/2186491？from＝groupmessage.

丹麦、瑞典、挪威、意大利、西班牙等的风景。

3. 彰显生命历程中政治性特色

金陵彩虹网络电视台的活动有鲜明的政治性。这种政治性可以体现在以下两个方面。其一，由于组织中的骨干成员以企事业单位的退休人员为主，对时事政治比较感兴趣，他们对政治话题或事件比较敏感，在网络讨论或日常交流中对政治敏感议题，大多选择主动回避。课题组在访谈之余的闲聊中，见证了组织成员对政治议题的敏感、自律和成员间的相互监督①。其二，组织对政治的敏感还体现在老年人对政治性事件、节日和资讯的关注。在党和国家的重大节日，组织会安排相应的活动②，积极宣传党的方针和改革开放的成果。在国家的重大事件中，组织会充分发挥自身的优势与特长，表达组织的关注、情感与思考③。在日常的采风中组织也经常带领成员参观考察革命根据地④。

> 我们大前年还组织过红色之旅，从西安到延安。（给）每个参加红色之旅的人发一顶军帽，带红五星的，（这些军帽）都是我们（金陵彩虹网络电视台骨干成员）在部队军工厂给他们定的。我们才到南京火车站就有好多人看，到延安的时候不要太抢眼哦，小青年看着都羡慕的哦，看完了还想要借我们的帽子拍拍照（B2019110404）。

> 我是 2007 年退休，但是 2012 年才加入金陵彩虹（网络电视台），到金陵彩虹（网络电视台）后就参加他们的活动，因为我也比较喜欢

---

① 深入访谈过程中一名骨干成员讲一些有关知青方面的负面资讯时，另一位成员就提醒其从正面看问题，给予及时提醒。

② 如在首个国家公祭日，组织一方面尽力报道南京人民祭奠活动实况；另一方面倡议金陵彩虹记者和网友们 12 月 13 日走出家门，用摄像机、照相机、手机拍摄南京市民们鞠躬、献花、点烛、演说的行动。组织还精心制作了新闻纪录片，发表到论坛、博客、微信、网络电视台上或国家公祭网上。组织开展与政治有关的大型活动有七一党建、庆建党 95 周年、喜迎十九大文艺演出、庆建党 90 周年、纪念红军长征胜利 80 周年、纪念抗日战争胜利 69 周年、纪念抗日战争胜利 70 周年、组织参观红色革命根据地等。

③ 如在 2020 年疫情防控时期，组织在网站的首页编辑制作了《生命：永不言败》。

④ 如 2012 年秋游，组织成员赴山东枣庄参观抗战历史名胜台儿庄和微山湖铁道游击队根据地；2015 夏季开展了延安红色旅游活动。

摄影，正好也学了林老师这个小电影制作。我拍片子的主题是歌颂祖国、歌颂中国共产党、宣传老年人生活（B2019110507）。

4. 促进"学、乐、为"融为一体

"老有所学"与"老有所乐"相互促进。"老有所学"缘于老年人对美好的精神生活的追求，他们不甘被日新月异的现代科技所抛弃，他们也不满足于衣食无忧的物质生活，他们更不愿意就此过上被人照顾的生活，他们还想圆自己年轻时或工作时没有圆的学习梦、兴趣梦，所以，他们选择了进入老年大学重新当起了学生。在学习的过程中不断拓展自己的学习范围并增加生活乐趣。这里的"老有所学"与"老有所乐"是一个相互激发与相互促进的过程。如一些老年人在分享博文时，需要加入一些照片，便选择了去学摄影；因不满足于静态的照片，所以，他们就想学习微电影；因图片处理、视频编辑的需要，他们选择学习图片裁剪或视频编辑的课程。可见，由于这些课程实践与应用的相互激发与相互嵌套，一些学员一学就是几年，甚至十几年。在学习之余，他们也要追求"老有所乐"和"老有所为"。金陵彩虹网络电视台组织的采风活动，一方面促进了组织成员主动融入大自然，在群体交游中释放情绪、放飞心情；另一方面组织成员将采风中拍摄的照片进行裁剪、编辑加工，分享在金陵彩虹网络电视台上，供成员交流与探讨，可见，采风活动也是学员"学以致用"与增进成员交流与信任的机会。将组织的集体活动永久地保存在组织和公共网络平台上，供组织成员闲暇时观赏，也加强了组织与成员间联结。在这一过程中，组织还动员学员在外出游玩或出国旅游时，都能带上自己的摄影设备，拍下美景，留下美好的生活瞬间，编辑成册，然后在组织的网站平台上进行分享和切磋①。

"老有所为"与"老有所学"密切关联。组织成员积极主动地将所学的科学技术运用到日常生活的实践中，不仅致力于丰富自己的晚年生活，还

---

① 如杨惠去韩国后制作的影视作品及朱滋浩制作的《梦想百岁游泰山》《最美老人梦》。

乐意"发光发热""老有所为",为养老事业发展、尊老敬老社会氛围的营造而积极行动。

　　学了以后嘛,就是,在这个圈子里面,人人都认得我了。一些社区啊,老年大学啊,需要我们做片子的,我们就都是义务地在给他们做。大家也做得都蛮有动力,自己做出来以后,也很有成就感。我曾经做过一个片子,点击量是两千六百多万,这个点击量在我们这个圈子里是高得不得了的高了,以后嘛就是为社区做事啊,为老年大学做事啊,为养老院做事是我们的常态了,这就是老有所为嘛(B2019110402)。

　　总之,组织倡导和践行的"学、乐、为"是一个整体,"老有所学"是基础,"老有所为"是"学以致用"的具体体现。金陵彩虹网络电视台既是学员培训学习的"练兵场",又是成员学习成果的"展示平台"。

（四）组织回应老年人精神养老需求的成效

1. 营造了一个老年人的精神家园

组织将目标定位于老年人精神家园的营造,如此选择与组织所聚集的老年群体的特征有密切的关系。从参与该组织的成员的人口社会学特征来看,这些老年群体,他们大多从企事业单位或机关单位退休,在经济层面有较好的保障。在家庭层面,他们大多不与子女同住,有些子女还在国外,无孙子女需要照顾或照顾孙子女的压力不大;子女或伴侣对老年人参与该组织的活动持支持态度。从文化程度上来看,这些老年人的学历一般在高中及以上。对于退休后晚年生活的安排,他们不甘于种花、养草,也不喜欢打牌或赌博,而是想学习一些有关电脑、手机、摄影等方面的新技术,学习新科技的欲望较强烈。除此之外,他们渴望与老年同辈群体一起活动。

　　可见,老年成员为了追求精神生活的丰满与愉悦,聚集在一起学习电脑、学博客、学微信、玩航拍,一起娱乐,一起奉献,共同的行动不仅促进了成员间紧密联结,也满足了各自的精神需要。

我觉得收获最大的就是心情特别好，就是比较开心。平常在一起玩儿，一起学习，一起交流（B2019110403）。

老人们出去旅游，看到好看的景色，拍一拍。然后，经过编辑，添加一些音乐、文字，哎哟，发给别人看一看，很有自豪感。他觉得，哎哟，好美啊，开心得不得了。老年人就需要这种精神生活。他现在儿女大了，退休了也没有什么事情了，他就想着怎么把本身的生活质量提升一点（B2019110409）。

正如金陵彩虹网络电视台在2014年年会中总结的那样，"我们学习电脑、网络、信息技术，创作多媒体数码影视片，看着自己的一部部精美的电影，无限喜悦，一种自豪感和成就感情不自禁涌上心头。我们学习交谊舞、民族舞、健身操舞、肚皮舞、拉丁舞、佳木斯健身舞、服饰秀，在优美的音乐声中，舞动四肢、陶冶情操。学英语、学绘画、学唱歌、学瑜伽、学太极、学养生、学诗词、学乐器、学摄影，生命不息，学习不止。我们这一批老年人，是阳光老人、时尚老人、健康老人，是一群充满青春活力的普普通通的中国老年人"。

2. 提升了老年人适应社会的能力

现代社会，人们对电脑与手机的依赖越来越大，手机应用、移动支付融入人们的日常生活。如果老年人不及时学习跟上时代进步的步伐，在日常生活中会很不方便。组织成员通过主动地拥抱日新月异的科技，主动地融入并分享科技给生活带来的美好，消解代际因科技"数字鸿沟"而带来的代差，积极影响身边的老年群体。老年人通过"老有所学"，为自己积极主动地融入社会奠定了基础。组织对老年人适应能力的提升不仅表现在组织成员内部，还体现在组织通过线上或线下的分享或教育促进其他老年群体社会适应能力的提升。

在访谈中课题组还发现，有些老年人学习并掌握了这些技术之后，不仅提升了自己的适应能力，还能积极地为社会做出自己的贡献。如课题组在一位86岁高龄的老人家中访谈时，他就讲到他曾运用自己所学的航拍技术协助在园林工作的孩子制作了一套非常精美的园林宣传画册，并将宣传册展开给访谈小组成员看。另一位80多岁老年人也给访谈小组成员展示了他运用自己所学的视频制作技术为老年大学和原单位的二级工会制作的宣传视频。老年人凭借所学的技能，为他们能继续为家庭做贡献并保持与原单位的联系创造了条件。

3. 促进家庭关系的和谐

组织的活动不仅使老年人个体的精神生活得到了满足，而且对老年人家庭关系的和谐起到了积极作用，具体途径如下。其一，为老年夫妇的共同行动提供了机会。在"老有所乐"的采风活动中，组织成员不仅个人参加，还会邀请自己的伴侣参与。这客观上促进了老年夫妻之间的互动，增进了老年夫妻的感情。其二，老年学员可以将所学的有关博客、视频制作、图片编辑等方面的新知识与新技术传授给自己的孙子女，扮演积极的家庭教育者的角色[①]。与此同时，一些老年人还会拍摄照片或视频，再加上配音解说，编辑保存，可以记录下孙子女成长的历程或家庭聚会的场景，留下美好的记忆。老年人积极地运用所学，为增进家庭关系的和谐做出自己的贡献。

4. 展示了新时代老年人的新形象、新风采

老年自组织的活动宣传了积极向上的新理念与新的生活方式，展示了老年人的新形象与新风采。

南京有几个无人机俱乐部，那个里头全是小青年，每个俱乐部里都有三五百个人，老年人比较少。我买无人机的时候就是小青年在的时候买的嘛，他把我拉进这个群了，第一次进群我跟他们聊天的时候他们年轻人自愧不如，是年轻人头脑不够用、不用功、不聪明吗？不是，是他们要上班啥的，他研究不了这个东西，所以他们研究的就是

---

① 如组织中的博友蓝天奶奶就指导其孙子碧水（8岁小学生）开通了碧水博客，详见 http：//blog.sina.com.cn/shc246。

无人机的那个傻瓜的模式，东西一设定就出来了，他（们）年轻人就学那个东西。所以还是年轻人上班没时间研究那个东西，他（们）要有时间研究这个东西，他（们）比我们学得快得多，毕竟我们脑袋瓜儿赶不上了，反应不过来了（B2019110402）。

5. 探索了积极老龄化实践路径

老年自组织为积极老龄化的创新性探索做出了贡献。金陵彩虹网络电视台所做的创新性探索并不仅仅局限于老年人及其所在家庭。组织成员将每次组织活动或外出游玩的视频或自己制作的影视作品分享在优酷网或腾讯网上，每年多达上千部，点击量达百万次[①]。这些作品充分展示了组织成员乐观向上的精神风貌和团结友善的群体生活，通过积极宣传身边尊老敬老的事迹，倡导并营造尊老敬老社会环境，为积极老龄化的实践探索做出积极的贡献。

三 老年自组织信任的建构

（一）有关自组织的信任研究

自组织一般被描述为"无需外界特定指令而能自行组织、自行创生、自行演化"的组织（吴彤，2001：3）。自组织的理论基础有耗散结构论、协同论、突变论、混沌论等。耗散结构论指出生命体和组织从不平衡状态条件下的无序走向有序是在与外部环境进行信息和能量交换的过程中实现的。而协同论则认为，自组织从无序走向有序，不是受某个变量的影响，而是受组织内各个成员间、各要素间非线性的交互关系的影响，是在交互

---

① 该组织在 2018 年的工作报告中总结到，2017 年，记者团在优酷网发布的视频文件共 1202 条，观看总人数达 408900 人，最高一条点击量为 1.2 万次。记者团中视频发布最多的是童天喜，共发布 425 条，点击量大于 17 万次，80 多岁高龄的陈家松发布了 222 条，点击量达 6.8 万次，德高望重的朱滋浩也发布了 84 条，点击量达 3.5 万次。

中找到一个协同的价值。自组织的非强制性与自愿性决定了自组织无法通过自上而下的行政权力机制与市场交换的利益机制实现整合，而只能基于信任与合作的集体行动实现整合（聂磊，2010：39）。正如奥斯特罗姆（2012）所言，自组织可以避免政府治理或市场治理中的信息不对称、寻租、侵权等问题，是一种有效的制度安排。在这一制度中，信任机制是突破自组织治理困境的关键。福山（2016）认为，家庭及血缘关系、自发社团和国家是人类通往社群生活三种主要路径。血缘路径受制于亲缘群体而制约社群生活的扩大，国家路径会抑制社会积极性而增加社会资本，自发社团则依赖于高水平的信任文化，超越"先赋性因素"和"类我性因素"的信任文化。

可见，信任是自组织从无序走向有序，实现集体行动与共同利益的关键机制。在需要通过老年人相互关注、相互关怀、相互慰藉、相互扶助的互助养老的实践中，这种信任机制显得更为重要。

（二）老年自组织信任建构的方式

老年自组织采用线上与线下双向互动的方式进一步增进成员间的相互了解、相互熟悉、相互欣赏，通过正式组织活动与非正式组织的有机互动增进自组织成员的情感连带，创造平等、友善、积极向上的组织氛围，这些都从不同程度上增进了成员对自组织的信任。而对于在组织运行中付出较多的骨干成员，组织负责人通过对其组织管理能力与专业技能的认可、赋权与声誉激励等举措维护并增进组织骨干成员对组织的持续信任与投入。

1. 线上与线下双向互动增进组织信任

金陵彩虹网络电视台的成员以组织活动与网络上的作品为纽带，以线上与线下双向互动、不分时空、立体式互动为渠道，在活动中交流、分享，增进彼此间的相互了解、相互熟悉，加深彼此情感，不断加强成员间的信任。这种沟通方式已超越传统意义上的基于业缘、亲缘、地缘的联结模式，而是以现代新兴的网络为纽带的新的联结方式。组织内养老关系的建构也打破了邻里互助这一固有模式，参与主体之间关系的建立与维护既有组织内与组织外相结合的特征，同时也有线上与线下相结合的特征。

线上的活动主要围绕网站与微信群里成员间作品的分享与交流展开。这些线上活动具有以下功能。其一，互帮互学。当群友看到伙伴的求助时，会提供力所能及的帮助。其二，分享交流。组织成员会将有关摄影摄像以及 PS、视频后期制作方面的资料与其他成员分享，同时，还会在将个人作品发布到网络平台时，也在微信群里进行分享交流。老年大学的老师也将课件分享在网站上，这样有些老年学员即便在国外子女家居住几个月也能跟上教学进度。其三，相互鼓励。因微信群里的群友是同学加朋友的关系，大家在分享时，会互相点评作品，做得好的给予称赞，仍有欠缺的伙伴们也会对其提出改进意见，促进大家共同进步。

线下的活动涉及教学培训、采风和慰问演出等。在采访拍摄与慰问演出时，组织成员需要在拍照、拍视频、编辑整理、配音等环节发挥各自的特长，保持密切的分工与合作。采风活动既是组织成员保持联系、增进感情的机会，又是促进学员将摄影摄像、航拍技术学以致用的重要方式。与有限的线下活动相比，组织成员可全天候通过网络与微信保持联系，分享各自的学习成果。

为了进一步增进组织成员间的相互了解，组织制作过一个会员名册分发给大家。现在网站上还有电子版的成员介绍，其内容涉及姓名、性别、年龄、手机号、微信号，老年大学毕业的学校、专业、年级，在金陵彩虹网络电视台担任什么职务，等等。总之，这种线上交流分享与线下面对面沟通是相互影响、相互促进的关系，双向的、不分时空的沟通与交流极大地促进并增强了成员间的情感联系纽带，增强了彼此的信任。

我 1997 年就从大学退休了，退休之后，我先是玩儿摄影，后又玩儿博客。我一般先在外面跑，拍摄一些照片，然后编辑制作一些视频，制作好之后分享在网络上。我这个人做事比较认真，做就要做得令自己满意，自己不满意的东西，自己就再反复改，改来改去直到自己满意为止。分享在博客之后，可能外面的人看了，觉得我做得好。因为博客都是相通的，因为别人觉得我做得好，就相互学习。后来被林老师看到了，觉得我做得好，然后就通过电子邮箱与我联系，邀请我几月几号到哪里去开会。其实，当时我已经知道金陵彩虹（网络电视台），因为金陵彩虹（网络电视台）他们已经做得蛮多的了，他的学生也（将）摄像、摄影（作品）放到博客上。后来，我就去了。去了之后，我发现好多人早都是我的（网络）好友。然后开会嘛，林老师介绍了一下，就算加到金陵彩虹（网络电视台）名下了，从那以后（除了将作品）放到博客（上）以外再推上（推送到）金陵彩虹（网络电视台），慢慢地影响就扩大了（B2019110406）。

有个乐趣就是大家在一起就会很开心，特别是有时候会互相交流，比方说有个视频动作我不会你会，大家一交流，哎，就会了。我说个最简单的，那个飞机走的线路，我一开始不会做，一交流，哎，马上我就会做了（B2019110403）。

2. 正式与非正式组织活动增进群体信任

在"老有所学""老有所乐""老有所为"的正式活动中，一些心性相投、活动兴趣相近的老年人，会在活动中走得更近一些。他们在正式活动之余，也会自主地举行一些非正式的活动，如一起游玩、聚餐、相互关怀、相互慰藉、生病时看望等。组织的正式与非正式活动相互影响、相互促进，共同增进了成员间的相互熟悉与情感依赖，也增进了成员间的相互信任与相互认同。

老年大学是我们老年人活动的一个场所，金陵彩虹（网络电视台）是一个交流分享的平台。金陵彩虹（网络电视台）也组织线下系列活动，但是老年大学里面的活动就更频繁了，上课天天在一起，交作业交到班级群里，也在交流啊。同学与同学之间三五个的、七八个的，在哪里聚一聚，中午吃个饭，谈谈作品怎么做的，这也是交流，这样零零碎碎的（B2019110507）。

这个（私下交流聚会）很多的。有的时候我们热爱航拍的就五六个人，然后开两个小车自驾到长江大桥边把小车一放或者坐地铁、坐公交，在公园门口集合，过去七八个人，五六台（航拍）飞机，大家一起玩儿（B2019110404）。

组织负责人住院时，组织骨干成员都去探望。朱滋浩老师生病住院时，组织也经常去医院看望他。你像这边有个上课的老师，他也是，他生病的时候我们一起到他家看他。这个就是大家互相在一起，探望探望，加深感情嘛！当然，也并非每个人都希望有人去看望。有人呢，他就生病了也不愿意告诉你，你像我们当中有一位老人，他身体现在也不算太好，住院开刀去了，我问他两次，我说你告诉我几楼几号我来看你，他说，"不想，你不要给人知道，怕麻烦大家"（B2019110403）。

3. 赋权激励增进了骨干成员的组织信任

组织骨干成员为什么会高度认同组织，愿意为组织运行持续投入？这与自组织运行中的积极赋权有关。从访谈的情况来看，组织的骨干成员之所以对组织高度信任并为其持续投入，与组织对他们的奉献精神与能力的高度认可密不可分，组织将各版块的运营管理权交由组织负责人高度信任的成员负责。这些事务性岗位虽然没有行政性权力，但是有一个身份象征，对于在政府机构、国有企业和事业单位工作了几十年的退休人员而言，这些岗位充满了荣誉性，他们对此十分重视。当然，组织负责人在赋权之前会对这些组织骨干成员进行长期的考查与遴选。组织负责人会在众多的学生当中，将一些他认为品德、技能与组织管理能力都较突出的学生推荐到版主、台长、团长的位置上。组织赋权是骨干成员高度信任组织的重要原因。

我今天86岁了，上了12年老年大学，现在还在上，还在学，老师和同学都说我是老留级生，一直不愿毕业。我主要学摄影、PS、绘声绘影，绘声绘影里面的高级操作。我认为，林老师是一位非常优秀的老师，他的组织能力非常强，他善于发现每一位同学的特点，而且，说老实话，他也不花钱，就给你加很多衔头。譬如讲，12 年前，我长得还是比较端正的，他就给我弄了一个衔头"金陵彩虹形象代言人"哈哈哈……后来嘛，由于我在学校里面学习成绩比较好，所以，也经常采访，做了很多视频，他就给了我第一届金陵彩虹记者团的团长的衔头，哈哈哈……2012 年航拍大队成立时，他又给我加了一个航拍大队的总教练的头衔。

像当时林坚发现，有一个朱滋浩老师，他的最大特点是视频的编辑能力特强！而且编出来的视频达到了精益求精的程度。他跟我（是）同龄人，但是他身体条件没有我好，心脏搭桥做过几次。虽然他参加活动比较少，但是他为彩虹（金陵彩虹网络电视台）贡献了很多优秀的影视作品，对金陵彩虹（网络电视台）的宣传起了很大作用。所以说，林坚就善于发现我们同学当中包括下面金陵彩虹（网络电视台）的领导组织班子里每个人的特点，善于发挥他们的特点，给你加上那个头衔（B2019110505）。

根据发展的需要，组织负责人将组织分成不同的部门，并赋予相应的头衔。金陵彩虹网络电视台的大脑、指挥中心（金陵彩虹网站）下属的编辑部由主编、副主编、台长、记者团团长、副团长等 11 人组成，他们共同决策组织发展中的大事。主编是组织的主要负责人，编辑部负责组织发展的宏观规划、统筹、组织管理与协调。金陵彩虹网络电视台下属的记者团是组织的中坚力量，下设三个记者团，并由最初的几十人发展到当前的三四百人，常采访的记者有 54 人，最活跃的记者有 20 多人。记者团的职责是负责网站的编辑、采访、视频制作、宣传报道等。根据所属组织版块的不同，记者分为网络电视台的记者和微信联盟记者两类。根据记者资质与能力的不同，记者分为不同等级，如微信联盟记者团记者分为一级记者、二级记者、三级记者、四级记者。金陵彩虹网络电视台下设的博客联盟、微信联盟都有相应的版主，版主主要负责联盟记者的培训、旅游、休闲疗养、讲座。微信联盟下设彩虹论坛、彩虹乐园等版块。由于微信联盟成员身份与来源多元、复杂，界线也比较模糊，为了更好地沟通与交流，组织根据成员间关系的类型与彼此熟悉程度的不同，将微信联盟细分成金陵彩虹微信联盟（01部）、金陵彩虹微信联盟（02部）、金陵彩虹微信联盟（03部）。

金陵彩虹网络电视台下属的机构还包括彩虹乐园、彩虹艺术团、老年手机网络超市等分支部门。彩虹乐园是一个以知青为主的论坛。彩虹艺术团有团长，下属各兴趣队都有队长，现其拥有铜鼓队、合唱队、舞蹈队、服饰展示队、女子手风琴队、拉丁舞队等兴趣队。在活动中，组织还会邀请老年大学文艺团、社会中的文艺团、知青文艺团参与。这些艺术团主要参与组织的慰问演出、年会文艺演出、艺术比赛等。老年手机网络超市负责微商记者培训、与涉老团体合作、线下体验馆建设等。

4. 乐于奉献的组织骨干引领组织信任建构

自组织信任建构的关键在于组织负责人能带领和团结一批乐于奉献、专业技能和组织管理能力兼备的组织骨干，这是组织信任建设的关键。在该组织中，由于组织负责人乐于奉献，加上其组织管理能力较强，容易建立起亦师亦友的师生关系，所以，他能够团结一批志同道合且能力较强的学生，一起为老年大学的学生和社会上的老年人提供持续性服务。

> 我们这个团体都是喜爱摄影、爱好制作视频的人。关键是，要有爱心并愿意奉献，没有爱心、没有奉献精神在这里面也忙不起来，斤斤计较肯定不行。比方说我要出去，我们是没有钱的，没有经济收入，所有的活动都是要自己掏钱。你像我来回开车子，我的车费、加油费，全是自己的。我们到老年公寓采访、报道，我们可以说没吃过他们一顿饭，他们有时候请我们吃饭我们也不肯（B2019110403）。

> 金陵彩虹（网络电视台）这个组织的领导班子到现在已经换了四届了，每一届都是由相处得好的师生、同学组成的。大家没有薪水，

没有费用，全是靠义务、热爱为社会服务。我觉得金陵彩虹（网络电视台）最大一个特点是，历届的领导包括下面（的成员）彼此之间的团结，这个团结我觉得很重要（B2019110505）。

（三）老年自组织信任建构的特点

1. 共同的志趣

共同的志趣将老年人聚集在金陵彩虹网络电视台这一组织中。参与组织的成员对于晚年生活的安排都有一些共性的特征。在他们自己看来，他们的兴趣爱好比较新潮、比较前卫，他们并不喜欢将晚年的时间浪费在打牌、打麻将之类的打发时间的活动中，在他们看来这是在浪费生命，他们想通过学习提高自己、充实自己。有的成员是为了圆年轻时的兴趣梦而来到老年大学。在学习的过程中，成员间相互认识、相互熟悉，随着感情的加深，他们也更愿意参与组织活动，将在大学里学到的知识运用到实践中去，为其他老年同学和社会上的老年人做出自己的贡献，同时也满足自身的自我价值实现与群体归属感的需要。总之，共同的志趣将这些老年成员聚集起来并共同行动，在此过程中增进彼此的信任，加深彼此的联结，满足各自的需要。

一些骨干成员之所以愿意无偿地奉献自己的时间与精力，在电脑、硬盘、摄影机、航拍器等方面的投入少则几千元，多则几万元，甚至十几万元，最重要的原因是他们发自内心地喜爱摄影、视频编辑和航拍。

我有个单反带镜头，几万，一个摄像机，我买了四年了，那时候八千，还有其他的摄像机、照相机，还有两个无人机。开始她（妻子）也有点想不通，但是平时我没有其他的消费，我不抽烟、不喝酒，什么都不消费，我就这一点点爱好，家人能不支持吗？想来想去，老伴儿还是支持了。给我卡上打了多少多少钱，不够再加。钱上面，我从2010年开始用电脑，现在用第五台电脑了。时间一长，性能下降了，做视频就卡，速度太慢，我就买个新电脑。买一台电脑就五六千、七八千的，在这方面花钱，老太婆蛮支持的。我们的副总编戴小兵，他也是不抽烟不喝酒，原来他还跳舞，喜欢跳舞。后来不跳舞了，爱好没有了，就喜欢拍照片、做照片，就喜欢买摄像机、无人机。我们在装备方面（的花费），不少于四万。总的来说，在这方面玩得还算开心，不开心的话我们也就不玩了（B2019110402）。

2. 师生与同学关系

金陵彩虹网络电视台最早由金陵老年大学的部分师生于2006年组成，早期主要义务地负责西祠胡同网各版块的网页中博文和作品的审察与网页的维护工作，绝大部分是林坚的学生。林坚将一些乐于奉献、专业技能较强和具备较强组织管理能力的同学选拔为自组织的核心管理层，从而构成了老年自组织的管理团队。与一般的师生关系的不同之处在于，老年大学的师生一般是同辈群体，他们年龄相仿、经历相似，有共同语言，更易产生共鸣，在教学过程中形成了亦师亦友的关系，能者为师、相互学习，再加上林坚是一位乐于奉献、组织管理能力较强的人，他因人格魅力的影响聚集了一批愿意与他共同行动的组织骨干①，这是自组织核心骨干成员能够聚集起来共同行动的基础。

3. 共同的记忆

信任的生成与信任双方共同的经历密不可分，共同的记忆是促进成员间相互信任的重要纽带。金陵彩虹网络电视台成员间的信任度较高与他们有着共同的记忆密不可分。对于他们而言，因经历了影响他们一生的"上山下乡"和"文化大革命"，经历了太多巨变与苦难，他们对人生、国家与社会有着太多的感悟，每个人的生活也都有不平凡的故事。共同的生命经

---

① 一般的学员也与林坚结下了深厚的友谊，这可以从一个细节中得以体现，2005年，老年大学一名电脑网络班的73岁的H女士，在癌症晚期上手术台之前，还请同学帮忙拍摄了近照，给林坚留个纪念，两周后，因手术失败而离世。林坚收到作品时也很感动，为此，他在微信群里也发起了一次有关"向死而生"的交流讨论会。

历、记忆与体验是他们聚集在一起能产生共鸣，愿意一起追忆并重温，愿意彼此诉说与倾诉、共同行动的重要原因。

4. 平等、自由、互助的组织氛围

金陵彩虹网络电视台是一个充满正能量的、以老年人为主体的组织，其平等、自由、互助的组织氛围是吸引老年人参与重要原因，也是组织信任建构的基础。其一，平等。这种平等关系体现在退休前，组织成员可能是厅长或局长、大学教授、高级工程师、普通工人等，但现在，他们每个人都竭力淡化自己退休前的职业身份与地位，他们都要求对方直呼其名或称呼老张、老李等。在组织内，成员有总编、团长、台长、版主或博主的称呼，也有领导与一般成员之别，但这些称呼或标签更像是组织对其奉献精神与能力的认可，是一种社会声誉，组织成员间并没有那种行政意义上的级别之分。虽然组织负责人发挥了重要作用，但在组织的日常决策中，组织还是遵循平等协商的原则。组织在做重大决策或进行重大活动安排之前，都要认真倾听与评估全体成员的意见。群策群力、平等协商、共同商议是组织决策的重要特征。在组织管理、日常的沟通中，他们之间也不是基于权力关系，而是基于彼此间的相互信任、相互认同和心理契约。这种平等还体现在对组织成本的共摊上，组织游玩或聚餐活动时，一般按 AA 制分摊费用。师生间角色随时互换，能者为师①，互帮互学，一些知识讲座也可以由老年大学师生中有某方面特长的学生主讲。

其二，自由。金陵彩虹网络电视台是一个为老年人服务的公共服务平台。组织对所有认同组织价值理念与生活方式的老年人都是开放的，参与的门槛较低，进出自由，人人都可参与。南京很多老年大学的学员都参加了金陵彩虹网络电视台，在组织中得到了很好的锻炼。组织成员可以自由下载教师的课件，自主地欣赏并评价别人的作品，也可以自由地分享作品。玩儿得高兴就接着玩儿，有困难或者不高兴时，随时可以离开，之后再来，组织仍然欢迎。

---

① 如组织负责人在 2012 年也成了别人的学生，学习他感兴趣的舞蹈。

其三，互助。相互关怀与互帮互助是组织氛围的鲜明特点。组织的宗旨便是为老年大学的学生和社会上老年人服务，这也就体现了互助的理念。

（四）老年自组织信任建构的成效

1. 组织成员的持续投入

老年自组织运行的成本需要组织成员分摊就决定了组织发展的关键是动员并培养一批志趣相投、富有爱心、乐于奉献、不斤斤计较、组织管理能力较强的骨干成员，他们是组织持续运行的必要保障。为此，组织采取的激励举措如下。其一，对组织价值理念的认同。组织成员基于对组织负责人及其倡导的价值理念的认同聚集在一起，一些骨干成员追随组织负责人为老年大学的学生和社会上的老年人服务了十多年，彼此也结下了深厚的友谊，这些都是激励骨干成员持续投入的重要原因。其二，声誉激励。如在博客联盟阶段，为了激励广大博友多写、写好博文，组织每年都组织博文的评优工作，对博文写得多、浏览量大、点击率较高的博友给予奖励。与此同时，网络的点击量、网友的肯定也是对优秀作品创造者最好的尊重与激励。通过作品的社会影响与无私奉献获得的信任与认可，组织成员也会在组织或网络中产生"小有名气""人人认得我"的自豪感与成就感。这些社会关注与声誉也是激励骨干成员持续付出的重要原因。其三，提供更大的活动空间。组织不断地拓展活动空间，为骨干成员的热心奉献与付出提供更多的机会与更大的活动平台。

组织的规章制度都是默认的，也根本没办法制定，而实际上，他们这些老同志做得好，比制度上写的都要好。因为他们从内心上认同了（这些事情），（所以都）愿意付出的，不受（用）强制的东西来约束。他们觉得我有价值的，我还有用，就还蛮自豪的。我们就是一直在说，无论做什么，一定要牢记金陵彩虹（网络电视台）的宗旨，以宗旨来约束，不忘初心为老人服务，敬老爱老，以这个标准行事。一定要（在）实现自我价值，体现自我价值的同时，为社会传播正能量，所以，我说那些乱七八糟的东西我们不提倡（B2019110409）。

2. 满足了群体归属感的需要

对于在机关或企事业单位工作了几十年的退休老年人而言，他们对组织或群体生活还是比较渴望的。组织将这些具有共同经历与共同志趣的老年人聚集起来共同行动，不断满足了他们"老有所学"的需要，在"老有所乐"与"老有所为"的活动中重塑了老年人社会支持网络，满足了他们群体归属感的需要。

　　我认为，老人退休在家，很需要一个平台让他们聚一聚，要老有所学、老有所乐，你像我现在的很多朋友退休之前完全不认识，就是因为退休后在金陵彩虹（网络电视台）平台上（的）互动（将）大家聚在了一起，（与）这些朋友（的关系）比我以前单位的朋友关系要密切得多。老人不能长时间关在家里，他会容易郁闷，严重的会忧郁、抑郁，再严重了阿尔兹海默症（病）就来了。所以，这就是我们请老年大学表演团表演节目时一分钱都不给他们，可他们还是愿意来，他们费尽心思地排了一个好的节目也想要展示，我们邀请他们演出他们很高兴。更高兴的是，我们有一群这样的记者，我们除了会做一个综合的片子以外，还可以给他们每个节目做一个片子。建国70周年我们（的）演出有16个节目，你像陈家松他一个人就可以做16部片子出来，我们把片子发到群里面，演出班的班长就把它下载下来，他们平时找不到人给他们这样做的，他们平时搞演出没有人帮他们做片子的。但是参加我们的活动去给老人做演出，老人鼓掌，他们很高兴，回来还能拿到一部片子，他们很愿意。所以，我最大的收获就是（金陵）彩虹网络电视台给我们创造了一个双赢的机会。它作为平台给老人一个老有所学、老有所为的展示的机会，还给退休老人建立了一个属于老年人自己的精神家园（B2019110404）。

　　对我来讲最大的收获是更开心了！因为我喜欢结交朋友，在单位里我有一帮朋友，离开单位以后我这边又有一帮朋友，单位的一帮朋友也没丢，这又有一帮老朋友一起玩儿。单位一帮朋友每年还会聚，下来（退休）以后没有（觉得）孤单，我又交了一帮朋友（B2019110403）。

四　组织生长中对外部资源的依赖

（一）老年大学为组织提供社会资本和人力资源储备

访谈资料显示，老年大学①不仅是金陵彩虹网络电视台组织的发源地，而且是组织生长所需人力资源的蓄水池。组织创始人因在老年大学授课而结识了老年大学的学员，这些学员在组织创始人的牵线联络下，彼此结缘，并逐步成为金陵彩虹网络电视台的组织成员。老年大学在组织生长中的作用主要体现在以下几个方面。

其一，老年大学是组织的诞生地。组织创办的教辅网站、交流平台等都是老年大学课程教学的衍生品。

其二，老年大学为组织生长提供了人才蓄水池。老年大学汇聚了各行各业的专业人才，多数学员在入学前就是社会各行各业的骨干，具有一定的特长。这些学员文化程度相对较高，闲暇时间较多，渴望通过继续学习和参与社会活动，培养或发展自己的兴趣爱好，实现继续社会化，增强社会适应能力的动力较强。在老年大学这个平台上，老年人更容易找到志同道合的同辈伙伴。这些因趣缘聚集在老年大学的学员是组织人力资源的重要来源。老年大学为组织的生长与发展输送了不同类型的人才资源，并培育了服务对象群体。

---

① 与组织有关联的老年大学有江苏青春老年大学、江苏省老年女子大学、南京协和老年大学、常青藤老年大学、华夏老年大学、江苏省老年大学等。

我们很多是穿插的，和老年大学同学有这种交叉关系，不在金陵彩虹（网络电视台）活动里遇到，就在老年大学里遇到了（B2019110507）。

我们这个侯老师也就是金陵彩虹（网络电视台）的名义总编，同时在好几所老年大学兼职教视频，老年大学实际上为我们输送了很多后备力量，我们的后备力量都是来自老年大学。像我们四个都是林老师的学生，我们也都是从零开始，从学视频（开始），这样学过来的（B2019110409）。

其三，老年大学为组织成员积累朋辈友谊提供了平台。老年大学学员和老师经过长期的学习和教学过程中的相处与了解，彼此之间建立起了深厚的师生情谊和同学友情，这种较为纯粹的真挚情谊又是他们长期交往的动力。

当然，在老年大学给组织提供支持的同时，组织也会给老年大学的教育提供各种支持。如组织负责人或骨干在老年大学从事相关的课程教学时，有意识地将老年大学的学员与组织的学员合并在一起进行实践课的教学。又如在影视班的教学活动中，组织负责人一般会将组织中的影视记者与老年大学的学员组织到一起，现场拍摄演唱视频，共同交流学习。这些实践不仅让老年大学学员和组织成员能够学以致用，而且也为老人们留下了多彩的日常生活和美好生活片段的影像记忆。

（二）新闻媒体为组织提供专业指导与资源支持

访谈结果表明，与专业新闻媒体的合作是老年自组织活动的重要内容，这种合作可细分成以下两种类型。一类是与组织紧密合作的专业电视台，如961江苏老年电视台。组织与961江苏老年电视台签订了战略合作协议书，并在《老龄访谈》、《养生有道》[1] 及《笑行天下》三个栏目中进行合

---

[1] 两者就曾在采访拍摄健康长寿老人们的资料，编辑纪录片方面有过合作。采访的高龄老人是记者团成员的长辈，年龄在90岁及以上，重点介绍老人们的生活习惯、养生秘诀。戴小兵的母亲（93岁）、冯卫民的父亲（92岁）、展望的母亲（94岁）、蒋永祥的岳父（94岁）、黄正清的父亲（92岁）。

作。合作过程中，两者共同策划、共同采访、共享资源。这种合作既为组织向专业团队学习提供了重要机会和途径，也为组织记者团队发挥自身特长，实现"老有所为"争取了重要平台。

> 961江苏老年电视台会给我们这些资深的老年记者讲课，给予专业方面的指导，这方面，我们收获还很大。我们也会按要求提供一些稿件供961（江苏老年）电视台选择（B2019110406）。
>
> "速度快""接地气"是我们老年记者做片子的两个鲜明特色。他们电视台做片子，是流水线作业，一道工序、两道工序、三道工序……七道工序，各做各的流程，这就带来一个什么问题呢？"不接地气。"他们那个制片人评价我们的片子，说我们的解说词接地气。他们电视台拍的，由专门人拍，做片子的人不去（现场），写解说词的人不去现场，就只看画面，明显就不接地气。艺术就是来源于生活，取决于生活嘛。而且，我们的老年记者拍好素材后，晚上一般会加班，几天就做好了，"速度快"（B2019110402）。

另一类是与金陵彩虹网络电视台有共同关注对象的行业电视台或传统媒体的合作。如江苏电视台、南京电视台、《现代快报》、《扬子晚报》、《老年周报》、《南京老龄》杂志、南京地书协会等行业组织合作。

（三）相关养老服务机构为组织提供活动支持

组织自成立以来就注重与养老服务相关机构合作，争取组织生长中必要的资源支持，为组织成员学以致用，实现"老有所为"拓展平台空间。组织构建的合作伙伴关系是多元的、多层次的。从合作关系的稳定程度上来看，可细分为两种类型。其一，与养老机构间长期稳定的合作关系。访谈结果显示，组织与几家养老机构保持着长期稳定的合作关系。建立这种长期稳定的合作关系，主要有两个方面的原因，一是解决组织没有固定办公场地和设施召开年会和日常研讨会的难题；二是为组织成员学以致用搭建实践平台，组织会带领组织成员定期探访老年人并开展慰问演出。为此，组织自成立之日起，就与南京市鼓楼区心贴心老年人服务中心建立起紧密的合作关系，该服务中心为组织提供活动场所、茶水果品、音响等资源支持。同时，该服务中心还利用其影响力，支持组织申请该市民政部门的项目资金，支持组织做"银发在线网络远程教学平台"项目。当然，组织负责人也开设了微信培训班，协助该服务中心做微信群居和文化养老建设项目。另外，为了搭建"老有所为"的实践平台，组织连续十多年带领成员到南京梅园进行慰问演出。为了举办老年人晚会，组织与江苏省老年公寓保持着长期合作关系，长期组织老年艺术团体开展老年人慰问演出，并举办老年春晚。其二，与利益相关机构建立短期的相对松散的合作关系。如组织带领老年成员到天乐湖旅游度假区游玩，当然这些机构看重的是组织中老年群体的消费潜力。还有相关的旅游公司，如南京市中国旅行社有限公司、南京春秋旅行社等都是组织的合作伙伴，为组织开展采风活动和团队旅游活动提供支持服务。

（四）街区组织或机构为组织提供实践平台支持

社区是养老服务体系的前沿阵地。近年来，社区老年人对智能手机、微信、摄影、视频、图片编辑等课程的学习需求不断增长，加上街区为老服务资金的不断增长和活动设施的不断完善，社区迫切需要既懂老人心理又懂技术的师资为社区老年人授课。金陵彩虹网络电视台也需要将老年成员的专业才能充分发挥出来，不断拓展"老有所为"的活动空间。正因为两者彼此需要，近年来，组织不断拓展社区为老服务的实践。如社区开展活动时，经常会主动邀请组织负责人协助拍摄、采访和宣传。随着组织与社区机构合作关系的加深，组织的一些资深记者也开始深入社区，为社区里的老人开设电脑培训、手机微信、视频制作、摄影、照片编辑类课程，且深受老年人的喜爱与欢迎。

手机微信、手机视频制作教学，他们老年人非常欢迎！所以，（组织）也是积极回应他们的需求。有几个社区，每个月定期都有（由）袁台长负责（的）培训（活动），（培训内容主要是）教他们学习视频制作，参与成员都是记者团成员，辐射爱好视频制作的人群，（他们）都可以来参与学习，我们每个月都有一次讲座学习（活动）（B2019110507）。

2017 年，微信联盟与社区合作，以金陵彩虹微信联盟的名义开办培训班，由组织出师资，社区提供场地，为社区老年人开展手机基础班、手机影视班和手机中级班的培训。仅 2018 年，就开（设）了 5 个（培训）班（B2019110402）。

当然，这些与金陵彩虹网络电视台合作的养老机构或社区，有些也会根据各自的经济状况，对这些组织成员的付出给予一定的补偿。如在金陵彩虹网络电视台为养老院拍摄一些宣传视频的过程中，一些敬老院会给1000~2000 元的小费。

五　精神养老类互助养老组织的生长机制

精神养老类互助养老组织的生长缘于一群文化程度较高的老年人对"老有所学"理念的认同与共同追求。这种认同不仅与他们的受教育程度有关，还与 20 世纪 80 年代以来，"终身教育"① 的理念与"五个老有"的政策在社会上广泛传播，并被越来越多的人所认同与践行有关。这些受过良好教育的老人在退出生产领域之后，并不想消磨时光，还想学习一些自己感兴趣的课程。21 世纪初，整个社会掀起了一股电脑学习的热潮，与计算机有关的电脑课程就是老年大学里比较热门的课程之一。组织的创始人林坚就是一名高校老师，他深知一些老年人也渴望学习电脑，为了在退休之后继续发挥余热，2001 年，他应邀走进老年大学从事电脑教育工作，从此

---

① 现代意义上的"终身教育"理念是由保罗·朗格朗在 1965 年向联合国教科文组织提交报告时提出的，他分析了"人为什么终身离不开教育与学习"；1985 年联合国教科文组织在《学习权宣言》中也提出应保证所有的人平等地拥有学习机会。

与一群老年学生开始了探寻晚年生命的价值与意义、营造老年人精神家园的探索之旅。

在发展的过程中，组织也顺应老年人需求发展的变化，顺势将老年学员"老有所学"的需要延伸到"老有所乐""老有所为"。为了回应学员"释疑解惑"与"分享交流"的需要，林坚建立"银发在线网络远程教学平台"，这个平台不仅促进了学员学业的增进，而且增进了师生间与学员间的情谊，学员间的活动自然由线上延伸到线下。除此之外，这些老年成员还想运用所学的技能为南京市的老年人做一些力所能及的公益服务。以这种方式"老有所学"便拓展至"老有所乐"和"老有所为"。早期，线上的活动主要依托南京知名网站西祠胡同网。后来，随着成员的增多与彼此信任与情感的增强，2007年，林坚与一些志同道合的朋友萌发了申请注册国内和国际网站域名，建立属于自己网站的愿望。2008年1月1日，金陵彩虹网络电视台正式启动，自此，这些老年成员就有了一个属于他们自己的交流与分享平台。可见，"老有所学"便是组织生长的源头，"老有所乐""老有所为"是其延伸且反过来促进"老有所学"。组织在回应老年人需求时，会及时捕捉现代科技发展的最新成果，与时俱进地更新"老有所学"的内容。如在博客时代，老年人更多地选择单向分享。在移动互联网（智能手机）与微媒体时代，老年人与平台的交互性功能更加突显。为此，组织适时引导老年人走向智能手机和微媒体时代。之前，"老有所为"主要围绕养老机构展开，近年来，组织的服务领域不断向社区拓展。

组织信任是组织生长的动力，其具体表现如下。其一，组织成员基于认同性信任聚集在一起。他们拥有较好的经济基础且有相对较高的受教育程度，他们在退休前一般是企事业单位的管理层成员或业务骨干。他们对精神生活的追求较高，尤其是对学习电脑、博客、摄影、视频编辑、智能手机、微信、航拍等为代表的实用科技表现出浓厚的兴趣，相似的阶层背景与共同的兴趣爱好使他们更愿意聚集起来，为了共同的目标相互关注与共同行动。其二，师生情与同学情是促进成员相互信任的重要纽带。老年自组织的骨干成员以师生与同学关系为主。他们来自南京市各老年大学，与年轻时的师生与同学关系不同，老年大学内的师生关系与同学关系更具包容性与情感性，也更成熟与简单。这种美好的师生与同学情谊是维系组织成员间彼此信任与认同的"底色"。当然，组织成员之间除了师生关系与同学关系外，还夹杂着之前的同事关系与朋友关系。正是这些关系纽带促进了老年成员间的相互信任。其三，知青身份亦是促进老年成员间相互认同的重要纽带。调查得知，组织中的七八成的成员有知青身份①，与这一身份相对应的是，相似的经历、共同的印记与相通的语言与心灵，这是他们愿意在一起分享与探讨人生，满足情感慰藉需求的重要原因。其四，不断生成的记忆增进了成员间的信任。每次集体活动，组织成员都会运用所学的摄影、视频编辑的技法，选取精美的图片、配上动听的音乐和多角度地呈现活动的过程与精彩瞬间，并分享在网络平台上，以给自己与组织留下一段美好的记忆。这些不断生成的集体活动的痕迹与记忆既是学员学有所用与老有所为的具体体现，也是维护成员间彼此信任的重要纽带。

影响老年成员对组织信任建设的因素除了组织成员间的联系纽带与同质性特征外，还与爱心和能力兼备的组织负责人与骨干团队密不可分，具体表现如下。其一，组织的生长无法回避的关键因素是组织负责人的个人因素。组织负责人自2001年开始至2018年逝世前，培养了2000多名中老年电脑人才。2005年率先创办了多媒体影视制作班。2008年1月，他和老年朋友一起创建金陵彩虹网络电视台。在十多年老年大学的教学生涯中，组织负责人与广大师生结下了深厚的情谊。金陵彩虹网络电视台的很多记者是他的学生。在一些老年学员看来，组织负责人不仅乐于奉献，更为重要的是他还具有一定的人格魅力。正因如此，他能够聚集一批乐于奉献且能力较强的组织骨干成员，正是基于这些爱心与能力兼备的骨干成员的信任与参与，组织才得以可持续运营。老年自组织的可持续运营需要骨干成员具备专业技术能力和组织管理能力。前者主要指与视频拍摄和音频制作

---

① 知青这个身份是他们聚集在一起的重要原因，也是引发组织危机的导火索。组织管理层对此有清醒的认识，他们在宣传报道的过程中，会有意识地淡化知青身上负能量的内容，而主要从正面进行宣传报道。

等计算机应用技术、媒体制作等方面相关的能力，是记者团成员必备的技能。组织管理能力主要指组织策划与协调管理等方面的能力，由组织管理能力较高的老年人组成组织的核心管理层，组织负责人对这些核心管理层人才的选拔主要依据其在老年大学的学习情况和日常沟通交流情况等。其二，组织负责人通过赋能、声誉、自我价值实现等工具激励组织骨干成员持续参与。为了更好地激发组织骨干成员的潜能，组织负责人林坚会有意寻找老人的价值追求与组织发展目标的契合点，充分挖掘组织骨干成员"老有所为"的内在驱动力，并在正式或非正式的场合对组织骨干成员予以表彰与激励。虽然该组织有清晰的宗旨、常设性机构、明确的分工，但在组织运行中，组织任务的设定与骨干成员之间的分工与合作不是基于强制性权力与经济利益关系，而是基于管理团队对组织负责人及其倡导的价值理念的认同性信任与骨干成员之间的相互信任。正因无权力与经济利益的诱惑与激励，组织骨干成员的参与行动纯粹出于发自内心的兴趣与认同。

组织与养老机构间信任。在"老有所为"的过程中，组织与南京地区的几家养老机构保持着长期、稳定的联系，这种联系基于彼此间的相互信任，并在此基础上解决了组织运作过程中没有活动场地与设备设施的问题。与此同时，组织负责人与骨干成员也会通过各种渠道与平台为这些养老机构做宣传，并积极参与授课，组织慰问演出活动等，以支持这些养老机构。正是由于对组织的信任，成员们在工作中所用的电脑、硬盘、摄影机、航拍器等设备都由骨干成员自行购买。总之，老年人主导的自组织已将对外部资源的依赖降低到了最大限度。当然，资金的局限也在一定程度上制约了组织的活动空间与活动内容的拓展。

当然，老年自组织的生长除了与组织信任建设密切相关外，还与这些老年人积极主动地拥抱现代科技不无联系。在"电脑""博客""视频""智能手机""微信""航拍"等新技术给中国人的日常生活、沟通交往方式、精神生活所产生的影响日益加深与代际"数字鸿沟"不断扩大的事实面前，这些受教育程度相对较高的老年群体并不甘做"数字鸿沟"的落伍者，他们也想积极地拥抱现代科技，主动地学习电脑、智能手机和微信等。

在此基础上，老年自组织的生长也与其与时俱进地更新服务内容密切相关。老年自组织及时捕捉现代科技发展的最新成果，与时俱进地更新"老有所学"的内容，及时追随现代科技的最新发展趋势并回应老年人需求。除此之外，老年自组织的生长还与其功能定位有关。老年自组织的存在不仅是为了引导老年人学习并掌握新技术、新工具，还为了老年人能以这些新的沟通交流工具为桥梁，更便捷地与社会建立起联系，更好地与他人进行交流与分享，更好地融入家庭与社会，提升老年人的社会适应性，重建老年人的精神家园，使他们的日常生活变得更加美好。

综上所述，老年人主导的老年自组织的生长与组织成员持有的老年观、养老观密切相关。在案例中，这群具有较高文化水平的老年人都不想消磨时光，不想被动养老，他们都给各自树立了新的目标，他们也想与年轻人一样拥抱现代科技与现代生活。对持有积极老年观与养老观、想"老有所学"的人而言，老年大学是很好的活动平台。在这一平台上，这些老年成员相互了解、相互熟悉并结下深厚的友谊。基于认同性信任、师生情与同学情、共同的知青身份等，他们才愿意成立自组织，并在实践中，从"老有所学"拓展到"老有所为"和"老有所乐"。老年自组织的建立与服务内容的不断拓展都离不开乐于奉献且组织管理能力较强的组织创始人的倡导与奉献，并在他周围聚集起一批乐于奉献且能力较强的组织骨干成员，这些爱心与能力兼备的骨干成员是支撑组织持续运营的必要保障。而"老有所学""老有所为""老有所乐"都从不同层面满足了老年人精神养老的需要，而组织成员需求的满足反过来进一步增进了成员对组织的信任和成员间信任，老年成员需求的满足与彼此间信任的增强也会进一步激励组织成员持续性地参与与奉献。正是由于组织负责人、骨干成员的奉献与老年成员间的彼此信任与积极参与，自组织才解决了运行过程中组织成本的问题，并将自组织对外部资源的依赖度降到最低。

在信息化与智能化社会，代际"数字鸿沟"呈现扩大趋势，组织中这群不甘落后、紧跟时代发展的老年先锋成员，一边学习一边享受现代科技带来的美好生活。他们相互交流，相互分享，超越地缘、血缘关系。他们的创新性探索为现在和未来的老年人如何适应现代科技日新月异的变化，如何融入同辈群体并建构属于老年人的精神家园提供了一个范本。

老骥伏枥，志在千里。老年成员因互联网而结缘，他们在共同行动中，结交天下朋友，未来，生命中的激情火光将继续燃烧在五湖四海、神州大地。组织自创的MV《最美老人梦》，也可以代表组织成员的追求。"健康养生、享受生活。梦想百岁游泰山，梦想幸福伴终生；童心常在永不老，挥毫潇洒写人生。"

第四章

日常关怀类互助养老组织

从理论上来讲，一些物质丰裕与闲暇富余的低龄老人有更多"老有所为"的需求，而一些独居的高龄老人则有更多情感慰藉的需求，这两种互补性需求如若同时实现将在一定程度上缓解当前家庭养老与社会化养老服务供需紧张的矛盾。基于此，上海在全国较早地推出以行政力量为主导、低龄老人帮助高龄老人的"老伙伴"项目（计划），并率先在全市推广。与社会各界热切关注与期待形成鲜明对比的是，在实践中，"门难进"是制约伙伴关系建立与维护的瓶颈问题。学界仅有寥寥数篇文章从行政管理的角度对"老伙伴"项目运行中的问题进行了探讨①。为此，本研究将聚焦于"门难进"的问题，围绕对"老伙伴"需求的满足、"老伙伴"间信任关系建构等关键议题展开探讨，试图对"门难进"瓶颈问题的破解提供有益启示。

---

① 笔者于 2020 年 7 月，在知网检索到有关"老伙伴"的研究文章如下：朱丽娟、邱梦华，2019，《城市互助养老模式及运行机制比较研究》，《改革与战略》第 7 期；薛晓娟，2017，《"老伙伴"计划问题初探》，《城市学刊》第 2 期；王卉，2016，《公共服务"逆回购"中政府与社会组织的关系研究——以 C 街道"老伙伴"服务项目为例》，硕士学位论文，华东政法大学；姜伟云，2015，《社区为老服务项目中的"三社联动"探析——以上海市"老伙伴"计划为例》，硕士学位论文，华东理工大学；吕芳、潘小娟，2014，《基于公民互助的协同生产——公共服务供给的一种新模式》，《北京行政学院学报》第 6 期。

一　上海"老伙伴"项目的发展概况①

（一）项目实践探索阶段

上海是我国较早步入人口老龄化社会的城市之一，也是目前我国人口老龄化最严重的城市之一。2010年至2019年，上海市60岁（含）以上的老年户籍人口占比由39.2%上升到55.8%，增长了16.6个百分点；80岁（含）以上老年户籍人口占比由4.2%上升到5.6%，增长了1.4个百分点，增加了22.15万人。其中，80岁（含）以上纯老家庭人数呈增长趋势，2010～2019年，上海市80岁（含）以上纯老家庭人数由27.46万人上升到35.94万人，独居老年人人数由19.32万人上升到31.74万人（见表4-1）。与此同时，上海市全市老年志愿者在册人数约为20万人，这些老年志愿者大多身体健康，参与社区公益事业的愿望较强烈②。

表4-1　2010～2019年上海市老年户籍人口

单位：万人，%

年份	60岁(含)至70岁		70岁(含)至80岁		80岁(含)以上		80岁(含)以上纯老家庭人数	独居老年人人数
	人数	占比	人数	占比	人数	占比		
2010	331.02	23.4	164.33	11.6	59.83	4.2	27.46	19.32
2011	347.76	24.5	167.36	11.8	62.92	4.4	—	22.36
2012	367.32	25.7	169.13	11.9	67.03	4.7	21.49	23.35
2013	387.62	27.1	171.93	12.0	71.55	5.0	25.02	23.51
2014	413.98	28.8	177.03	12.3	75.32	5.2	27.48	24.63
2015	435.95	30.2	81.09	12.51	78.05	5.4	28.08	26.39
2016	457.79	31.6	88.62	13.01	79.66	5.5	31.11	28.33

---

① 前两个案例在组织生长历程部分，分析单位是组织，都是围绕着单一组织生长历程展开梳理，在行政力量主导的互助养老组织中，因涉及多个参与主体且这些主体因项目而合作，所以，此部分主要围绕项目的发展历程进行梳理。有关老年成员需求的回应与组织信任建构的内容则主要围绕三级老年协会的组织管理工作展开。

② http：//sh.sina.com.cn/life/ylzn/2019-04-09/detail-ihvhiqax0813018.shtml。

年份	60 岁（含）至 70 岁		70 岁（含）至 80 岁		80 岁（含）以上		80 岁（含）以上纯老家庭人数	独居老年人人数
	人数	占比	人数	占比	人数	占比		
2017	483.60	33.2	197.71	13.6	80.58	5.5	—	32.18
2018	503.28	34.4	208.25	14.2	81.67	5.6	36.95	31.01
2019	518.12	35.2	220.71	15.0	81.98	5.6	35.94	31.74

注：《上海市老年人口和老龄事业监测统计信息》中 2011 年和 2017 年有关 80 岁（含）以上纯老家庭人数的数据缺失。

资料来源：根据上海市养老服务平台公布的历年《上海市老年人口和老龄事业监测统计信息》整理，shyl. mzj. sh. gov. cn/homepage/search。

上海养老服务供需矛盾日趋紧张而经济基础相对较好，这就使上海成了中国老龄事业创新发展的策源地之一。20 世纪 90 年代，上海的一些街区为了防范独居高龄老人可能发生的风险，给一些身体状况较差的独居高龄老人发放"红绿卡片"，请老人们将卡片挂在自家玻璃窗前，每天给卡片翻面，以便街道志愿者不进门就能判断独居老人的安全。后来，"邻里互助门铃"取代了"翻牌子"，老人如需帮助，按下家中电铃，同楼的其他几户人家就会过来及时提供帮助。

当时，上海市虹口区提篮桥街道晋阳居委会就将美国人卡恩于 1980 年提出的"时间银行"互助理念付诸实践，试图通过模拟银行储蓄的理念，将个体的志愿服务输出以延期兑换的方式储存下来，以备个体在年老时兑换并享受他人的服务。这一试点，后因居民搬迁、后续参与者不足、居委会人员更迭、记录册丢失等，运作难以为继，模式不能推广。但这种低龄老人帮助高龄老人的互助理念却引发了社会的普遍关注和认同，并在上海乃至全国各地传播。正因如此，以"时间银行"为理念的互助实践，自 20 世纪末至今，虽然试点的某个组织不存在了，但更多的"时间银行"如"雨后春笋"般兴起，形成"星火燎原"之势。这也在一定程度上证明了社会各界对低龄老人帮助高龄老人的互助理念的认同。

在"老伙伴"项目启动前，上海市自 2004 年开始，市、区、街道、社区就广泛动员社会力量，积极为纯老家庭提供结对关爱服务，为全市 71 万纯老家庭老年人、16.6万独居老人提供结对关爱服务[1]。2007年，《市政府关于印发上海市老龄事业发展"十一五"规划的通知》明确提出，"继续开展以独居老年人为重点的纯老家庭老年人和高龄、困难老年人的结对关爱工作，完善关爱措施，丰富关爱内容"。在此后的几年，独居老年人结对关爱活动就成为上海市老龄工作的重要内容之一，在实践中，上海市提出要认真总结独居老年人结对关爱活动的经验，推动各区县进一步深化落实"5+X"的关爱措施。上海市长宁区在2006年前后就建立了以低龄老人为主要成员的社区志愿者队伍，承接了为独居老人提供日常的上门关爱服务的"金色护航站"项目。当地区财政部门还给每位低龄老年人每个月发放4元的电话补贴，并为低龄老人开展入户探访提供专项培训，指导低龄老人如何与高龄老年人沟通，如何维护彼此关系。2010年，"金色护航站"项目获得上海市公益项目资助。在"金色护航站"项目运行中，一些街道、社区根据各自的需求与资源优势创造性地开展了一些服务项目，如北新泾街道成立了以社区志愿者为主要成员的"谈心解闷队"，队员们经常陪有忧郁倾向的独居老人聊天；天山街道则开设"殷友樑谈心室"，为社区内的老年人或孤寡老人提供倾吐烦心事的安全天地[2]。《上海市老龄事业发展"十二五"规划》实施期间，上海市纯老家庭人数、独居老年人人数仍继续增加，尤其是80岁及以上高龄老年人纯老家庭现象和农村家庭纯老现象更为突出。上海人口老龄化呈现第一代独生子女父母陆续进入老年期的趋势。

在上海20多年探索低龄老人帮助高龄老人的实践中，街道、社区、老年协会等行政性或准行政性力量都发挥了组织推动和资源协助的作用。近年来，上海市民政局、老年协会、社会工作协会等在倡导与推进基层养老项目的创新性探索方面更是发挥了积极的作用。这些前期的探索都为"老伙伴"项目的试点奠定了必要的基础。2012年，上海市民政局下发《关于开展2012年市政府实事项目"为10万高龄老人提供家庭互助服务"的通

---

[1]　http：//www.shweilao.cn/cms/cmsDetail？uuid=0fbfc301-00a3-4b15-8344-4a7e889a56b5.

[2]　http：//sh.sina.com.cn/zw/cn/2015-02-04/details-icczmvun5767136.shtml.

知》，这是上海市为进一步完善"9073"养老服务格局、夯实社区居家养老服务所下发的第一个正式政策文件。该项目预算资金达 1400 万元，按每人平均 125 元的标准进行资金分配。项目由上海市民政局牵头并作为总负责，通过招标方式遴选技术支持单位协助承担项目的咨询、督导和评估等工作。各区县民政局（老龄小）是本辖区互助服务项目的责任主体，接受市民政局的指导和监督。该项目计划动员全市 2 万名低龄老年志愿者为 10 万名 80 岁及以上非院舍安置的居家纯老或独居老人①提供支持服务。该项目传承"不独亲其亲""出入相友，守望相助，疾病相扶持""老吾老，以及人之老"的邻里互助传统，重塑邻里守望相助的关系网络，引导低龄老年人与社区里的高龄老年人通过结对互助的形式，围绕"健康生活方式"这一主题，开展预防失能、降低疾病风险、健康科普等健康教育宣传活动，维持高龄老人的社会联系，预防年龄隔离，给予精神慰藉的家庭式关爱、生活辅助活动，② 以改善高龄老年人生活质量，促进其社会交往。2013 年，《上海市民政局、上海市老龄工作委员会办公室关于继续开展市政府实事项目"为 10 万名高龄老人提供家庭互助服务"的通知》发布，长宁区申报了"老伙伴"项目，由市级福利彩票公益金资助 802.886 万元。

（二）项目推广阶段

自 2014 年开始，"老伙伴"项目在上海全市推广。《2014 年市政府要完成的与人民生活密切相关的实事》提出开展老年人社区援助服务，为 15 万名高龄老人提供互助服务。在服务范围扩大的同时，高龄老年人年龄由之前的 80 岁及以上降为 70 岁及以上。从 2015 年开始，"老伙伴"项目不再列入上海市政府实事项目，而要求各区县根据以往要求，列入常规性的服务

---

① 10 万名享受互助服务的高龄老年人需要满足以下条件：80 岁及以上的非院舍安置的居家纯老或独居老人；孤老或子女不在上海的独居老人优先；重点优抚对象优先；残障老人或患有严重疾病的老人优先；未享受居家养老服务的老人优先。

② "老伙伴"项目（2012 年）的规定内容包括老年慢性病患者家庭自我保健与急救知识技能普及项目、老年人生命教育项目、预防长者被忽视项目。

项目。2013 年，"老伙伴"项目执行情况调查表明，由于匹配的"老伙伴"间缺乏足够信任，"上门难"成为一线志愿者普遍面临的现实问题。为了破解这一难题，除了在伙伴关系匹配中遵循 2012 年提出的"就近（或相近）和共性"原则外，2014~2015 年的"老伙伴"项目执行过程中的一个显著变化就是大力引入上海市社会工作者协会的专业力量，围绕低龄老年志愿者的"伙伴关系"建立能力与健康素养等主题，引入乐耆、新途等 4 家技术支持单位，围绕高龄老年人失智预防、老年危机个案管理、会谈技术、情感支持等开展了系列培训。这些培训对于提升低龄老年志愿者对项目价值与意义的认知，提升低龄老人的专业素养与健康素养，提高上门探访质量都发挥了重要作用。

上海市 2012~2019 年有关"老伙伴"项目的相关政策内容如表 4-2 所示。

表 4-2　上海市 2012~2019 年有关"老伙伴"项目的相关政策内容

文件名称	政策内容
《上海市深化养老服务实施方案(2019—2022 年)》	工作目标中提及到 2022 年，社区嵌入式养老服务方便可及。主要任务中的第八项提出增强家庭照料能力，具体包括：实施"老吾老"计划；完善"老伙伴"计划；支持发展"喘息服务"；试点"时间银行"；培育"银龄宝典""养教结合"等服务品牌；适老化改造
《2019 年上海市养老服务工作要点分解表》	工作任务中的第五项提出增强家庭养老能力，具体包括：推进"老伙伴"计划，继续推进 4 万名低龄老年人为 20 万名高龄独居老年人提供志愿服务；在部分区试点开展养老服务"时间银行"项目；推进"老吾老"计划试点，开展第二批 9 个区 20 个街道的试点，启动第三批试点；继续办好《银龄宝典》电视栏目，完成全年 260 集常规栏目的制作和 1300 次的播出，精选节目内容公开出版，拓展节目内容；推进老年人居室适老化改造，继续做好 1000 户困难老年人家庭的适老化改造工作；在部分区试点开展普通老年人家庭的适老化改造
《上海市民政局、上海市老龄工作委员会办公室关于 2018 年社区为老服务实事项目和老年宜居社区建设试点有关工作安排的通知》	2018 年主要项目安排中的第五项为"示范睦邻点"建设，提出全市新增"示范睦邻点"500 个；第六项为"适老性"改造；第七项为"老伙伴"计划，提出全市计划服务对象人数为 20 万人；第八项为老年宜居社区建设

续表

文件名称	政策内容
《上海市民政局、上海市老龄工作委员会办公室关于开展 2017 年"为 20 万高龄老年人提供家庭互助服务"和"为 1000 个低保等困难老年人家庭提供居室适老化改造服务"的通知》	高龄老人：兼顾老劳模、无子女老年人以及 75 周岁及以上有服务需求的独居老年人。低龄老年人：选择 50 周岁及以上、75 周岁以下，身体健康、乐于奉献的志愿者开展志愿服务。项目经费是 3600 万元。与社区睦邻点工作相结合，引入专业社工提供专业化辅导和服务，通过上海志愿者网或社区志愿者服务网上的志愿服务记录系统实现信息化管理
《上海市老龄事业发展"十三五"规划》	主要任务的第三部分提出，健全社会养老服务体系，提升老年人生活质量，发展非正式照料体系，继续开展家庭照料者培训、"老伙伴"计划、喘息服务、辅具用具租赁等家庭养老支持服务项目，减轻家庭照顾压力，倡导社区邻里互助
《上海市人民政府关于加快发展养老服务业　推进社会养老服务体系建设的实施意见》	主要任务中的第四条提出，完善社区居家养老服务，培育发展老年人互助组织，建立养老志愿服务登记制度和平台，继续推行由低龄老人为高龄老人提供家庭互助服务的"老伙伴"计划项目，推广社区"睦邻点"建设，倡导邻里相助、结对帮扶
《关于推进老年宜居社区建设试点的指导意见》	重点任务中的第七条提出，完善社区居家支持和邻里互助服务，要进一步推动邻里互助服务，认真开展低龄健康老人为高龄老人提供服务的"老伙伴"项目，推广社区"睦邻点"建设，探索建立志愿服务登记积分与激励机制。重点任务中的第八条提出，要培育为老服务组织和服务品牌，加大政府购买服务的扶持力度，重点发展居家养老服务组织、专业社工机构、老年人互助组织以及志愿者团队等，健全基层老年协会组织网络，发挥基层老年协会自我管理、自我教育、自我服务功能，夯实社区老龄工作的基础
《上海市民政局、上海市老龄工作委员会办公室关于继续开展市政府实事项目"为 10 万名高龄老人提供家庭互助服务"的通知》	长宁区申报了"老伙伴"计划项目，由市级福利彩票公益金资助 802.886 万元
《关于开展 2012 年市政府实事项目"为 10 万高龄老人提供家庭互助服务"的通知》	从项目名称和主要内容、指导思想与基本原则、项目运作方式、服务对象的选择标准、项目管理与组织保障、时间安排、经费预算和使用规范、具体要求八个方面对"老伙伴"项目运行中的关键问题做出了明确的规范，投入资金 1400 万元

（三）与其他项目融合发展阶段

《上海市老龄事业发展"十三五"规划》进一步明确了要继续发展非正式照料体系的目标与任务，通过家庭照料者培训、"老伙伴"计划、喘息服务、辅具用具租赁等以及政府的正式支持项目，从不同层面缓解并减轻家庭照料压力，支持家庭养老。2017年，《上海市民政局、上海市老龄工作委员会办公室关于开展 2017 年"为 20 万高龄老年人提供家庭互助服务"和"为 1000 个低保等困难老年人家庭提供居室适老改造服务"的通知》明确规定，低龄老年志愿者的条件包括年龄在 50~75 周岁，身体健康、乐于奉献；高龄老年人作为志愿服务对象，但劳模、无子女老人、75 周岁及以上有服务需求的独居老年人享有优先权。2018年，参与"老伙伴"项目的低龄老人数量达 4 万人，高龄老年人数量达 20 万人，政府投入资金达 3600 万元，用于直接服务高龄老年人的费用为每人每年 180 元。同时，各区可根据需要，向本区财政部门申请配套资金补助。

2019年，《2019 年上海市养老服务工作要点分解表》和《上海市深化养老服务实施方案（2019—2022 年）》有两个较大变化，具体为：一是"老伙伴"项目已不再是每年申请的政府实事项目，而是一种常规性服务项目；二是将"老伙伴"与"老吾老""喘息服务""时间银行""银龄宝典""养教结合""适老化改造"等服务归为同一大类，其目标是"增强家庭照料能力"。在调研中，课题组发现，各项目在实际运作中相互支撑。如"老伙伴"与"睦邻点"及"时间银行"项目在实施过程中，相互关联、相互促进，呈现融合发展的趋势。

综上所述，课题组认为"老伙伴"项目发展与社区里其他老年项目相互支持、相互融合，是对家庭照料的有效补充，共同支持并夯实家庭养老和居家养老。

二　上海"老伙伴"项目回应老年人的需求

（一）回应老年人需求的方式[①]

1. 出台政策，规范"老伙伴"项目的实践

《关于开展 2012 年市政府实事项目"为 10 万高龄老人提供家庭互助服

---

① 与前三个案例不同，上海的"老伙伴"项目组织主导机构是上海市民政局和上海市老龄工作委员会办公室，执行机构主要是各区县三级老龄协会组织。

务"的通知》将"老伙伴"项目的服务内容表述为以"健康生活方式"为主题，开展"预防失能、健康科普、精神慰藉等家庭关爱和生活辅助服务，预防或降低风险的发生，促进高龄老年人的生活质量和社会交往"。项目包含"规定内容"和"自选内容"两部分。"规定内容"由三个子项目组成，即"老年慢性病患者家庭自我保健与急救知识技能普及项目""老年人生命教育项目""预防长者被忽视项目"，并采取培训 210 名核心志愿者的方式，让核心志愿者将这些产品配送并落实到社区。项目还在市级层面统一开展了社会组织和核心志愿者的能力培训。"自选内容"可由各区县结合本地实际，自行设计并实施。虽然每年子项目中的"规定内容"和"自选内容"会发生变化，但项目都是围绕"健康生活方式"这个主题展开的，都充分利用了社区成员间已有的邻里守望的情感纽带，以期通过自助与互助活动，满足低龄老年人"老有所为"的需要和高龄老年人的拥有"健康生活方式"的需要。

2. 引导低龄老人"进门"探访

为了充分满足低龄老人"老有所为"的需要并回应高龄老人"健康生活方式"的需要，基层政府和老年协会，除了宣传"老伙伴"项目的价值与意义外，还积极引入社会工作、心理学等方面的专业组织，为低龄老人传授入户探访、"老伙伴"关系的建立与维护、老年危机事件处置等知识和技巧。低龄老人通过上门探访、陪聊、陪伴等志愿服务，传递政府和社会对高龄老年人的人文关怀，缓解了部分高龄老人的孤独、寂寞等问题。上门探访作为"老伙伴"项目的"规定内容"，除了陪聊与陪伴等基本服务外，"老伙伴"双方拥有一定自由发挥与创新的空间。访谈结果表明，部分低龄老人通过与高龄老人一起行动，完成陪伴的任务。比如，一位低龄老人安排了与高龄老人一起做南瓜饼的活动，"老伙伴"双方一起准备食材、一起做和一起品尝美食，在边做边闲聊的过程中，润物无声地传递了邻里和社会对高龄老人的真诚关心与人文关怀。

3. 借助探访，宣讲健康养生知识与老年福利政策

传播养生知识，倡导健康生活方式是"老伙伴"项目的规定内容之一，

具体包括养生、健身操、疼痛调适、失能防治、预防失智等方面的知识传授。上海市社会工作者协会和老年协会联合 20 多家合作机构，在社区层面积极倡导合理饮食、适量运动、心理调适、戒烟限酒的健康生活方式。上海市社会工作者协会主办的《老伙伴季报》的第 3 版专门刊载并宣传健康养老知识。通过上述宣传与倡导，低龄老年人学习并掌握了更多的健康养生知识，这既有益于他们自身的日常生活，也成为其上门探访时分享的重要内容。

低龄老年人上门探访时还向高龄老年人宣传老年福利政策。老年福利政策每年都有所变化，一些高龄老年人可能因行动不便或失能等原因，对福利政策的了解不够及时或不清楚。为了防止一些高龄老年人因信息渠道不畅被排斥在老年福利政策之外，老年协会就将这些增进老年人福祉的政策法规的宣传与培训纳入"老伙伴"实施计划中，使一些足不出户的高龄老年人及时了解并受益。如 2019 年，老年协会就倡导低龄老年人向高龄老年人宣传长期护理保险（"长护险"）计划。老人当时若加入这个"长护险"计划，只需要出 6.5 元的保费，就能在失能或需要照顾时，享受到每小时 65 元的保费赔付。老年协会为了帮助每位高龄老人知晓该项福利政策，就在政策出台后引导低龄老人向高龄老人宣讲政策，推动高龄老人参加该保险计划，增进老人福祉。

4. 引导高龄老人"融入社区"

与此同时，组织者还积极引导低龄老人带着高龄老人"一起出门"融入社区活动与社区环境。访谈结果表明，低龄老人带领高龄老人参与的社区活动主要有以下几种类型。类型一，社区传统节日主题活动，如重阳节、新春联欢会等。每逢重大节日，地方民政部门会有意识地将表达政府和社会对老年人关心与关怀的礼品发放给高龄老人。社区一般会安排低龄老人上门发放，以拉近"老伙伴"间的距离，并由低龄老人将高龄老人带出家门，使其融入社区活动。类型二，社区高龄老人集体生日会。类型三，集体参观与游玩活动。社区机构联合相关事业单位，组织高龄老人到市区参观和游玩，让其感受城市的发展巨变。这些活动一般由低龄老人陪伴带领高龄老人参加。类型四，社区组织的睦邻点文娱活动。上海的社区睦邻点一般建在社区内独居或空巢老人的家里或者社区内的闲置房屋里，便于老年人就近开展文化娱乐活动。社区睦邻点的组织原则与特色是老年人自觉发起、自愿参加、自主活动、就近活动、自我服务。社区睦邻点现已成为老年人生活互助和情感寄托的重要载体，也是上海市社会养老服务体系建设的生动实践①。

> 自从我家变成一个睦邻点之后，我参与活动的机会就更多了。以前呢，都是一些熟人，现在慢慢再认识一些新人，认识的人多了，朋友多了，开心也多了（D19010819）。

> 我家跟王阿婆家就是楼上楼下，活动起来特别方便，楼上喊一下楼下就能听到。距离近了，方便了，老人们的睦邻活动也从最初的一月两三次增加到一个月七八次了（D19010820）。

上海社区睦邻点的设立充分利用了社区老年人既有的邻里关系网络，满足了老年人希望在熟悉的环境中与熟悉的人开展活动的需要。政府为睦邻活动提供的经费资助，不仅解决了老年人活动所面临的成本问题，而且使老年人在活动过程中不易产生打扰别人、欠人情的内疚感，为老年人真诚沟通与平等交流奠定了必要的物质基础。更为重要的是，社区睦邻点为"老伙伴"间的情感慰藉提供了新的载体和平台，从而提高了老年人的生活质量。2019 年上海市示范睦邻点统计情况如表 4-3 所示。

表 4-3　2019 年上海市示范睦邻点统计情况

单位：个

区	浦东	徐汇	长宁	普陀	闵行	嘉定	金山	松江	青浦	奉贤	崇明	合计
数量	100	2	65	10	6	9	52	80	200	120	100	744

① 上海市《关于推进老年宜居社区建设试点的指导意见》提出，进一步推动邻里互助服务，推广社区睦邻点建设，截至 2016 年底，全市各类睦邻点已达 3000 多个。

（二）回应老年人需求的特征

1. 面临高龄老人需求的不确定性

低龄老人参加"老伙伴"项目时，无论是自主报名参与，还是在多方动员下参与，大多认同"老伙伴"项目的价值理念，"喜欢做点事，找点成就感"充实老年生活。对于物质生活有保障的高龄老人而言，尽管可能会在独居时面临诸如精神孤独等难题，但高龄老人能否凭借自身能力与社会支持网络解决这些难题，是否需要低龄老人提供上门探访服务以及愿意接受什么样的低龄老人进行上门探访服务等都存在着诸多不确定性。

部分受访的低龄老人反映，除了一些患阿尔兹海默病或神志不够清醒或听力不够好的高龄老人不需要该项服务外，一些社交面广的高龄老人或老年知识分子，大多能依靠自主力量满足自身精神与情感层面的需求，不需要这类服务，其他老年人群对该项服务的需求量较大。为此，"老伙伴"项目在上海市进行推广的过程中，相关政策文件对受益资格条件做了原则上的规定，并对"老伙伴"间的匹配准则做了具体的倡导。但老年协会在落实政策时，虽然对高龄老人的情况有所了解，但仅局限于年龄、独居等信息，而对于高龄老年人更为具体的陪伴意愿与意向的需求评估不足，同时受"老伙伴"项目扩面压力的影响，项目推进过程中出现了需求与供给错位，政策目标设定与真实需求相背离的问题。可见，低龄老人在实施探访服务过程中遭遇的"上门难"问题，一部分是供需错位所致，而并非低龄老人缺乏有效的探访技巧导致。

2. 间接性地回应高龄老人的需求

面对低龄老人"上门难"的问题，老年协会组织既可以通过需求调查与评估，遴选真正有需要的服务对象进行结对，也可以从低龄老年人入手，通过间接地提高低龄老年人的服务能力来促进"老伙伴"关系的建立。选择前者，面对高龄老年人需求的不确定性、居住的分散性，老年协会需要做大量的前期调研与需求匹配方面的工作，这对于人力、物力和财力都不足的老年协会而言是一个不小的挑战。正因如此，老年协会选择了后者，即在政府、街区的支持下，选择加强对低龄老年人的能力培训。培训内容涉及低龄老年人上门探访技巧、"老伙伴"关系建立的方法、沟通技巧与艺术以及如何提升低龄老年人健康素养以增加互动过程中对健康内容的分享。组织寄希望通过培训活动、经验分享与交流活动，提高低龄老年人的志愿服务能力与水平，并最终惠及高龄老年人。

3. 组织通过增能与集体活动回应低龄老年人的需求

基层政府和老年协会对低龄老人需求的回应方式如下。一方面，组织通过引入社会工作、心理学等领域的专业人员，传授有关社会工作服务关系建立的技巧、老年危机个案的处理方法和情绪管理的技巧等，破解低龄老人上门探访中"门难开"的难题。另一方面，组织通过召开座谈会、交流分享会等集体活动的方式，促进低龄老人之间的相互学习、相互关注与情感支持，较好地满足低龄老年人精神与情感层面的需求。

通过这些培训与集体活动，低龄老年人更好地掌握了与人建立关系的方法与技能，学习了有关健康生活方式与养生的新理念与新方法，在培训学习与座谈分享的过程中，他们自身的人际沟通能力与健康素养也得到了较大幅度的提升。从这一点来看，各类培训不仅有助于促进"老伙伴"关系的建立，而且低龄老年人也是培训的直接获益者。这在一定程度上满足了低龄老年人"老有所学"的需要。不仅如此，低龄老年志愿者作为一个团队，也会定期举办一些集体活动，这些活动拓展了低龄老年人的社交圈。通过这个平台与人际关系网络，低龄老人与志趣相投、心性相似的老人建立起相对稳定的联系纽带，这有利于低龄老年人日常生活中的情绪与情感的宣泄与表达，在促进低龄老人健康方面发挥了积极的建设性作用。

> 我们每个月有定期例会，在例会上，我们都天南地北啥都讲，张家长李家短啊，什么都讲的，没有拘束的。交流的收获是，大家都解闷了，脑子也活了（D19010802）。

　　在例会上，我们会围绕着健康、养生等话题（展开讨论），除了讨论一些工作中的事情外，还会围绕一些国家大事、家庭小事、预防骗子、预防推销品等展开沟通与分享（D19010801）。

（三）回应老年人需求的成效

1. 回应部分高龄老人情感慰藉与精神关怀的需要

　　课题组通过访谈得知，结对的"老伙伴"一般是楼上楼下、左邻右舍的邻居。有些"老伙伴"在结对前就已经彼此了解与相互熟悉，有些甚至早已结下了深厚的邻里情谊。"老伙伴"项目的实施，不仅通过熟悉的人有效地传递了政府与社会对高龄老年人的关心与关怀，而且进一步增进了老年人的邻里情谊，增强或重构了老年人的社会支持网络，搭建了高龄老年人与社会沟通交流的平台，缓解了一些高龄老人因高龄、独居而产生的孤独与寂寞情绪，满足了老年人精神慰藉的需要，还在一定程度上避免了高龄老年人因社会隔离而加速生理老化甚至诱发精神类疾病等情况的发生。同时，低龄老年人不定期地上门探访，也在一定程度上减少了独居高龄老年人突发危险事件的可能。

　　　　后来我75岁了，按政策规定，我就不能去了。我给他们说我不去了，有别的志愿者来看他们。他们还不愿意呢！他们还是想（让）我去，慢慢就熟悉了，就离不开了。总是让我去呢！有一次，我家里来客人了，那个老人家还是喊我去，我就去了，聊东聊西，聊了一个多钟头呢，我饭还没吃呢，家里还有客人，我就跟他说，我得回去了，还没吃饭，家里还有客人呢。她说："哦，那你回去吧！"其实老年人最害怕孤独了，跟他聊聊天什么的，都很开心呢（D19010801）！

　　　　跟我结对的王阿姨，她就住在我楼上，对我老好了。我儿子、女儿、孙子、外孙都在瑞士，这里，她就是我的亲人。每天来看望我，区里有活动还带我去参加呢！上次他们（志愿者）去郊区游玩，从地里采回的新鲜毛豆，做好后还给我端一碗呢！地里现摘的新鲜，就是比菜市场的好吃！主要是人家心里有我，把我当亲人，时刻挂念我，我真的心里面很感动（D19010713）。

我们这些高龄老人多亏了这些低龄老人关心照顾，要不然我们天天看天花板啊！有的行动不方便的，十天半月都见不到别人，我们接触的就只有志愿者，志愿者就是我们的眼睛和耳朵，外面的情况都是志愿者讲给我们的，要不然，我们说话的人都没有呢（D19010717）！

2. 满足低龄老人"老有所为"的需要

对于一些刚从工作岗位退下来的低龄老人而言，他们并不想依赖子女与社会的照顾，而想积极融入社会，继续为社区与社会做贡献。"老伙伴"项目为低龄老年人搭建了一个"老有所为"的平台，在一定程度上避免了一些老年人因退休无事可做而产生"老来无用"的失落感。

"老伙伴"项目的开展让我们有机会出来做事了，还能继续在社区里做，当起了家门口的"工作人员"。我以前就是社区主任，退下来之后直接加入"老伙伴"项目，流程什么的，我都很清楚，跟高龄老人沟通起来也容易，他们都认识我啊！有些新来的志愿者，跟高龄老人不是太熟悉的，都是我带他们去见面，让他们认识，结对起来，慢慢熟悉了，我就不去了。其实我们这支队伍里有很多志愿者以前都是在社区做过的，他们都比较了解，容易上手，也补充了志愿者力量。熟悉的环境，熟悉的人，做事也不那么麻烦啦（D19010708）！

我以前是语文老师，自己本身性格比较开朗，退休后没事情干，闲着也是闲着，我就加入了"老伙伴"项目，这样能经常跟大家一起活动，感觉还是很好的。要不然退休了，没事做真是一件很无聊的事情！我们志愿者有很多活动呢，例如编手提袋、串珠子工艺品、印画什么的，都有专业人（员）教我们这些老年人呢，我们做好了送给服务对象，他们也很开心啦！我们自己学到了新东西，然后再去教他们，娱乐也好，锻炼也好，消遣也罢，心里觉得蛮舒服、充实，不是一退休就要别人照顾，就变成"废人"啦，有时候能继续做事情、干工作让我觉得自己还很年轻（D19010714）。

可见，在"老伙伴"项目中，低龄老人是高龄老人身心健康、情感慰藉需求的贡献者，也是"老伙伴"项目的受惠者，在助人、利他的过程中，满足了"老有所为"的需要，实现了自我价值。

3. 减轻了家庭养老日常照顾与精神赡养的压力

"老伙伴"项目中低龄老人探访高龄老人的志愿服务进一步拓展了高龄老人与子女的信息沟通渠道，使高龄老人的生命安全有了更好的守护。对于参与志愿服务的低龄老人而言，他们积极参与社区活动，其子女的精神赡养压力也得到了一定程度的缓解。总的来看，"老伙伴"项目不同程度地缓解了家庭养老的压力。

我儿子在 M 区，开车过来也要 1 个多小时呢！他们也很忙，两周来看我一次。平时我也不麻烦他们，跟小汪（低龄结对者）说得比较多。她经常过来，她跟我儿子有联系方式，生病啊，家里缺东西了啥的，小汪都会给我儿子说的，等他们来看我时就带来了（D19010715）。

4. 缓解了社区养老的压力并有效防范了独居高龄老人的突发风险

社区人力、物力与财力的不足是制约社区养老服务进一步拓展的瓶颈性问题。"老伙伴"项目试图通过民政部门的福利彩票基金的资助与老年协会的组织力量，充分挖掘社区低龄老年人的人力资源潜力，在社区层面建立起一支相对稳定的养老服务队伍，从而在一定程度上缓解社区养老服务供需紧张的矛盾。而低龄老年人经常上门探访或电话问候，也在一定程度上有效防范了独居老人的突发风险。

这个项目我连续跟了 3 年。在这个项目中，年轻（低龄）老人发挥着巨大的作用，你说，这么多高龄、独居老人，让谁来照顾呢？年轻人都去上班，社会上的志愿者，他们一般也只是每逢节日或者周末空闲时来，而且时来时不来的。现在，我们这批有时间、有精力的老人（被）纳入志愿者库，他们（志愿者成员）基本上很固定，一个人结对5个高龄老人，有的一结对就服务很多年呢，真的能坚持，是一支强大的养老服务队伍呢（D19010716）！

5. 增进社区睦邻友好，引领守望相助的社会风尚

"老伙伴"项目对于邻里守望之情与睦邻文化的传承、激活与弘扬都发挥了积极的促进作用。在高度城市化的今天，城市居民价值观念、生活方式日趋原子化与多元化，人与人之间的信任相对缺失，需要因势利导进行创造性重构。"老伙伴"项目传递了人与人之间的温暖，对低龄老年志愿者先进事迹的宣传报道和对优秀志愿者的表彰激励，一定程度上唤醒并激活了原存于人们内心的那份对高龄老人生命质量的关注，传递了政府与社会对高龄老人的人文关怀，传承并弘扬了中国文化中邻里守望相助的优良传统，增进了邻里情谊，营造了尊重老人与关心老人的城市文化氛围，为构建老年友好型城市和老年宜居型城市做出了积极的贡献。正如一些老人所言，"邻里守望，也是守望明天的自己"。

"老伙伴"对助人为乐的宣传具有很强的效果呢，我照顾一个老人，他70多岁了，身体稍微有点不舒服，住院休养了一段时间后，恢复正常了。恢复正常后，他不要我去了，他申请去照顾别人。我们担心他年纪也不小了，但是他坚持，最终也让他参加志愿者了，他当志愿者之后，精神特别好呢。（在）我们社区里，以这种形式来照料老人，对双方来说，都有很大的收获，社区的邻里关系都被带动起来了（D19010718）。

三 伙伴间信任的建构

（一）"老伙伴"间信任建构的方式

1. 遴选具有奉献精神的低龄老年志愿者

低龄老人是传递政府与社会对高龄老人关心与关怀的关键力量。动员什么样的低龄老人参与将直接关系到"老伙伴"项目的成效。为此，"老伙伴"项目在制度设计时就对低龄老年志愿者的遴选标准做出了设定，除了考虑年龄、是否有充足的时间与精力外，还要考虑老人是否有爱心、学习能力、特长与组织管理能力等因素①。当然，各老年协会在招募时，也会充分利用社区的人情关系网络、社区信息档案和宣传折页、网络、社区活动等多元渠道，动员并筛选符合政策要求的志愿服务人员。他们会根据各街区的具体情况对遴选的标准做出适当的调整。其中，是否有爱心仍是老年协会遴选低龄老年志愿者时的首选因素。其中，党员、楼道长、曾多次参与志愿活动的低龄老人都是老年协会的重点动员对象。

　　年轻的上班，有些退休的，叫也叫不动，不愿意出来做的。我们就通过多方渠道进行动员，一个是街道，还有就是居委会，还有我们自己（老年协会），都一起来想办法。看到这个人要退休了，人又比较好，看他住在哪个社区，就推荐给社区，推荐后，感觉可以嘛，就可以做志愿者了（D19010802）。

　　志愿者的选取和培训都由老年协会负责，选取时要考虑到爱心、

①　各区县在招募和选拔"老伙伴"志愿者时优先考虑以下因素。其一，年龄与健康状况。70岁以下且身体基本健康、无重大疾病。其二，态度与经验。具有助人的热情、志愿服务的精神和社区工作的经验。其三，健康素养与学习能力。具有较高的健康素养和基本知识水平，可掌握培训内容。其四，有休闲时间。有时间和精力全程参与项目活动。详见http：//sh.sina.com.cn/life/ylzn/2019-04-09/detail-ihvhiqax0813018.shtml。

能力、时间等多方面条件。同时满足上述这三个条件的人很难找啊。但我们还是努力去找，有时候通过楼道长介绍，我们再去联系，但大部分都是老年协会的会员。这些老年人一般退休之后就加入了老年协会，老年协会有很多志愿项目呢，"老伙伴"项目也只是其中一个志愿项目。一些精力充沛、时间充足的老年人可以同时参加几个项目。我去当志愿者时，会长就说，让我们自己看看周边有没有需要照顾的高龄独居老人，自己愿意结对关心的，也都是邻居，楼上楼下的，大都认识，我想好了几个就报给会长了。会长再带我们正式去跟高龄老人见面，认真介绍一下，告诉她（高龄老人）以后，我会经常来关心她，我们自己找的结伴对象，我们（相处起来）也舒服（D19010808）。

2. 遵循就近与相似的伙伴匹配原则

《关于开展 2012 年市政府实事项目"为 10 万高龄老人提供家庭互助服务"的通知》中的第四条关于低龄老年志愿者和高龄服务对象的选择标准的表述就提出了要"遵循就近原则和共性小组原则，即每个志愿者结对的老人最好在同一社区，并具有相近的生活条件和健康状况（疾病类别）"。这里的就近原则既包含居住空间距离的邻近，也包含关系距离与心理距离的"就近"。各老年协会在做伙伴结对安排时，尽可能将居住在同一单元或同一栋楼里的楼上楼下、空间距离相近的邻居或将之前彼此熟悉、相互了解且有一定信任基础的老人结对。除此之外，结对时还要考虑伙伴间生活条件的相近情况，生活条件相近的伙伴，他们所处的社会阶层、生活态度、价值观念相似的可能性更大。据笔者观察，社会阶层、生活态度、价值观念、生活方式等方面相似度越高也即同质性越高的人之间，彼此间的信任与认同越可能产生。而健康状况（疾病类别）相近的人，越可能在日常关系维护中找到共同话题，引起双方的情感共鸣。遵循就近与相似的伙伴匹配原则的目标是，希望这些特征有助于伙伴间的信任建构、关系建立与维护。遴选富有爱心的低龄老年志愿者和匹配好"老伙伴"直接关系到伙伴间信任关系的建立与维持，这也是"老伙伴"项目运作的基础与关键环节。

专业力量在提供技术支持的过程中，也主要围绕"老伙伴"间信任关系的建立与维护等方面展开。

3. 宣传志愿者的感人故事

对于低龄老年志愿者的激励侧重于精神层面。老年协会等组织会通过结项成果展示、老年志愿者事迹宣传报道[①]、优秀志愿者表彰大会、为老服务志愿者技能大赛等活动，将在"老伙伴"项目中积极投入时间与精力、创新方式服务高龄老人以及用心服务高龄老人的低龄老年志愿者的感人事迹进行宣传报道。受到公开表彰和激励的低龄老年志愿者主要有以下特点：与高龄老人建立了高度信任的关系，用心为高龄老人服务，并在服务过程中掌握了一套"老伙伴"关系建立与维护的方法与技巧。宣传报道不仅激发了低龄老年志愿服务的热情，而且增强了低龄老年志愿者分享志愿服务方法与技巧的主动性，有利于营造关注高龄老人与邻里守望相助的社会氛围。

4. 及时修复受损的"老伙伴"关系

在项目实施过程中，由于"老伙伴"双方价值观、性格、认知与角色期待等的不同，"老伙伴"之间也会产生一些矛盾与冲突。为此，需要老年协会的工作人员适时介入，了解摩擦与冲突的原委，并做出必要的协调或调整。如针对高龄老人对于"老伙伴"项目的认识与期待偏差，老年协会成员需要做出必要的政策宣讲与解释。

> 我们这里有一个不成文的规定，就是去别人家时，一般会带点小礼物，算是一份心意。但是我们这个"老伙伴"项目，不是以送东西为主的，而重在给予精神上的支持和关爱。所以呢，当我们志愿者上门看望时，如果两手空空，有些高龄老人就不理解了，他们就不高兴啦。有一次，有一个老人还打电话给我呢，他说跟他结对的老人每次去看望他，啥都没带呢。我就跟他解释说，我们这是精神关爱，跟你

---

① 《老伙伴季报》第 2 版是志愿者事迹，第 3 版是志愿者感悟分享。

聊聊天，解解闷，有事情时，你能立刻找到一个人，"远亲不如近邻嘛"，他就理解了（D19010710）。

为了保障"老伙伴"项目的服务质量，老年协会在实施项目的过程中，除了正向激励外，还对服务过程进行督导，及时了解服务的进展，总结服务中的经验教训，并在分析问题与总结经验教训的过程中修正或调整不合时宜的做法，确保服务成效。

我今年刚刚退下来，儿女也都不依靠我帮忙，我实在闲得很难受，感觉自己活得很没有乐趣。社区里的小姐妹介绍我去做志愿者。你不要小看一个志愿者，老年协会（的人）对我们管得可牢啦，他们会监督我服务工作做得怎么样，老人满不满意，老人有什么需求，我们有没有及时向组织汇报情况，哎呀，还真是不一样呢。刚开始，我以为志愿者么，随便做做（什）么好（足够）了，但是没想到，我们老年协会把这个事情搞得很好呢，让我觉得，奉献一份爱心就像在干一份事业，责任心很重要（D19010711）。

（二）"老伙伴"间信任建构的特点

1. 充分利用社区地缘关系增进伙伴间的信任

实践中，老年协会会充分利用社区地缘关系增进伙伴间的信任。"老伙伴"项目的实践表明，"打过照面"或彼此熟悉的邻里结对有助于伙伴关系的建立与维护。有些低龄老人在伙伴关系建立之前就已参与了老年协会组织的社区志愿活动并与高龄老人相识了，有些"老伙伴"居住在同一个楼道里或是楼上楼下的老邻居，退休前的关系仅仅是彼此见面打个招呼。这些"一面之交""打过照面""打个招呼""知道是几号楼的"等浅层联系，也为伙伴关系的建立奠定了一定的基础。还有一些"老伙伴"在结对之前就彼此熟悉，有些还是朋友、同事。

我关心的一个老人，她年轻时就是我的好朋友。现在老了嘛，眼睛看不见，得关心关心。还有一个呢，是我以前单位里的同事，九十几岁啦，年轻时，她经常帮助我，现在老了嘛，我就去看看她。还有一位老人，是我（在）佛教（组织）的朋友，有事情也要去的（D19010805）。

2. 专业力量为伙伴间信任关系的建构增能

"老伙伴"项目的重点是回应高龄独居老人的情感慰藉需求与低龄老人"老有所为"的需求。低龄老人关怀高龄老人的前提是高龄老人愿意接受低龄老人的关心与关怀，伙伴关系才能够建立。但"老伙伴"项目的实践表明，"门难开"却是低龄老人上门探访中遇到的普遍问题。为此，基层政府与老年协会采取了积极引入社会工作方面的专业知识与方法对低龄志愿老人进行专题培训的方式予以应对。培训内容主要涉及个案访谈技巧、个案管理、危机处理、情绪管理等方法与技巧。而且高龄老人在独居生活中可能会面临诸多危机事件。低龄老人在探访或关心高龄老人生活的过程中，如何捕捉老年人的需求，及时预防和应对老人的危机事件，对于低龄老人而言是一个很大的挑战。为此，老年协会邀请了专业的社工机构开展了志愿者督导培训，传授有关"高危"老人个案管理的技巧。经过培训，低龄老人了解了如何收集"高危"老人信息，如何结合实际情况做出决策等基本知识和技巧。实践表明，低龄老人按惯例上门探访时，会发现一些紧急情况并需要及时采取妥当的应对措施。经过专业培训和实践探索后，低龄老人一般能妥善处置高龄老人所发生的危机事件，并在危机处置过程中扮演信息传递者与资源链接者的角色。

与此同时，一些"老伙伴"项目的执行机构还邀请了心理学方面的专业人士，为核心志愿者开展了"情绪九宫格"等情绪管理方面的培训。这些针对性培训为低龄老人学会有效倾听、共情与陪伴，帮助疏导高龄老人的负面情绪等提供了的专业支持。经过专业组织培训的低龄老人，在上门探访时，会有意识地注意高龄老人的情绪状态，会定期组织聚会与高龄老人聊天，并对其进行耐心开导，这在一定程度上提高了沟通成效和陪伴效果，达到疏解老年人的负面情绪的目的。尤其是针对一些低龄老人在志愿服务中不知如何安慰或抚慰遭遇丧子和丧偶之痛高龄老年人这一问题，老年协会还特别邀请了心理专业人士对低龄老人进行培训，使其掌握应对技巧，学会通过陪伴、倾听等方式疏解老人的哀伤情绪。

3. 重视发挥老年自组织在伙伴信任关系建设中的作用

伙伴间的信任关系是由低龄老人与高龄老人在自主、自愿的基础上建立起来的，仅靠行政组织的倡导是很难实现的。为了倡导与践行老年人自主的原则，老年协会和社会工作者协会也曾积极倡导并扶持"老伙伴"自组织建设，计划通过 1 名低龄老年骨干志愿者带领 9 名低龄老年核心志愿者，服务 50 名高龄老人的组织方式，充分发挥老年骨干志愿者与核心志愿者在"老伙伴"关系建构中的作用。

以上内容都是从组织的视角分析"老伙伴"间信任建构的特点。但在实践中，伙伴间信任的建构离不开伙伴双方相互尊重、相互理解与相互体谅，离不开伙伴双方的共同建构。如有些高龄老人认为，他们（低龄老年志愿者）也是老人了，还来关心、照顾他，对低龄老年志愿者的付出心存感激。

（三）"老伙伴"间信任建构的成效

1. 伙伴关系从浅层交往发展到深厚的交情

有些"老伙伴"在结对之前并没有多少交往，只是见面打个招呼的浅交情。"老伙伴"项目的实施，使低龄老人与高龄老人的联系进一步加强，并在长期的互动中得到了进一步的巩固，彼此间的信任度增强。通过"老伙伴"间长时间的相互关心、相互交流，双方从见面只是打个招呼的交情发展到无话不说的"老伙伴"。项目之所以取得这样的成效，除了各级老年协会的大力组织实施、专业组织的培训支持、政策的扶持推动外，时间是增进"老伙伴"间信任关系的重要变量。

严阿姨独居，女儿在国外。因年纪大了，很少出门，平时在家就看看电视。每天早晨能坚持锻炼，要出去走一个多小时（的）路。我们结对之前是认识的，但也仅限于见面打个招呼，没怎么多聊。十多年前，区里搞"金色护航（站）"项目时，我们就结对了，一结就是十多年。到现在是什么话都说了，就像亲人似的（D19010802）。

"老伙伴"建立信任关系之后，一做就好多年了。他们之间熟悉了，一听到声音就知道了，就开门了，要不然，换来换去，陌生人，老人家不开门的（D19010805）。

2. 一部分低龄老人持续参与

虽然并不是所有低龄老人都愿意参与"老伙伴"项目，也不是所有参与"老伙伴"项目的低龄老年志愿者都能持续地参与该项活动。但从课题组的访谈情况来看，能持续参与"老伙伴"项目的低龄老人都有一个共同的特征，即除了他们在老年协会组织的各类培训中满足了"老有所学"的需求，得到了老年协会、街区的信任、认可的激励外，高龄老人对于低龄老年志愿者的信任与认同，也是激励其持续参与"老伙伴"项目的重要原因。

四　组织生长中对外部资源的依赖

（一）政府的经费保障、政策支持与组织保障

互助养老在更大范围内推广时，需要有一个大家都认可的组织主体，需要各街道与社区的全力参与，需要投入大量的人力、物力与财力。从目前的情况来看，只有行政性力量才有这样的号召力与资源动员能力。在"老伙伴"项目实施和推进的过程中，上海市政府从政策、资金、组织、设施等方面给予了全面支持，为"老伙伴"项目的持续运行提供了必要保障，具体表现在以下几个方面。其一，在政策层面，政府通过专项文件规范"老伙伴"项目的实施。从"老伙伴"项目的发展历程来看，上海市民政局为了规范"老伙伴"项目的实施，在前期实践探索的基础上，于 2012 年制

定了专项文件，并在随后几年实践探索的基础上，不断修改和完善相关政策。其二，在组织管理层面，区县、街道和社区三级老年协会组织为"老伙伴"项目的持续运营提供了组织保障。2012 年《全国老龄工作委员会办公室关于加强基层老年协会建设的意见》和 2015 年《全国老龄办、民政部关于进一步加强城乡社区老年协会建设的通知》等都为进一步推进上海市"老伙伴"项目的发展提供了有效政策支撑。其三，在资金层面，2018 年，上海市投入 3600 万元用于支持"老伙伴"项目。资金的分配主要采用项目申请制、合同制和直接资助制三种方式。采用较多的是合同制，即通过公益创投项目的形式寻找合适的项目承接单位，由老年协会或相关的执行机构与政府相关部门签订项目协议书，项目承接单位则要根据政府的要求提供相关的服务，政府根据合同为服务项目承接方提供资助经费。总之，"老伙伴"项目的实施是以政府的认可、政策支持与财力的保障为基础的。

（二）街道与社区的全力协助

访谈资料显示，老年协会在实施"老伙伴"项目时，得到了街道与社区的大力支持和全力协助。这种支持和协助，主要体现在如下三个方面。其一，老年协会在组织动员与招募"老伙伴"时，需要嵌入社区的组织网络，社区机构利用其在社区居民中的公信力优势和社区工作者所培养出的老年志愿者队伍、老年活跃分子等人力资源基础，为老年协会开展伙伴关系匹配提供了必要的支持。尤为重要的是，社区在老年协会遴选结对"老伙伴"时，提供了有关老年人的关系网络、关系距离等相对私密的信息。其二，街道、社区为老年协会实施"老伙伴"项目提供了必要的活动场所、活动设施和活动项目等支持。如上海的社区睦邻点①的建设为"老伙伴"项目开展低龄老人与高龄老人的互动提供了更加自由的活动空间。而社区内的老年活动中心、居家养老服务设施的建设等都为"老伙伴"项目的有效

---

① 社区睦邻点是老年人休闲交流的场所，按适宜和自愿原则，地点选择在防暑取暖设备较全、环境较为整洁的低龄老年志愿者或高龄老人家中，由 5~8 名 60 周岁及以上的老年人组成，多为独居老人。

开展提供了强有力的支撑。与此同时，在一些社区，社区居委会还会出面联系共建单位来支持老年协会的活动。其三，社区还通过协助老年协会遴选"老伙伴"，对项目实施过程进行一定的监督和把控，一定程度上为"老伙伴"项目的顺利推进提供了保障。

（三）专业组织的支持

在"老伙伴"项目中，政府与社会对高龄老人的精神与情感的关注与关怀，主要通过低龄老年人入户探访和共同的社区活动来传递。在与高龄老人结对时，低龄老人如何有效沟通才能赢得高龄老人认可，在上门探访过程中能否及时捕捉和发现老人的需求与面临的问题，遇到高龄老人遭遇危机事件时能否及时处置，这些都在很大程度上考验着低龄老人的服务态度、服务能力与综合素养。正因如此，如何借助专业力量的支持，通过各类培训和交流分享会提升低龄老人的综合素养，从而使低龄老人在参与志愿服务的过程中获得成长，并惠及所服务的高龄老人是基层政府需要回应的现实问题。

为了促进低龄老人与高龄老人信任关系的建立，提升低龄老人的人际沟通技能与危机处置技巧，上海市民政部门在设计与推进"老伙伴"项目时，就十分重视以政府购买、邀请、聘用等方式引进专业组织和专业人士对低龄老人进行培训。如上海市社会工作者协会在计划推进之初，就协助上海市民政部门，将社会工作、心理学、康复护理与健康养生方面的专业机构与专业人才引入，通过培训与座谈会的方式，对参与服务的低龄老人进行培训，提升低龄老年人的服务意识与服务技能。如 2013 年，上海市社会工作者协会举办的系列"老伙伴"项目培训活动，培训内容包括低龄老年志愿者能力建设、区县社会组织能力建设、1000 名核心志愿者培训等。这种服务技能与健康知识培训，不仅使低龄老人增长了知识技能，而且增强了低龄老人日常沟通与服务的信心。这种技能与信心的提升，通过低龄老人的志愿服务惠及高龄老人，提高了"老伙伴"项目志愿服务的质量，是一种间接地促进"老伙伴"间信任关系建构的方式。

专业组织和专业力量通过为低龄老人提供培训与指导，充分发挥专业优势，为"老伙伴"项目的实施提供了有力的支持。而低龄老年志愿者通过参加培训及每月一次的例会交流与分享，对"老伙伴"项目的目的与意义有了更清晰的认知，对高龄老人的特点与需求有了更全面的了解，且对如何在伙伴关系建立过程中运用尊重、真诚、同理心、耐心、接纳等人际沟通方法与技巧有了更清晰的认知，提高了上门探访服务能力。由此，"老伙伴"服务成效得到了直接或间接的提升。

五　日常关怀类互助养老组织的生长机制

上海市老龄人口养老需求结构的变化和社会各界对邻里守望互助文化的认同，催生了多方主体积极探索邻里互助的创新性实践。近年来，上海市的老龄人口呈现总量大、增速快、高龄化突出、纯老家庭人数多、独居老人多等特点。老龄人口结构的变化特点可以在老年人需求结构的变化中得以体现。在基本养老保障问题得到解决之后，老年人的服务保障与精神慰藉问题又日益突显，供需矛盾日趋紧张，养老服务供给压力不断加大。为此，早在20世纪90年代，围绕独居老人风险防范，上海市的一些街区就积极探索邻里互助的新途径，如挂"红绿卡片"、安装"邻里互助门铃"等。上海市虹口区提篮桥街道晋阳居委会的"时间银行"，就是在社区层面关注独居高龄老人的情感慰藉需求的创新性探索。自2004年起，上海市一些区又开始积极探索低龄老人与纯老家庭、高龄老人的结对关爱服务。如上海市长宁区实施的低龄老人与高龄老人结对服务的"金色护航站"项目就是这类探索的代表。而在"十二五"期间，上海市纯老家庭人数、独居老年人人数仍继续增加，尤其是80岁及以上高龄老年人的纯老比例和农村纯老家庭比例增加明显，上海市的人口老龄化呈现第一代独生子女父母陆续进入老年期的趋势。为回应这一趋势，相关的政策也在不断完善，如推出了独居高龄老年人的关爱项目。上海市民政局和上海市老龄工作委员会办公室在总结2004年以来纯老家庭、高龄老人结对关爱服务的经验与成果的基础上，提出了试点"老伙伴"项目的计划。可见，老龄人口结构的变化以及由此导致的养老服务的供需紧张局面是"老伙伴"项目出台的需求基础。前期探索的经验与成效为"老伙伴"项目的推出奠定了实践基础。最为重要的是，邻里互助对低龄老人的"老有所为"和高龄老年人居住风险防范、情感慰藉，缓解家庭养老和社会养老日趋紧张的矛盾，促进社区邻里关系的和谐和加强社会主义精神文明建设等都具有重要的意义，社会各界对邻里互助潜能的认同是社会各界对"老伙伴"项目持续关注与探索的认识基础。这些都为"老伙伴"项目赢得基层政府的认可、获得专项政策与经费资助支持奠定了社会基础。

老年人对老年协会的信任是"老伙伴"项目得以持续运行的必要条件。老年协会是老年人自我管理、自我教育、自我服务的老年群众组织，在老年群体中具有较高的影响力与号召力。全国各地的老年协会在老年志愿者队伍组织管理、老年人需求的表达、老年人精神文化生活的引导、老年群体参与基层治理的动员等方面都做出了积极的贡献。"老伙伴"项目的有效实施，离不开区县、街道、社区三级乐于奉献的老年协会的组织与落实。上海市三级老年协会的成员既有一般的社区老年居民，也有一些从政府机关、事业单位和国有企业等单位退休的老干部、老党员和专业技术人员，还有在社区工作多年的基层干部和社区工作者、社区楼道长等，他们大都认同"老伙伴"项目的价值理念并愿意在退休之后继续为社区做一些力所能及的为老服务工作。这些来自各行各业、乐于奉献、群众基础好、组织管理能力强的协会成员是老年协会能够协助基层政府与老龄工作委员会在"老伙伴"项目中发挥组织管理作用的重要保障。正因如此，在涉及老年福利服务的组织与供给中，如何充分发挥老年协会的作用是各地基层政府在落实老年服务政策时需要考虑的重要议题，"老伙伴"项目的实施也不例外。

街道、社区对老年协会的信任是"老伙伴"项目有效实施的有力支撑。首先，"老伙伴"项目参与对象的动员与资格遴选离不开社区的协助。在"老伙伴"结对时，能否将兴趣相投、心性相似的老年人进行匹配，直接关系到"老伙伴"间信任关系的建立与维护的成效如何，而这项工作的有效开展同样离不开社区的支持。其次，老年协会在项目实施中，倡导低龄老人引导高龄老人走出家门、融入社区时，同样离不开街区既有养老设施、活动空间以及社区内为老服务项目的支撑。最后，老年协会对"老伙伴"信任关系建构的成效，很大程度上取决于各社区社会资本建设的情况。相对而言，社区活动越丰富、社区居民参与度越高的社区，社区的社会资本就越高，伙伴间信任关系的建立与维护就越容易。正因如此，近年来，在社区为老服务项目日趋增多与分化的大背景下，老年福利行政部门开始有意识地整合相关项目与服务，促进各项目或活动间的相互支撑、相互促进与融合发展。

"老伙伴"间信任关系建设直接关系到项目运行的成效。政府的认可、街区的支持和老年协会的组织等都是"老伙伴"项目持续运行的制度与组织保障。对于"老伙伴"项目而言，制度与组织支持和保障的成效最终需要通过"老伙伴"间互动的频率与互助的质量得以体现，无论是互动频率，还是互助质量，都依赖于"老伙伴"间的信任关系。从这个意义上看，多方力量如何促进伙伴间信任关系的建立与维护才是外部支持的关键议题之一。正因如此，老年协会联合街区、专业组织在以下几个层面做出了积极探索：充分利用社区里邻里守望相助的文化传统与社区既有社会资本，积极动员具有奉献精神、认同"老伙伴"项目理念的低龄老人参与；在伙伴匹配的过程中，尽可能考虑老人间的空间距离、既有的信任关系、伙伴的性格与价值观的相似度等因素；通过引进社会工作、医学、心理学等多学科专业力量，为"老伙伴"信任关系的建立与维护增能，而这些培训与分享交流活动，同时也满足了低龄老年人"老有所为"与"老有所学"的需求；在参与的过程中，组织还通过座谈会、交流会、《老伙伴季报》、其他自媒体等多种工具与渠道积极宣传低龄老人关怀高龄老人的一些典型个案，这些都从不同角度肯定和宣扬了低龄老人的志愿精神。当然，老年协会和街区积极探索的成效不仅取决于组织外部的支持和低龄老人的意愿与努力，还取决于高龄老人的态度与配合。事实上，在"老伙伴"项目中，高龄老人的需求情况也异常复杂，组织除了要在"老伙伴"间的匹配方面做出原则性规定外，还要为低龄老年人增能，当志愿服务遇到矛盾与冲突时，老年协会也会做出必要的协调，但"老伙伴"间的信任关系一直是困扰该项目有效实践的瓶颈问题。

综上所述，行政力量主导的"老伙伴"项目，以上海市独居高龄老年人风险防范与情感慰藉需求的日趋增长为时代背景，以行政力量对邻里互助潜功能的认同性信任和拥有的权威、资金、组织资源优势为基础，事实上，也只有行政力量才有此压力、动力和资源能力在全市范围内推广邻里守望相助的项目。在项目运行中，行政力量需要依赖三级老年协会组织和各街区的协助。老年人对老年协会的信任与街区对老年协会的信任是建立与维系三者合作、共同行动的必要保障。对于"老伙伴"间的信任，各级行政力量也曾积极动员市级的社会工作协会和相关的专业力量给低龄老人开展一系列的能力建设培训，各街区和老年协会也曾在匹配伙伴时考虑了空间距离、相似性等影响伙伴间信任关系建立的因素。从访谈结果来看，培训的效果不仅取决于低龄老人、培训机构，还取决于伙伴间前期的信任基础，对于前期有信任基础的伙伴，这种培训对于改进伙伴间的信任关系具有一定的增能作用，但对于彼此并不熟悉或前期信任基础不好的伙伴，这种培训的效果是极其有限的，伙伴间信任的缺失会导致低龄老人"上门难"。可见，伙伴间信任关系的建立与否在很大程度上影响甚至决定了"老伙伴"项目的成败。

有关"上门难"问题的讨论。理论上，低龄老人需要"老有所为"与高龄老人需要情感慰藉，这两者正好互补，"老伙伴"项目正是基于这种互补性需求的假定而设计的。但实际上并非如此简单，有多方面的原因阻碍了这种理想的实现。从现有文献与课题组访谈的结果来看，"上门难"是一线志愿者普遍面临的难题。一些低龄老人在志愿服务过程中遭遇高龄老人敲门不开、电话不接等问题，也是常事。近年来，虽然个别很用心的低龄老人在实践中摸索出一套追踪高龄老人行踪的"独门绝技"，如白天看衣架是否晾衣服，晚上看老人家的窗户是否亮灯，在门缝处夹一个纸条看是否被移动，从而判断一段时间内老人是否出门走动或观察电表量是否有变化等，这种案例虽然有些极端，但也从一个侧面反映了并非所有的独居高龄老人都希望低龄老年人上门问候，愿意接受"被关怀者"角色。

面对高龄老年人"门难开"和伙伴关系难建立的问题，项目的支持性组织将其服务的着力点放在了低龄老年志愿者身上，试图通过引进有关情绪管理、老年学、心理学等方面的培训，使低龄老年人能够了解并理解高龄老年人情绪与行为；通过引进社会工作中有关会谈技巧、个案管理、危机处理的方法与技巧等方面的培训，提升低龄老年人伙伴关系建立的技能；通过引进有关医学、健康养生方面的培训，使低龄老年志愿者在伙伴中传播健康的理念与健康的生活方式。

"老伙伴"项目试图通过服务方法与服务技巧的培训，破解高龄老人"门难进"的难题，但作用是有限的，因为它无法解决一部分高龄老人对低龄老人不信任的难题。访谈结果显示，一部分低龄老人的"上门难"主要是缘于"老伙伴"双方彼此不认识、不熟悉，没有一定的信任基础。据课题组观察与访谈，彼此熟悉、相互了解、相互认同的伙伴间结对并不存在障碍。但对于彼此不熟悉的伙伴，他们在结对时就可能面临以下两种情况，一种情况是，对于有意愿接受低龄老人上门探访的高龄老人而言，伙伴关系的建立与维护取决于伙伴双方的互动效果，如果伙伴双方价值观相似、心性相投、相处融洽，这种关系还能维持下去，如果相处得不愉快，这种伙伴关系还会有中断的可能；另一种情况是，高龄老年人接受这项服务的意愿不强，但又碍于社区里"低头不见抬头见"的人情关系，为照顾到街区工作人员的工作任务与压力，他们就勉强同意了该项服务，这实际上也给伙伴关系的建立与维护带来了诸多不稳定性因素。之所以说培训的作用有限，是因为培训为有信任基础的伙伴关系增能，并为有意愿建立伙伴关系的低龄老人提供一定的指导，在此背景下，培训是能发挥一定的作用，但它很难解决高龄老年人的接受服务或改变意愿的难题，原因有三。

第一，一些高龄老年人并不愿意让无信任基础的外人进入其私密空间。在一些高龄老年人看来，私人住宅一般只对熟悉的人敞开，他们并不想一个陌生人进入他们私密性的空间。有些高龄老年人家庭关系并不和谐，在

"家丑不可外扬"认知的驱使下，他们也会主动拒绝外人上门探访。所以，如果伙伴间没有信任基础，高龄老人一般不会轻易向低龄老人敞开"房门"和"心门"。其实，20世纪90年代上海的一些街区所探索出的"红绿卡片"、安装"邻里互助门铃"等方式，也是街区与高龄老人共同探索出的一种妥协的办法。

> 有些高龄老人家里有矛盾的、自己不顺的也不想我们志愿者上门探访，害怕被别人知道家里的矛盾。我们这里就有一个，本来跟他们儿子、女儿关系不好，脾气很不好。我们去关心他，他就发脾气"我很好的，不要你们来"。而且，他觉得志愿者来，小孩子也不会对他好的（D19010802）。

第二，一些高龄老人不想欠人情。有些"老伙伴"虽有一面之交，对彼此有一定的了解，但一想到自己经常得到"老伙伴"的关怀与问候，而自己却无以回报，又不想欠别人太多人情时，他们可能会主动选择婉拒或要求对方少来，以避免卷入人情账中。这种因不想欠人情而拒绝低龄老人上门的情况，与高龄老人对该项服务的认识误区有一定的关系，且主要发生在熟悉的邻里间。

第三，一些高龄老人抗拒社会上对高龄老人刻板化的印象与偏见。一提及独居高龄老年人，在一些人的头脑里就浮现出羸弱、需要依赖他人、需要被关注、需要被照顾的形象，甚至联想到近年来各城市频频发生的老人在家中逝世却无人知的极端事件。实际上，"老伙伴"项目的显功能就是回应独居高龄老年人情感慰藉需求与低龄老人的"老有所为"的需求，但预防一些意外事件的发生也是"老伙伴"项目的一项潜功能。正是在这个意义上，上海市在推广"老伙伴"项目时，各区的行政力量都有强烈的意愿与动机给高龄老人，尤其是高危的独居高龄老年人匹配一位低龄老年志愿者。一些高龄老人也深谙其中的道理，对此，他们也表现出自己的无奈与烦躁。低龄老年人上门探访时，一些高龄老年人甚至说出了"我还没有死呢"。

第五章

互助养老组织生长机制比较

一　组织回应参与主体需求的异同

本研究所提及的互助养老组织回应参与主体需求的共性体现在以下几个方面。其一，围绕老年人身心健康、精神文化生活、情感慰藉等需求展开。这与当前中国老年福利服务供给仍以困难老人、失能或半失能老年人的经济支持和日常生活照顾需求的满足为主的方式有着明显的不同。在中国传统的老年福利政策体系中，针对老年人的精神、情感、健康层面的需求，各级政府部门虽在政策层面做出倡导，但实施的主体仍是家庭，社会力量的参与极其有限。其二，有效回应了自理与半自理老人的自助与互助的需求。传统意义上的养老，以家庭、政府、社会组织等他助力量为主，老人之间自助与互助的意愿与需求并未引发过多的关注，也未被充分激活。其三，互助养老回应了多元主体的需求。它不仅满足了互助成员的精神、情感、健康层面的需要，而且在缓解家庭照顾的压力、节省医疗保障支出、引领"老有所学"新风尚、营造邻里守望相助新风气等方面都有所贡献，这对回应家庭、政府与社会的需求都有积极的贡献。

相比而言，三类组织在回应老年人需求方面也存在一定差异，具体如下。其一，从老年人需求满足的侧重点来看，在案例 A 中，组织以促进社区老年人的整体健康为目标；在案例 B 中，组织的服务内容以满足老年人"老有所学"需求为主并适时满足老年人"老有所乐"和"老有所为"的需求；在案例 C 中，组织侧重于回应老年人文化娱乐方面的需求；在案例 D 中，组织以满足低龄老人"老有所为"的需求与高龄老年人情感慰藉的需求的互补为特色。

其二，从自理与半自理老年人需求意愿的表达来看，案例 A、B、C 以老年人对组织倡导的互助理念与互助方式的认同与自愿参与为前提，但在案例 D 中，参与的低龄老人一般对政府、老年协会和街区倡导的邻里守望相助理念具有较高的认同，但被纳入政策关怀的高龄老人并非都认同这一价值理念，或即便有些认同，但为了不想欠"人情债"或不想让关系一般的邻居过多知晓家庭内部事务或矛盾，一些高龄老年人也选择了不接受"老伙伴"的服务。但老年协会与街区为了预防独居高龄老人的风险，有强烈的意愿与动力为其匹配"老伙伴"。访谈结果显示，有些高龄老人只是碍于熟人情面，勉强接受了这项服务，而有些高龄老人则干脆直接拒绝这项服务。可见，在实践中，高龄老年人自愿参与的原则并未得到很好的贯彻，伙伴间信任不足与供需错位是高龄老人"门难开"问题的症结所在。

其三，从组织回应老年人需求的方式来看，在案例 A 中，由于组织将其健康促进的目标定位于重塑老年人的健康观念、生活方式与社会支持网络，为此，组织综合运用了中西方传统文化资源，通过健康教育、体育健身、日常仪式等多种健康促进工具，通过"唤醒"与"激活"的方式深度地影响并重塑了老年人的健康的认知、行为、情感、社会支持网络等，有效回应了老年人的健康需求，其影响的广度与深度是其他两类组织所不具备的。在案例 B 中，具有较高文化程度的老年人，因学习电脑、摄影、视频编辑、微信、航拍等方面知识与技能的需要而聚集起来，他们的需求能够被老年自组织及时捕捉并有效回应，从而满足了他们"老有所学""老有所乐""老有所为"的需求。该案例的实践反映了在代际"数字鸿沟"不断增大的时代背景下，一部分具有较高文化程度的老年人想积极拥抱现代科技与互联网社会，希望主动适应现代化生活，以此建设属于他们自己的精神家园。与案例 A 相比，老年自组织本身并没有重塑或改变老年人健康意识与健康行为方式的意图，组织负责人通过师生、同学、朋友、同事等多重关系，团结并凝聚了一批乐于奉献的骨干成员，使其在老年自组织平台上充分发挥老年人在老年大学里积累起来的社会资本的作用，并在此基础上将"老有所学"的内容拓展到"老有所乐"和"老有所为"。在案例 C 中，组织主要以老年兴趣小组为活动单元，小组间并没有有效的整合方式，这也就导致了组织仅有限地回应了部分老人"休闲娱乐"的需求。在案例 D 中，组织为低龄老人"老有所为"和价值实现创设了一个平台，同时也回应了部分高龄老人情感慰藉的需要。两类老年人的需求能否实现互补很大程度上取决于伙伴间信任水平与心性匹配度的高低。

其四，从组织在回应老年人需求中所发挥的作用来看，在案例 A 中，虽然专业力量以老年自组织的培育与可持续发展为目标，但在组织建立初期，专业力量在促进老年人树立健康的价值观念与重塑老年人的社会支持网络方面都发挥了主导作用；在组织发展中，专业力量有意识地引导老年人自主管理，待老年自组织成熟之后，专业组织选择了退出。案例 B 和案例 C 是两例老年人自主管理与自主运营的自组织。相比而言，案例 B 在回应成员需求方面，无论是从组织活动内容的丰富性还是从成员间的黏连度来看，都要好于案例 C，这种差异既取决于组织负责人及其骨干成员团结与奉献程度，也与老年成员间既有联系纽带的紧密度有关。在案例 D 中，老年协会虽曾积极探索以 1 名骨干志愿者加 9 名核心志愿者加 50 名高龄老年人组成一个自组织的模式来完成建设目标，但由于老年协会无法有效促进自组织成员间的相互信任与相互认同，"老伙伴"项目的组织主要停留在以行政性力量为主进行推进的他组织层面，老年人自主管理与自主运营的潜能并没有很好地发挥出来。

其五，从组织回应参与主体需求的效果来看，三种类型的互助养老组织除了对参与成员的身心健康、情感慰藉等都产生了积极的促进作用外，还在一定程度上缓解了家庭养老和社区养老的压力。相比而言，案例 A 对社区邻里关系、社区团结等的促进作用较为显著；案例 B 对引领积极向上的老年学习氛围和营造尊老敬老的社会环境有积极的贡献；案例 C 对和谐邻里关系的营造有一定的促进作用；案例 D 对于在全社会倡导和营造关爱高龄老人的社会氛围、传承邻里守望相助的文化具有引领作用。

二　组织信任建构的异同

在三种类型互助养老组织的生长中，组织信任都是不可或缺的影响因素。影响组织信任建构的因素如下。第一，组织负责人或骨干成员为老服务的态度。这种态度主要表现为组织是否真心为老年人服务，服务过程中是否言行一致、表里如一、信守承诺，等等。第二，组织为老服务的能力。这种能力包括回应老年人身心健康、精神生活、情感慰藉等方面需求的能力，团结并激励组织成员创新服务供给的能力，整合组织内外部资源的能力，等等。第三，组织在为老服务方面的成效与声誉。老年人需求的满足程度是组织为老服务态度与能力最好的证明，也是组织声誉和口碑生成的基础。就互助养老组织的信任建构而言，三类组织都十分重视老年成员基于趣缘、地缘、业缘的社会联系，同时也积极营造平等、友爱、自由、和谐的文化氛围，创造条件促进成员共同行动，并在长期的组织活动中增进成员间的相互了解，以此增进成员间的相互信任。

在案例 A 中，互助成员以地缘为纽带，以邻里守望相助的传统文化为支撑，以成员对组织倡导的价值观、健康促进理念与方式的认同为前提，以成员对组织负责人的服务态度与服务能力的认可为基础，以对组织成员参与过程中身心健康的全面提升为关键，以专业组织赢得政府、街区与行业组织的支持为保障。总之，组织从服务态度、服务能力、服务成效、声誉等不同层面促进了组织信任的生成。在案例 B 中，互助成员以师生情与同学情、趣缘、知青身份等多重纽带为基础，以对"老有所学""老有所乐""老有所为"价值理念的认同为前提，以组织负责人与骨干成员的团结合作与无私奉献为保障。总之，组织从成员间的联系纽带、价值认同等不同层面促进了组织信任的生成。在案例 C 中，老年自组织依托地缘、业缘、趣缘，引导具有共同兴趣爱好的老年人自发地组织起来并共同活动，并以基层政府的资助与街道、社区在活动空间、活动设施方面给予的支持为保障，在不同程度上增进了组织信任。相比而言，信任基础最好的是案例B，其次是案例A与案例C。案例A与案例C的区别在于组织促进成员间相互关注与情感连带时所采取的理念与方法不同。在案例A中，组织在促进成员间的信任时，积极倡导并践行利他主义价值理念，在日常仪式化生活中重塑老年人的价值观念与生活方式，并极大地提升了老年人的身心健康水平。相比而言，在案例C中，组织除了将拥有共同兴趣的老年人组织起来，倡导并激励他们相互了解与共同行动外，并没有更多的促进成员间相互关注与情感连带的理念和工具，这也是成员间信任度不高的重要原因。

在案例D中，虽然组织信任建立的社区基础与案例A和案例C类似，但老年协会在促进"老伙伴"信任关系建立的过程中面临诸多难题。低龄老年志愿者为"老伙伴"提供情感慰藉支持与服务的活动空间主要在高龄老年人家中，由于私人住宅的私密性使彼此不熟悉或关系距离较远的"老伙伴"间的互动充满了戒备或拘谨，彼此间的信任不足，一些高龄老人不会轻易打开"房门"和"心门"。而在案例A、B、C中，互助成员的活动空间以室外的公共区域为主，这些公共活动空间为老年成员相互认识、相互了解、相互信任等创造了一个较为宽松、平等、自由的环境。在信任关系建立起来后，老年人也会邀请信任度高、关系较好的小组成员到家中，进行聚餐、生日聚会、聊天等非正式活动，这是基于进一步增进彼此信任与朋辈关系或邻里情谊的需要。可见，老年人能够自发地进入老人家中开展群体性活动是互助成员信任关系达到一定程度的标志。但在"老伙伴"项目中，服务空间的私密性、服务需求的不确定性都在不同程度上影响了伙伴间信任关系的建立。当低龄老人上门探访时，他们实际上就进入一个具有鲜明个人性与私密性的空间。在这一空间里，高龄老人家中的生活设施、清洁状况等无不反映出老年人生活水准与所处阶层，这些都关乎老人的尊严与脸面。如遇家庭矛盾，高龄老人也不想"家丑外扬"，这也是某些高龄老人排斥"老伙伴"上门探访的重要原因。由此可见，高龄老人的家既可能是和谐伙伴服务关系得以建立、维系的场所，亦可能是引发伙伴双方不愉快甚至冲突的场所。再加上，受老年人受教育程度、生活品位、价值观念、生活方式等因素的影响，所匹配的伙伴能否彼此契合，仍存在诸多的不确定性。正因如此，如果伙伴间没有一定的信任基础或契合度，高龄老人即便向"老伙伴"勉强打开了"房门"，也不会轻易敞开"心门"。正是看到伙伴间信任关系的重要性，老年协会才将伙伴间信任关系建立与维护的希望放在低龄老人身上，着力遴选有爱心、有奉献精神的低龄老人，并通过社会工作、心理学、医学等学科与专业力量的培训，向其传授伙伴关系建立的方法与技巧，从而实现为伙伴间信任关系建设"增能"的目标。当然，这种培训效果在多大程度上有效，尤其是在高龄老人的服务需求与接受服务的意愿不确定和伙伴间匹配的契合度不确定等因素的影响下，仍是一个有待深入研究的问题。

三　组织规模与组织管理方式选择的异同

在 Olson（1965）的集体行为模型中，群体规模与群体的异质性是影响集体行为的两个关键因素。不过 Olson（1965）、波蒂特等（2013）所关注的集体行为大多与自然资源的获取、使用、收益与管理有关。当集团扩大时每个参加者为获得或改进这些公共物品所做的贡献也会越来越小（奥尔森，1995：64）。James（1951）的研究也表明，在各种公共和私人以及国家和地方机构中，"采取行动"的集团或小集团一般要比"不采取行动"的集团规模小。

在本研究中，互助养老组织成员的集体行动，虽然与资源关系不大，但考察群体规模与群体成员的异质性对集体行为的影响对组织管理方式的选择仍具有重要的启示意义。据课题组观察，全国各地的互助养老组织在其规模不断扩大时一般会选择按地域或成员兴趣爱好的不同分成不同的小组。从案例研究的结果来看，群体规模对集体行动的影响不能一概而论，需要结合群体成员集体行动的需要与目标进行具体分析。当成员需要通过频繁互动、深度相处、亲密接触来满足情感与精神层面的需要时，各具特色的小组或团队活动无疑是非常适合的方式；当成员需要一些知识的传授、集体氛围的浸染时，较大规模的群体活动是比较适合的方式。可见，分小组是组织规模扩大之后，组织为了保证成员能够持续有效地相互关注、情感连带，进而促进成员间的自助与互助而采取的一种管理策略。各小组基于兴趣爱好而分组，与经济条件、权力地位等因素无关。分小组虽然会导致成员产生组内与组外的界线感，但并不会导致彼此间的利益与权力之争，也不会引起组织的分离，而且组织在"分"的过程中通过"合"的方式增进成员与组织、小组与小组间的联系，平衡好"分"与"合"的关系。

在案例 A 中，专业组织根据老年人居住空间距离与关系距离的远近将组织成员分成 10 人左右的活动小组，每个活动小组都有个性化的团队名称，如"四对姐妹花""健康之家"等；根据老年人兴趣爱好的不同，组成手工、书法、舞蹈、唱歌等小组；根据老年人慢性病防治需要，组成高血压、糖尿病治疗等小组。而在每天晨练和组织开设大课时，所有成员都会共同参与。在案例 B 中，根据老年人学习兴趣的不同，组织将成员分为摄影小组、航拍小组、舞蹈小组等；根据骨干成员在组织中扮演角色与各版块功能的不同，将组织细分为编辑部、记者团、微信联盟、博客联盟、彩虹乐园等。各小组、各版块成员内部交往相对较多，但所有成员都会共同参与春秋两季"老有所乐"的采风、年终的年会与老年春晚等集体活动。在案例 C 中，组织根据成员爱好的不同将分散的居民聚集起来，分成不同类型的兴趣小组，而在组织年会或重大节日活动时，组织也会尽可能将更多的成员聚集在一起。在案例 D 中，三级老年协会按行政区划进行分片管理，针对低龄老年人开展的活动，一般也会邀请尽可能多的老年人参与。

根据成员的地缘、趣缘、品位相似性原则，鼓励兴趣相似、心性相投、信任基础较好的成员组成自组织，是互助养老组织在规模不断扩大时普遍采取的组织管理方式。在案例 A 中，组织在申请市福利彩票基金会的资助时，就将培育老年自组织作为组织发展的目标与组织退出社区的依据。而案例 B、案例 C 本身就是由老年人自主管理与自主运营的老年自组织。在案例 D 中，虽然行政力量在整合资源、推进项目中扮演着极其重要的角色，但作为项目的管理机构，各级老年协会都已意识到"老伙伴"项目的重点在于"老伙伴"间信任关系的建构与维护且特别需要发挥老年自组织在项目运作中积极作用。为此，自 2014 年起，老年协会就积极鼓励各执行机构申报老年自组织。为了充分发挥老年自组织的作用，鼓励骨干志愿者积极参与并投入自组织运营，项目的管理部门积极鼓励骨干志愿者在接受培训后策划一场社区活动，鼓励其积极参与"老伙伴"自组织的申报和参与优秀自组织评选[①]。

四　群体特征的相似度与互助养老成效的异同

虽然柯林斯（2009：264）认为"同辈群体是一个高度一律的网络，它形成了强烈的集体认同感和参与共同项目的一致要求"。与其他年龄群体相比，同辈群体由于年龄相仿、经历相似，他们更容易达成共识与共鸣。但我们应该意识到，同辈群体也是一个异质性非常大的群体，他们在价值观念、教育程度、生活方式、生活品位等方面也存在诸多差异，虽然同辈群体有利于集体认同的生成，但它与强烈的集体认同感之间并没有直接的因果联系。正因如此，在将分散的同辈群体聚集起来共同行动，以实现自助与互助的目标时，应充分考虑组织成员在价值观念、文化程度、健康状况、工作经历、兴趣爱好等方面的相似性与异质性程度等。群体成员的异质性程度直接影响成员参与群体行动的动机与需要，同时也会影响对组织的信任水平、组织认同度、组织参与度等。正因如此，各类互助养老组织在成员遴选的过程中都需要考虑群体成员的异质性对组织集体行动与组织目标实现的影响。林南在不考虑结构性约束的条件下，根据行动者动机的不同，将行动者的动机区分为维持资源（表达性）动机与获得资源（工具性）动机；根据成员间相似度的不同，将行动者的互动区分为同质互动与异质互

---

① http：//www.oldkids.cn/blog/view.php? bid＝838875.

动，这样就得出了行动动机、行动者相似性与行动得到回报的初步预测（见表 5-1）。

表 5-1　行动动机、行动者相似性与行动得到回报的初步预测

行动动机	互动参与者的资源	
	相似性（同质互动）	非相似性（异质互动）
维持资源（表达性）动机	低努力/高回报	高努力/低回报
获得资源（工具性）动机	低努力/低回报	高努力/高回报

资料来源：林南（2005：47）。

　　在本研究中，互助成员的参与动机是获得身心健康、情感慰藉与社会支持，期待的回应主要是表达性的，成员主要通过一起健身、学习、旅游、分享等共同活动，实现相互关注、相互支持，达成自助与互助的目标。研究结果显示，具有共同信念、彼此需要与能量匹配的老年互助成员参与共同活动的积极性、彼此间的互动频率和活动获益就相应较高。本研究在一定程度上证实了林南有关对目的性行动和互动所付出的努力与得到回报的初步预测。我们认为，互助成员的同质性隐含了成员间彼此需要与能量相当的假定，只有互助成员间彼此需要，他们才愿意相互关注、相互走近，才有可能建立起信任，才有可能相互慰藉、相互扶持、寻找到在群体内的归属感；只有互助成员间能量匹配，他们才有可能在相互走近的过程中，践行彼此独立与平等相处的原则，从而在互助过程中保持甚至提升自尊水平。

　　本研究认为，同质互动对于表达性动机的行动者需求的满足起到积极的促进作用，这需要以成员间保持必要的信任为前提条件。访谈结果表明，各类互助养老组织为了促进老年成员的相互关注与共同行动，都注重遴选具有一定信任基础且同质性较高的成员参与。在案例 A 中，在老年成员所属的阶层、文化程度、需求等同质性较高的社区，老年人参与的积极性就更高、集体行动的效果更为显著；当组织引导老年成员关注社区里困难、失能、高龄老人，引导他们向这类老人表达关怀时，就遭遇了施受双方彼

此不信任的难题，志愿服务效果并不理想。在案例 B 中，老年大学本身具有一种筛选机制，其中的学员大都对"老有所学"的价值理念持积极与肯定的态度。同时，老年大学也是老年群体信任建构的平台。老年学员通过共同学习，获得了长期相处的机会和环境，并在长期的共处中，彼此了解、相互熟悉，从而建立起相互信任关系，再加上组织负责人本身为老年大学的教师，在熟悉各学员的情况下，遴选一些具有奉献精神、专业技能较强或组织管理能力较强的学员组成管理团队。在案例 C 中，组织成员居住在北京大学教职工家属区，其身份、职业、文化程度等具有较高的同质性，其组建的各类兴趣小组的成员因兴趣爱好相同或相近而聚集，保证了小组内部成员的同质性。在案例 D 中，对于相似度较高且在结对前彼此熟悉或有信任基础的伙伴而言，伙伴间情感慰藉的效果较好；对于相似度较低且结对前并不熟悉的伙伴而言，结对后情感慰藉的效果欠佳，甚至面临"上门难"的问题。由此可见，互助伙伴间的相似度与信任水平对互助成效的影响深远。这一研究发现也得到了相关研究成果的支撑。不对等伙伴间的互助更容易被理解为慈善行为，由于互动双方的异质性和地位的不平等，参与双方的信任水平也相对较低，进而对双方的参与意愿产生消极影响。正如赵志强（2015）的研究发现，从近十年来各级行政部门积极倡导与推进的城乡互助养老实践成效来看，政策的重点在于引导健康、自理老人对困难、高龄、失能老人的关怀，甚至偏向了对失能、高龄老年人的照料。其结果是，不仅健康自理的老人回应较冷淡，一些失能、困难老年人也不愿意接受此类关怀。

五 组织对外部资源依赖的异同

组织化的互助养老需要解决组织生长过程中所需要的人力、物力、资金、活动空间等资源来源问题，为此，组织需要赢得资源供给主体的信任、认同与支持。当然，不同类型的互助养老组织汲取资源与分摊组织成本的方式存在较大差异，但无论哪种类型的互助养老组织都需要获取以下组织资源。第一，人力资源。无论是他组织还是自组织，组织化的互助养老都需要解决"谁来组织"的问题。对于他组织而言，组织主体主要为专业组织和准行政性组织。对于老年自组织而言，组织主体一般为组织负责人及与组织负责人志同道合的骨干成员。第二，活动空间与信息资源。在互助养老组织运行过程中，街道、社区扮演着不可或缺的角色，尤其是以社区为基本活动空间的互助养老组织更是如此。这与社区拥有老年人所需要的活动设施与活动空间有关，同时还与社区较全面地掌握老年人的基本信息并在老年居民中享有较高的声誉紧密相关。互助养老组织在社区活动空间、活动设施和有关老年人信息资源获取等方面需要社区的支持。当然，不以社区为基本活动空间的组织，如案例 B，也需要赢得所在区域其他养老机构的支持，以满足组织在日常活动中对必要的活动空间与活动设施的需求。第三，资金。互助养老的组织化运作首先要解决人力、资金等如何筹措与分摊的问题，组织成本如何分摊，这也是各类组织在运营过程中需要解决的关键问题。不同之处在于，不同组织对于组织运作成本的分摊方式有所差异。老年自组织一般会在组织内部分摊成本，但对于由专业力量主导和行政力量主导的互助养老组织而言，组织成本主要由政府、公益基金组织和行业组织承担。

当然，互助养老组织如何分摊组织成本，也因组织类型的不同而存在较大差异。在案例 A 中，专业组织的实践得以从一个社区的试点向多个社区推广除了其已探索出的一套行之有效的互助式健康促进方法外，更为重要的是，其创新性探索赢得了民政部门福利彩票基金的资助、街道与社区的支持、基金会的资助。只有以这些资助与支持为基础，专业组织才有可能招更多的专业人员为老服务，才有可能解决运作过程中的人力成本问题等。而该专业组织走向解散的一个关键因素是组织在后期的发展中，没有赢得政府或基金会的后续资助与支持，员工的基本工资无法发放。从这个角度来看，资金是专业组织生长的生命线，即便组织的创新性探索已经赢得了老年人的普遍认同，但如果没有政府或基金会的资助，专业组织也很难生存下去。在案例 B、案例 C 中，由于组织本身的自组织性质和对组织自由度的追求，组织已将对外部资源的依赖度降到最低。但组织在运营的过程中，仍需要一定的经费投入。在案例 B、案例 C 的探索过程中，组织内的管理任务主要由组织负责人和组织骨干成员无偿承担，组织开展活动所需的必要资金，部分源于合作机构的支持，绝大部分由组织成员分摊。在案例 B 中，老年自组织与所在区域的养老机构保持密切的合作关系，为老年自组织赢得了相对稳定的活动设施与活动空间支持。在案例 C 中，老年自组织赢得了街道、社区提供的活动设施与少量资金的支持。在案例 D 中，"老伙伴"项目对政策、资金、行业组织、活动设施的依赖最大。

六 互助养老组织生长机制的异同

综上所述，互助养老组织的生长需要兼顾并平衡好组织内治理与组织外协同发展两个方面的问题。在组织内治理方面，组织需要解决负责人与骨干成员持续探索的动力与能力的问题，需要探索如何将组织的价值理念与方法传播出去以赢得志趣相投伙伴的认同与参与，运用什么方式将分散的老年个体聚集起来，通过何种手段促进老年群体的相互信任，通过何种方式促进老年群体相互关注与相互扶助以回应成员相互慰藉、精神满足、"老有所为"的需要，如何创新性探索并加强团队的建设。

案例 A 中，组织负责人从陪伴重病父亲的特殊经历中，萌发了激活老年人生命潜能的想法，将老年健康促进为人生后半场的志业，开启了社区互助式养老的探索实践；这种以社区为依托、以激活老年人生命能量为目标、以"五大手段"为工具的健康促进理念与方式，吸引了一批志趣相投的合作伙伴一同探索；组织通过嵌入体制内宣传、组织声誉等赢得社区老年人的信任，并通过有效的健康促进理念与方法，采取循序渐进式的健康促进策略，有效激活了老年人的生命能量，回应了老年人身心健康的需求，更有效地促进了群体信任与社区团结等。组织信任吸引了成员的持续参与，即便在专业组织解散后，老年自组织还能正常运行并持续地发挥正向作用。案例 B 中，组织负责人在"老有所为"需求的驱动下走进了老年大学，并在一切为老年学员考虑的信念的驱使下创办了"银发在线网络远程教学平台"。在长期线上与线下的交流分享中，师生间与同学间结下了深厚的师生情谊与同学情谊，同时也聚集了一批乐于奉献、专业技能与组织能力双优的学生。在老年学员共同需求的驱使下，组织建立了自己的分享交流平台，并向"老有所乐""老有所为"两大领域不断拓展。组织负责人及骨干成员愿意长期为组织生存与发展进行持续的投入与他们共同的兴趣爱好、深厚的师生与同学情谊、共同的知青身份等不无关系，更为重要的是，每个持续参与的人都在其中探寻到人生的乐趣与意义，这是他们乐于奉献、乐于参与的重要动力所在。案例 D 中，上海市民政局和老龄委在全市推广"老伙伴"项目之前，一些区已积累了 8 年的纯老家庭、高龄老人结对实践探索经验，加之，各参与主体对邻里守望相助文化传统的认同，为"老伙伴"项目赢得政府经费资助，并为三级老年协会、街道与社区协同和低龄老年志愿者的积极参与奠定了实践基础；老年协会与社区对基层老年人的信息较熟悉且在老年群体中享有较高的声誉，这是老年协会能够在社区的协助下动员老年人参与"老伙伴"项目的重要原因。在伙伴间信任关系的建设中，高龄老年人需求的不确定性与伙伴间信任的不对称性也给伙伴间信任关系的建设带来了诸多不确定性。为此，老年协会通过引进社会工作、心理学、护理学、康复学等领域的专业人员来培训低龄老年人，这些培训虽然能在一定程度上提升低龄老年人在伙伴关系建立与维护方面的服务意识、方法与技巧，但由于培训者和低龄老人自身能力有限等，这种短期培训很难从根本上解决"老伙伴"间的信任建设难题，也不能从根本上解决"门难进"的瓶颈问题。可见，信任是影响互助养老关系建立与互助成效的关键因素。这种信任关系的建立与维护，既与互助成员之前的联系纽带的紧密程度有关，也与组织活动的促进方式与促进成效有关。相对而言，若互助成员在互助之前彼此熟悉、相互了解或互助成员间彼此需要、能量相当，互助成员间的信任度就较高；组织如能有效回应老年人需要，信任建设的成效也就相对较好。

在组织外，各类互助养老组织在生长中都不同程度地面临组织创新的资源来源与组织成本分摊问题。为此，各种类型的互助养老组织都需要与外部组织建立并维护好必要的合作关系。组织通过与各种专业机构、专业人士保持密切的联系、不断地学习，为组织创新汲取必要的理念、方法与技术资源，赢得政府、基金会、行业组织等外部力量的支持以获取组织活动中必要的资金、活动设施、活动空间等方面的资源。相对而言，在案例B、案例C中，由于成员间的信任基础较好且在参与的过程中各成员都是受惠者，这样组织负责人与骨干成员就自愿承担大量的组织成本，将组织对外部的资源依赖降到了最低限度。即便如此，老年自组织仍需要与相关的行业组织保持密切的合作关系，赢得行业组织提供的活动空间与活动设施支持。在案例D中，组织的生长在很大程度上取决于行政力量的资助与支持，没有这些外部资源，老年协会是无力在全市推广这一项目的。而在案例A中，走向专业化与职业化的互助养老组织如若没有赢得基层政府、基金会与老年人等多方的支持，无法解决资金来源问题，即便为服务对象创造了价值，组织也必然会走向解散。实践证明，组织最终解散的根源并不是老年人不认可或服务成效不好，而是内部治理出现了问题，没有建立起科学规范的内部治理体系，未建立起分工明确、富有活力的组织管理队伍，没有充分认识到组织对外部资源尤其是对经费资源的高度依赖性，在放弃主动寻找外部资源和合作方支持后，失去了外部资金持续支持的组织只能被迫解散。从这个意义上讲，组织化的互助养老都需要解决组织成本的分摊问题，但不同类型的互助养老组织对于成本分摊的主体与比例会存在较大差异。

当然，案例中互助养老组织的生长都不能脱离中国社会结构的变迁所带来的需求结构与治理结构的转变。阎云翔（2012）立足于民族志的详细资料与富有洞见的人类学分析，得出了中国社会正呈现"个体化社会"倾向的研究结论。在中国"个体化社会"倾向中，个体意识与需求得到前所未有的彰显、传统的联系纽带被显著弱化，这些也为个体之间重新联结、新兴社团的兴起、重建关系网络与重塑社会团结等创造了巨大需求。这在代际关系方面表现为血缘、家族联系纽带弱化、代差明显增大、代际双方独立自主意识明显增强，在居住方式上表现为两代人为了维护各自的自主性越来越倾向于保持适当的空间距离，空巢与独居老年人的比例正以不可逆的方式增长。在此趋势下，虽然家庭层面的情感慰藉面临诸多挑战，但也让老年人从大家庭的家务事、关系网络的纠缠中解脱出来，为其自主地融入同辈群体和更大的社会活动舞台提供了机会。正如周怡（2018）在关于上海中老年广场舞的研究中指出，在闲暇时间富足但儿孙绕膝的天伦之乐渐行渐远的当下，城市中老年人"不得不收缩对孙辈的舐犊之情，将更多的时间和精力投注到同代人的交往中"，以探寻生命的价值与意义。

日本 NHK 于 2010 年制作了一档有关"无缘社会"的纪录片，从一个侧面反映了日本"个体化社会"带来的挑战。该纪录片描述的是当今日本社会一群人的生活境况，他们因城市化、高龄、不婚、无子、失业等，长期生活在"无社缘""无血缘""无地缘"的"无缘社会"中，甚至死后都无人认领尸体，成为不知姓甚名谁的"无缘死者"[1]。正如日本 NHK 特别节目录制组表达的那样，"即便不是'家庭'，不是'公司'，不是'故乡'，人与人之间的'关联'也还是能够建立起来的。这件最重要的事，正是在非营利组织里集体生活的人们告诉我们的"。"这些非营利组织立足于本地区的行动，已经在各地开展起来：照料孤立无援老人的活动，设置随意歇脚咖啡馆的活动，保护地方性节日传统的活动……"这些活动看上去颇为微小，但这些微小的活动正是走向"结缘社会"的开端。如果每个地区都能使这种活动协同起来组成网络，就会形成援助"无缘社会"的新的地区性力量（NHK 特别节目录制组，2014：264~265）。

无论是日本 NHK 特别节目录制组所描述的"无缘社会"，还是吉登斯所说的"去传统化"或鲍曼所指的"强迫的和义务的自主"，抑或是阎云翔所描述的中国"个体化社会"倾向，都给社会科学的研究者提出了一个既经典又新颖的学术议题。之所以称为经典议题，是因为在社会变迁中，个

---

[1] 日本 NHK 在日本的地位相当于 CCTV 在中国。"无社缘"是指没朋友；"无血缘"是指和家庭关系疏离甚至崩坏；"无地缘"是指与家乡关系隔离断绝。据对日本全国市镇村的调查，这种"无缘死者"一年高达 32000 例之多。

体与社会、传统与现代、分化与整合一直是社会科学讨论的经典议题。之所以称为新颖的学术议题，是因为各个时代面临的需求结构、观念结构、人口结构、科技条件等都存在较大的差异，这些经典的研究范畴，在不同的时代背景下会呈现各异的新形态与新内容。当前，我们需要认真思考与研究的问题是，随着中国人口流动、工业化与城市化步伐的加快，凭借传统的联系纽带而结的"缘"正以不可逆的方式弱化，回到牢固的血缘、姻缘、乡缘的传统社会，以及在此基础之上形成的"差序格局"的信任，在现在看来似乎不可能。反观日本的"无缘社会"与中国"个体化社会"现象，我们既要看到了个体化社会中的各种问题令人担忧的一面，也要看到人们因共同的利益、共同的兴趣爱好、共同的信仰而结缘并在此基础上成立起各类自组织，这类新的社会团体呈现日趋增多的态势；我们还要看到各级政府联合各类社会服务机构、基金会、媒体、自组织等力量协同为社会提供公共服务的新趋向正日益强化。这些倾向与趋势都是人们面对日趋分化的社会结构而做出的积极回应。

以上两种趋势也为互助养老组织的生长提供了机会与有力的支撑，具体表现如下。其一，老年人自主意识觉醒与增强之后，因共同的兴趣爱好而结缘，通过自助与互助方式满足各自精神与情感层面需求的现象正日趋增多。我们看到，在家庭、家族、工作单位等传统的联系纽带弱化的同时，老年群体正积极主动地寻找志趣相投、心性相似的同辈群体并进行重新联结，全国各地抱团养老与互助养老的兴起，使我们在中国"个体化社会"的"危"中，看到重塑老年人新的社会联结或关联的"机"。日本著名学者青木昌彦（2001：56）认为，"互助类组织最有价值之处在于入会成员能够借助互助组织这个平台创造独特的社会资本，从而形成对公共产品服务体系供应大有作用的职业伦理和市民规范"。从本研究中的三种类型四个案例的探索实践可以看出，老年人基于兴趣而结缘，完全可以通过自助与互助的方式满足自己精神与情感层面的需要。其二，自组织与他组织协同参与国家与社会治理现象。与国家治理现代化进程推进相伴的是大量自组织的兴起，这些自组织与他组织不断呈现相互补充、协同参与社会治理的新局面。这在罗家德等著的《云村重建纪事——一次社区自组织实验的田野记录》和近年来全国各地兴起的有关社区营造的各类研究成果的表述中都有不同程度的体现。而在本研究中，老年自组织与他组织协同回应着老年人生理、精神、情感等层面的需求。当然，需要明确指出的是，老年自组织与他组织协同参与老年福利服务供给，并未否定传统的养老思想与家庭养老的作用。实际上，互助养老本身就是对中国传统文化中"出入相友，守望相助，疾病相扶持""人不独亲其亲，不独子其子，使老有所终，壮有所用，幼有所长，鳏寡孤独废疾者皆有所养"等养老思想在新的时代背景下的组织化实践，优秀的传统文化给互助养老提供了强有力的文化支撑，而家庭仍在新形势下的养老体系中扮演着不可或缺的角色。

第六章

完善城市互助养老组织培育的路径

本研究提出完善城市互助养老组织培育的路径如下：明晰互助养老的性质与功能；培育积极健康的养老观并建构发展型老年福利政策体系，为互助养老组织化实践创造良好的社会环境与政策环境；重视引导组织信任建设；充分发挥老年自组织与他组织协同治理优势。

一　明晰互助养老的性质与功能

明晰互助养老的性质与功能是发展互助养老的基础。当前，学界对组织化互助养老性质的讨论主要有以下三种观点：观点一，"第四种"养老模式①；观点二，传统养老模式的有益补充②；观点三："过渡养老模

---

① 朱传一（1997）认为，互助养老是与家庭养老、机构养老与社区服务养老相并列的"第四种"养老模式。

② 张志雄和孙建娥（2015：38）认为，互助养老所能发挥的作用有限，很难完全取代传统的家庭、机构、社区养老模式；互助养老模式是基于互助的道德理念发展起来的，缺乏固定化、强制性的规定、措施，因此很难保证服务的确切效果和持续性；这一模式只有嵌入其他模式之中，才能发挥其最大功效，如在老年人生活的家庭里，实现配偶之间的相互照料；在社区内部实现邻里互助；在养老机构内部的相互照料等。刘妮娜（2017：73）也认为，互助养老并非独立于家庭养老和社会养老，它只是社会养老的一种方式。

式"①。本研究认为，在辨析互助养老的性质之前，有必要考察一下养老的发展趋势与特点以及养老模式与养老方式的关系。

传统意义上的养老呈现以下特点：责任主体主要是家庭，辅之以政府、集体、市场与社会等；老人处于被赡养与被照顾的地位；经济支持、生活照料、情感慰藉等内容混在一起且以经济支持与生活照料为主。现代意义上的养老呈现以下趋势与特点：老年人、家庭、政府、市场、公益机构、志愿力量等多元主体优势互补、协同参与；社会工作、老年康复、护理、心理学等多个学科的专业人员正不断充实养老服务业，养老服务向专业化、职业化方向发展；经济支持、日常生活照顾、长期照护、精神养老、情感慰藉等内容正呈现日趋细化的倾向；老年福利政策的服务对象正由鳏寡孤独、贫困、失能、高龄老人向有子女的、健康自理或半自理老人拓展，政策功能也由经济保障向服务保障、精神保障延伸。就养老模式与养老方式关系而言，"养老模式体现了对养老问题的基本认识、养老问题的基本原则和基本的价值观。养老方式是解决养老问题的具体实施过程"，两者是一个问题的两个方面，是整体与局部的关系、内在规定与外在形式的关系（姚远，2001：56~57）。基于以上分析与认知，本研究得出以下判断。

判断一，互助养老方式的出现是老年人对养老品质追求的体现。现代意义上的养老方式，其功能都是有限的，不同养老方式的功能对于养老的整体内容或老年人养老整体需求而言都是局部的，一般也不能涵盖老年人养老需求的所有内容，它是养老社会化发展趋势的具体体现，是养老事业社会分工日趋细化与专业化的结果，也是养老服务水准与品质不断提高的具体体现。

判断二，组织化的互助养老是一种新型的养老方式。社会各界对组织化的互助养老的内容、特征、条件与发展路径等问题的认识与研究才刚刚

---

① 要瑞丽（2011）认为，农村互助养老是在养老福利不足背景下迫不得已采取的一种养老方式，是传统的家庭养老向现代化新型养老模式发展的过渡模式。王伟进（2015）则认为，互助养老在城乡养老体系中扮演的角色是有差异的。对于农村而言，互助养老是在正式养老服务体系缺位情况下的策略应对；对于城市而言，互助养老是养老服务体系的有益补充。

开始，尚未形成共识，组织化互助养老的实践也呈现多种形态，在此情景下，将互助养老定性为一种养老模式还为时尚早。我们倾向于将其定性为一种新型的养老方式。这一养老方式已呈现如下特征：生发于物质日渐丰裕、社会保障制度不断完善、老年人自主意识不断增强与老年人精神文化生活需求日益突显的情境之下；以对老年人自主性、潜能、价值的认同为基础；以一种群体性的、有组织化的养老行为特征；以老年群体的相互信任与相互认同、相互关注与相互帮扶、共同行动为手段；以老年人自主管理为主，他组织协助支持为辅为特色；以满足老年人精神、情感、健康等某个非经济、非照顾层面的需求为主要目标。

判断三，组织化互助养老的功能定位于满足部分老年人的身心健康、精神文化娱乐、情感慰藉等非经济支持与非生活照料层面的需求。组织化互助养老本质上是对老年人内在潜能与内在能量进行激活，在此基础上，将认同互助养老价值理念与方法的同辈群体聚集起来共同行动，从而满足老年人精神、情感、健康等层面需要的一种养老方式。可见，组织化互助养老只是认同互助养老的价值理念与方法且愿意与同辈群体共同行动的一部分老年人满足其精神、情感、健康等层面需要的一种选择。在案例 A 中，组织聚焦社区老年人整体健康促进与内在生命能量的激活；在案例 B 中，组织围绕老年人精神家园的营造；在案例 C 中，组织致力于丰富老年人的精神文化生活；在案例 D 中，组织关注高龄老人的情感慰藉与低龄老人的"老有所为"的需求。

二　培育积极健康的养老观

互助养老组织的生长基于组织和成员对积极老年观与养老观的认同与实践。本研究所涉及的四个组织的创新性实践都以积极健康的老年观与养老观为基础。在案例 A 中，组织相信生命"本自具足"，老年人不是家庭与社会的负担，是"天年宝贝""夕阳天使""活力老人"。在案例 B 中，老人不愿做信息化、智能化、网络化社会的落伍者，他们想积极地拥抱现代科技，学习电脑、视频制作、摄影、航拍、微信应用等，想继续为其他老年人服务，以营造老年人的精神家园。在案例 C 中，组织通过共同行动的方式，丰富老年人晚年的精神文化娱乐生活。在案例 D 中，组织认为老年人仍是城市宝贵的人力资源，需要"老有所为"等。

为此，本研究提出以下建议。其一，政府和社会应充分承认老年人自身拥有的生命潜能与自身发展的需要、权利和能力。培育积极健康养老观应建立在充分尊重老年人发展权，充分肯定老年人为家庭与社会所做的历史性贡献的基础上。其二，政府和社会应该消除对老年人的社会性与制度性歧视。其三，政府和社会应通过创新性组织化实践培育、植入、内化积极健康的养老观。总之，这种积极健康的养老观并非生而有之，而是在政府与社会的不断倡导、组织、教育、传播与实践的过程中被人们所认知、接纳与内化的；积极健康养老观的培育，既离不开老年人群体的选择，也离不开国家与社会的倡导和保障。积极健康的养老观是互助养老组织生长的思想基础，它为各类互助养老组织的实践探索提供了思想指导。

三 建构发展型老年福利政策体系

随着健康自理与半自理老年人口的不断增长和保障水平的不断提高，老年福利政策的目标群体应由重点面向贫困、失能老年人向覆盖健康能自理或半自理老年人拓展，老年福利政策体系应由保障老年人生存权福利政策体系向保障老年人发展权的福利政策体系拓展。为此，本研究提出以下几点建议。

其一，发展型老年福利政策体系应以积极健康老年观与养老观为指引。为此，政府和社会需要在充分尊重老年人发展权并在积极老龄化、健康老龄化、生产性老龄化等理念的指导下，积极建构发展型老年福利政策体系，将其纳入老龄事业发展规划，为各类老年自组织和专业组织的培育与成长创造必要的制度环境，以回应老年人对劳动就业、老年教育、体育运动、精神养老、情感慰藉、身心健康等方面的发展需求。

其二，将组织化互助养老纳入发展型老年福利政策体系予以规划。发展型老年福利政策体系应为老年人生命潜能的激活与生命能量的释放创设平台、氛围与机会；通过政府购买与公益创投的方式，鼓励专业力量或老年自组织积极参与互助养老组织化的实践探索。

其三，需要根据互助养老组织类型进行分门别类的精准资助与支持。对于健康促进类互助养老组织，政府需要通过购买服务的方式给予资助，并协调街道与社区在活动场所与活动设施等方面给予必要的协助，并加强服务效果的评估。对于老年人主导的互助养老组织，政府需要在公共活动设施与场所的开放与使用方面给予必要的协调与支持，同时也需要通过公益创投的方式给予适当的资金支持。对于行政力量主导的互助养老组织，政府除了要充分发挥行政力量在资源整合、政策倡导、组织协调等方面的优势外，还应根据各街区的组织环境与老年人需求的差异，将具体的服务输送与服务管理交由各类老年自组织或各类专业力量运作，将行政性资源优势、专业力量的专业优势①与老年自组织的灵活性优势有机结合，共同推进互助养老服务的多元治理。在这类实践探索中，组织需要遵循老年人自愿结对的组织原则，充分考虑伙伴间同质性特征与信任基础，尤其要避免为了预防高龄老年人独居风险而给组织者制定硬性的结对任务或给高龄老人强制匹配"老伙伴"。

其四，积极鼓励并支持各类研究机构与学术团体开展互助养老组织化的研究。近十多年来，全国各类互助养老组织开展了丰富多彩的实践探索，但学术研究滞后于实践探索的问题较为突出。实践探索的瓶颈问题迫切需要学界厘清相关的核心概念、廓清有关的理论认识误区，以便为各级政府不断总结与完善相关的政策支持体系提供有力的理论支撑。

四　重视引导组织信任建设

专业力量和行政力量等在培育互助养老组织的过程中，应高度重视和引导组织加强组织信任建设，具体举措如下。

---

① 如社会工作在资源链接与社会资本重建方面的优势；体育学、老年学等在健康促进方面的优势；组织管理学在组织能力建设方面的优势等。

（一）重视互助成员间人际信任建设

其一，充分利用成员间人际信任的基础。组织化互助养老的内核在于成员间的相互信任，信任的培养是一个长期且缓慢的过程。信任的培养既可以在组织成立之后培育也可以在组织建立之前就已初步生成。为了节省组织信任培养的成本，降低互助成员选择与磨合的风险与成本，互助养老组织可优先考虑在"知根知底"且长期和谐相处的、信任度较高熟人间等进行招募与遴选成员。据课题组观察，在长期相处中，老年人之间的价值观、生活方式等能否相融，在一起相处时能否谈得来、合得来等影响信任建设的要素会逐渐显现出来。正因如此，我们看到全国各地自发的"抱团养老"的实践大都选择在信任度非常高的亲戚、朋友的小圈子里开展。本研究所关注的四个互助养老组织也都非常重视利用老年人既有的人际信任基础。所以，专业力量和行政力量在培育互助养老组织时，应引导互助养老组织充分利用成员间的人际信任基础。

其二，重视成员基于认同的信任建设。专业力量和行政力量在培育互助养老组织时，应引导互助养老组织重视成员基于认同的信任建设，充分考虑组织成员在价值观念、兴趣爱好方面的相似性，建构认同性信任。价值观念与兴趣爱好相似是人与人之间生成相互信任、相互认同的重要纽带之一，这种纽带因与行动者内在需求与行动动机相关联，有相似价值观念的成员在相处时更容易产生共鸣，有相同兴趣爱好的成员在共同行动时往往彼此都会成为受惠者。所以，在价值观与兴趣爱好相似的基础上生成的信任关系不易被偶发性事件所破坏，互助成员也更可能持续性地相互关注与相互扶助。

其三，关注彼此需要与能量相当成员间的信任建设。只有成员间彼此需要，他们才愿意聚集并共同行动，只有能量相当的成员共同行动与相互关注，他们才能践行平等与互惠的相处之道，才不会在相互关注与共同行动中产生欠人情或自卑的情绪体验，维护彼此尊严。基于四个案例的研究业已表明，能量相当与彼此需要的成员更易聚集、共同行动并取得较好的相互扶助的成效。为此，在互助成员信任建设中我们应评估互助成员是否彼此需要、能量是否相当。为此，专业力量和行政力量在培育互助养老组织时，应引导互助养老组织充分考虑互助成员所处的社会阶层、文化程度、健康状况等因素，这些因素都与他们各自的需要、生活品位、生命能量有关，也直接关乎他们彼此间的信任建设。

其四，平衡好组织的分与合的关系。在小群体内，成员间更容易产生高度的信任并共同行动。在组织规模不断扩大的过程中，成员间的信任也会不断被稀释，互助养老组织回应成员深度相处与高度信任需要的难题就日趋突显。为此，互助养老组织需要按成员兴趣爱好、关系距离的远近、生活品位的异同，将组织成员细分成 7~8 人的小组，以保证每个成员都能情有所托、感有所抒、心有所系。与此同时，组织还需要举办一些较大规模的集体活动，以便将所有成员聚集起来共同行动，以维系成员对组织的信任与认同。组织的分与合需要根据组织生长的不同阶段、组织活动的内容与性质等做出适时调配与平衡。为此，专业力量和行政力量在培育互助养老组织时，应引导互助养老组织平衡好组织的分与合的关系。

（二）加强成员对组织的信任建设

专业力量和行政力量在培育互助养老组织时，应引导互助养老组织从以下几个方面加强成员对组织的信任建设。其一，组织负责人和骨干成员需要真心为老年人服务、表里如一、信守承诺等。其二，组织需要具备创新性服务供给与有效回应成员需求的能力。其三，组织需要积极营造友爱、平等、自由、和谐、轻松的组织文化氛围，创造条件促进成员相互关注与共同行动，培养并增进成员间的信任。其四，组织需要具备整合外部资源的能力。

（三）重视组织间信任建设

专业力量和行政力量在培育互助养老组织时，可考虑从以下几个方面引导互助养老组织重视组织间信任建设。其一，赢得政府的信任与合作。

洞察"强政府、弱社会"的"不平等"的社会结构，正视政府与社会组织合作中社会组织所面临的不平等地位、制度性限制、权力不对等的现实问题，在不断回应基层政府和街区的利益诉求时，赢得政府与街区的信任。在信任发生危机时，组织既要不局限于一时得失，具有妥协的精神和打破僵局的勇气，又要掌握灵活变通的技巧，通过情理并用与策略性互动维护信任或修复信任关系。其二，融入行业组织。互助养老组织的创新性探索与持续运营需要组织从外部汲取组织生长的各种资源。积极主动地与基金会、专家学者、媒体、社会服务机构、志愿组织等建立良好的信任与合作关系是组织适时动员并汲取组织生长所需资源的必要条件。

组织间信任建设应遵循利益契合与互惠共生的原则。为此，专业力量和行政力量在培育互助养老组织时，应倡导互助养老组织在明确组织自身发展需要的前提下，秉持开放、包容的合作理念，寻找利益契合、资源互补、区域性利益相关主体，在不断回应利益相关主体需求的基础上，赢得合作方的信任与认可，并与之建立起互惠共生的、稳定的关系网络与信任关系，为组织生长汲取所需的资源。

五　充分发挥自组织与他组织协同治理优势

互助养老组织化的目标在于引导老年人自愿地组织起来，相互关注、相互扶助、相互慰藉，满足老年人精神与情感层面的需要；通过老年人自主管理、自主运营，解决"老有所为"与组织成本控制的问题，正因如此，以上四个案例组织的实践探索都非常重视老年自组织的培育。从这个意义上讲，在互助养老组织的培育中，他组织只是引导与支持自组织的手段，培育并发展老年自组织才是目标，这样在他组织退出之后，老年自组织才能够持续运行且稳定、有效地满足老年人身心健康、情感慰藉与精神文化等层面的需要，这也应是他组织培育与支持老年自组织生长的初衷与旨归。

当然，在不同类型的互助养老组织中，老年自组织与他组织协同治理的内容与方式在组织生长的不同阶段各自扮演的角色也有所差异。对于专业力量主导的互助养老组织而言，培育老年自组织需要一个相对较长的时间。在组织生长的初期，专业力量需要根据老年人志趣相投、能量相当和老年人自愿的原则，引导老人组团并平衡好组织规模扩大后成员的分与合的问题，创造各种条件与机会，促进成员间的相互了解、共同行动。专业力量通过创新性服务供给，在有效回应成员身心健康或精神养老需求的同时，增进成员间的情感连接与相互关怀，促进成员间的情感黏连与相互信任。在组织生长的成熟期，专业力量需要注重遴选并培养乐于奉献且组织管理能力较强的骨干成员，为专业力量退出之后老年人自主管理与自主运营奠定基础。在专业力量退出前期，专业力量需要协助老年骨干成员整合各方资源、加强老年自组织的能力建设，为专业力量退出做好必要的准备。在专业力量退出之后，专业力量还需要跟踪老年自组织的发展并适时给予必要的指导与支持。

对于老年人主导的自组织而言，在建立初期，组织需要遴选志同道合、兴趣相投、品位相近、阶层相同的、生活方式相似的成员，为组织成员信任建设奠定基础，并注意遴选乐于奉献且组织管理能力较强的成员作为组织骨干予以培养。在建立中期，组织需要通过赋权、增能、声誉、信任等工具激励骨干成员。建立在平等互惠基础上的互助养老理应由组织成员共担组织成本，但在实际运行中，往往需要富有爱心且组织管理能力较强的发起人或组织骨干投入大量的时间承担老年自组织的组织管理工作，如互助养老成员的遴选、信息对接、关系协调、相处过程中行为的纠偏与调适等。无经济利益、政治权力等工具激励的互助养老组织可对互助成员进行"有选择性的激励"，运用赋权、增能、声誉、信任等工具激励骨干成员持续投入。

行政力量主导的互助养老组织在充分发挥行政力量在合法性、资源、组织等方面的优势的前提下，应根据各街区的组织资源、老年人需求情况采取灵活的方式培育或发挥老年自组织和专业力量在服务输送中的优势。

虽然不同类型的互助养老组织对于资金、活动场地、活动设施的需要会因组织类型的不同而存在一定的差异，如对于以社区为基础的互助养老组织而言，其离不开街道、社区给予的支持，但我们还应看到，互助养老组织的生长对组织外部资源的依赖不是有无的问题，而是程度的不同而已，为此，我们需要充分发挥老年自组织与他组织各自的优势，推动自组织与他组织的协同治理。

综上所述，互助养老组织的培育路径如下。首先，正确理解与合理定位互助养老的功能。互助养老是一部分认同互助理念的老年人通过共同行动的方式满足精神、情感、健康等层面需要的一种养老方式。组织化互助养老本质上是对老年人内在潜能与内在能量的激活，引导志同道合的同辈群体共同行动以满足精神、情感、健康层面需要的一种养老方式。其次，积极培育互助养老组织生长的社会性与政策性土壤。积极健康的老年观、养老观与发展型老年福利政策体系分别是互助养老组织生长的社会性土壤与政策性土壤。为此，政府与社会需要积极倡导并培育积极健康的老年观与养老观，在积极老龄化、健康老龄化、生产性老龄化的指导下，积极构建发展型老年福利政策体系。再次，重视组织成员间的信任建设。组织要充分利用成员间的信任基础，重视成员基于认同的信任建设，关注彼此需要与能量相当成员间的信任建设并平衡好组织的分与合的关系，与此同时，要重视组织成员对组织和组织间的信任建设。最后，积极建构老年自组织与他组织的协同治理机制。

第七章

结语

一 研究结论

本研究以信任理论、资源依赖理论等为指导，基于三种类型互助养老组织的实证资料，描述了组织的生长历程，考察和分析了组织回应老年人需求、建构组织信任和汲取外部资源的探索过程与经验，初步总结了互助养老组织的生长机制。在此基础上，本研究对四个案例中的成员需求、组织信任、外部资源依赖、组织管理方式与组织生长机制等议题进行了比较，并提出完善互助养老组织培育路径的政策建议，得出以下初步结论。

（一）组织化的互助养老是一种新型的养老方式

组织化的互助养老是指老年人在一定主体的组织引导下，依托政府与社会的支持，通过与志同道合的同辈群体共同行动，满足身心健康、情感慰藉、精神文化娱乐需要的一种养老方式。这一养老方式具有以下特征：产生于物质生活日渐丰裕与老年人自主意识不断增强的情境之下；成员的参与以成员对互助养老的价值理念的认同与对组织的信任为前提；以互助成员间相互关注与相互帮扶、共同行动为手段；以老年人自主管理为主与他组织协助为辅为鲜明的特色；以满足老年人精神、情感、健康等非经济、非照料层面的需求为主要目标。可见，组织化的互助养老只是部分志同道合的老年人通过组织化方式追求养老品质提升的一种实践形式。

（二）有效回应组织成员健康、情感、精神层面的需求是组织生长的"根须"

成功的组织化互助养老不仅可以满足自理和半自理老人的精神、情感、健康层面的需要，而且可以在缓解家庭照顾的压力、促进家庭关系的和谐、节省医疗保障支出、引领"老有所学"新风尚、营造邻里守望相助新风气、探索积极老龄化的新路径等方面做出一些积极的贡献。这些积极的贡献是老年人持续参与与社会各界持续关注的重要原因，也是组织生长的根基。组织在回应成员需求时，应以参与成员对组织倡导的互助理念与互助方式的认同与自愿参与为前提，违背成员意愿的结对会导致"门难开"的尴尬局面。组织回应成员需求的内容既可以围绕老年人的整体健康促进展开，也可以围绕"老有所学""老有所乐""老有所为"等方面的内容展开，无论哪一方面的内容都需要互助养老组织结合老年成员的需要与组织服务供给能力做出选择。组织回应成员需求的深度与广度不仅取决于老年群体的需要，还取决于组织信任、组织定位和组织创新能力。相比而言，专业力量通过"唤醒"与"激活"的方式，在重塑老年人的健康观念、生活方式与社会支持网络等方面可以做出一些积极的探索，在介入的深度与广度方面要好于其他两种类型的组织；老年自组织可以有效回应老年人的共性的需求，在介入的深度与广度方面较适中；行政力量主导的互助养老组织在回应老年人需求时，介入的广度方面较好，但深度方面较差。

（三）组织信任是组织生长的动力

组织信任直接影响了组织成员的参与意愿和组织成效，是组织生长的内驱力之一。组织信任度越高的组织，组织成员的参与度越高，组织汲取外部资源的能力就越强，互助的成效就越好。影响组织信任建设的要素如下。其一，影响成员间信任建设的因素具体包括成员对互助养老的价值理念与组织的认同度；成员参与互助养老组织前既有的信任基础，如成员间是否有趣缘、地缘、业缘关系，彼此是否熟悉、相互了解，是否谈得来、合得来；成员所处的阶层、受教育程度、生活方式、社会地位等是否具有相似性；成员间彼此需要与能量相当情况。其二，组织为老服务的态度与能力，具体包括组织负责人和骨干成员是否真心为老年人服务；组织创新性服务供给的能力，营造友爱、平等、自由、和谐、轻松的组织文化氛围的能力。其三，组织与外部资源供给主体的合作关系，组织能否在利益契合与互惠共生的基础上，与政府、基金会、行业组织建立合作关系。其四，组织类型，老年人主导的自组织信任建设主要取决于组织成员的特征与组织团队的服务态度与服务能力。专业力量主导的互助养老组织信任建设对组织负责人与骨干成员的服务态度与服务能力依赖较高。行政力量主导的互助养老组织中组织间的信任度较高，但老年成员间的信任建设存在诸多不确定性，信任度相对较低。

（四）外部资源的支持是组织生长的保障

组织化互助养老需要解决将分散的老年个体聚集起来共同行动时的资源依赖问题，这些资源具体包括人力资源、活动空间、活动设施、信息资源、资金等，所以，互助养老组织培育过程中对外部资源的依赖不是有无的问题，而是依赖程度不同的问题，它具体表现为互助养老的组织成本在政府、街道、社区、行业组织、组织内部与社会中分摊的比例的不同。为此，互助养老组织需要在遵循利益契合与互惠共生的原则下，与区域性、相关性主体展开协同合作，以汲取组织生长所需的各类资源。相比而言，行政力量主导的互助养老组织对资金、组织资源的依赖最大；专业力量主导的互助养老组织对专业负责人与组织团队的服务态度、创新性服务的供给能力和外部资源的依赖较大；老年人主导的互助养老组织，对负责人与骨干成员的依赖较大，并将对外部资源的依赖降到了最低。

（五）互助养老组织的生长机制

在中国城市化与工业化的进程中，人与人之间基于血缘和姻缘的联系纽带日趋弱化、代差明显增大、人的主体意识明显增强，中国"社会个体化"倾向日趋显现。与此同时，日趋分化的个体也产生了基于共同利益、趣缘等而重新联结、聚集与共同行动的需要。国家治理现代化与中国的社会建设就是从国家、政府层面整合行政、社会、市场等多元主体的力量对日趋分化主体的利益与需求进行重新整合并做出必要的回应，而独立意识不断增强与日趋分化的个体也因趣缘、利益等而重新联结、聚集起来，建立各种类型的自组织，通过自助与互助的方式满足各自的需要。

在儿孙绕膝的天伦之乐渐行渐远的当下，与志趣相投、心性相近的同辈群体共同行动，已成为一部分老年人探寻晚年生活价值与意义的一种理想选择。在政府层面，中国老年福利服务政策正由保障型向发展型转变，在经济条件相对较好的城市，对回应自理、半自理老年人精神、情感、健康层面需求的投入正不断增大，在老年福利服务供给中，老年自组织与他组织协同治理的现象初步显现。

互助养老组织的生长需要兼顾并平衡好组织内与组织外的治理。在组织内，在遵循自主、自愿原则的基础上动员并遴选对互助养老的价值理念与方法认同，彼此熟悉，相互了解，所处的阶层、受教育程度、生活方式相似的成员，通过"老有所学""老有所乐""老有所为"等组织活动促进成员间的相互了解、相互信任，促进成员间的相互关注与情感连带，不断回应组织成员在健康、精神、情感层面的需求。从实证研究成果来看，不同类型的互助养老组织的服务成效不仅与成员的特征、成员间的信任度有关，还与成员对组织的信任有关。成员对组织的信任取决于组织负责人和骨干成员为老服务的态度与服务能力。组织需要遵循利益契合与互惠共生的原则，结合组织类型与组织生长对外部资源依赖程度的不同，与区域性利益相关主体建立稳定的信任关系，在有效回应利益相关主体需求的基础上，增进合作方的信任与认可，并汲取组织生长所需的资源。

（六）完善互助养老组织生长的政策建议

基于以上研究发现，本研究提出的完善互助养老组织生长的政策建议如下。其一，明晰互助养老的性质与功能，认清组织化互助养老的特征，合理定位互助养老的功能，破除对互助养老不合理的功能期待。其二，培育积极健康的养老观。重新审视老年、老龄化、养老与老年人的需要，树立积极健康的老年观与养老观。其三，建构发展型老年福利政策体系，以积极老龄化、健康老龄化与生产性老龄化为指引，促进保障型老年福利政策体系向发展型老年福利政策体系转变。其四，重视组织信任建设。在组织成员的信任建设中，各类组织需要遴选彼此认同、信任基础好、同质性高的成员参与，通过策划有效回应组织成员需要的组织活动增进成员间的信任。在成员对组织信任的建设中，各类组织需要真心为老年服务，不断学习、创新为老服务的能力，积极营造友爱、平等、自由、和谐、轻松的组织文化氛围。在组织间信任建设中，各类组织需要在遵循利益契合与互惠共生的原则的基础上，与政府、基金会、行业组织建立合作关系。其五，充分发挥老年自组织与他组织协同治理的优势。各类组织充分发挥老年人互助潜能，通过赋权、增能、信任、尊敬、声望等工具激励组织骨干成员对组织持续投入，重视组织信任建设并有效回应组织成员的需求，在此基础上还需重视解决组织生长中的资源依赖问题，建立并维护好与组织外部资源供给主体的合作关系，充分发挥他组织的作用。自组织与他组织协同治理的内容与方式应根据互助养老组织的类型不同做出相应的选择。

总之，互助养老组织的生长是多方力量共同作用的结果，在宏观层面，离不开日趋分化情境下国家治理现代化体系的不断推进与社会建设体系的不断完善；离不开独立自主意识不断增强的老年人通过自组织的方式满足自身需求的驱动；离不开社会变迁中老年观、养老观的适时转变与调整，积极老年观与养老观正逐渐被社会各界所认同与践行；离不开中国老年福利服务政策由保障型向发展型转变、自组织与他组织协同治理机制的不断完善。在中观层面，互助养老组织的生长离不开中国社会组织的政策生态与社会生态的不断改善,这表现为在社会组织生态体系中,基金会、各类服务机构、能力建设型服务机构、孵化平台组织等不断增多,结构日趋完善,组织间协同合作的日趋紧密。在微观层面,互助养老组织的生长需要组织对其功能合理定位,遴选志同道合、谈得来、合得来的互助养老成员;需要组织加强信任建设,加强对组织骨干成员的有效激励与对一般成员需求的有效回应;需要组织从外部汲取组织生长所需的资源。

二 互助养老组织实践探索的意义

(一) 互助养老对积极老龄化的意义

组织化互助养老的实践探索对我们重新审视老年、老年人的需要与养老等议题提供了新启示,我们除了要重点关注并保障贫困、失能、高龄老年人的经济支持与日常生活照顾需求外,还需要关注并回应占老年人口绝大多数的能自理、半自理老年人的需求。他们所需要的不仅是生存,也不局限于生理的健康,而是更重视心理、精神、社会关系层面的健康,渴望不断学习、不断丰富并完善自己;他们不需要被动、消极地参与活动,更需要主动、积极地加入合作;他们不需要被给予、被照顾,而需要被需要、被激活并获得成长;他们不仅需要独善其身的自我修炼,更渴望"兼济天下"的道德实践。这些实践对于消除社会各界对老年、老年人、养老的刻板化印象与老年歧视,审察影响老年人社会参与与发展的制度性障碍,建构以激活老年人生命潜能与生命能量为核心的发展型老年福利政策体系,丰富积极老龄化的内涵都具有积极的意义。

(二) 互助养老对社会建设的意义

中国的社会建设和国家治理现代化,不仅需要政府与社会培育并建立大量的他组织,还需要倡导并建立大量自组织,更需要探索自组织与他组织的协同治理机制。自组织基于成员间的相互信任与相互认同,通过自主管理与自主运行的方式，实现组织成员的共同的需要。自组织能保障服务的有效性与针对性，可以激活组织成员的潜能，节省有限的公共资源。而任何组织化行为都需要成本，自组织也不例外，自组织的培育与生长需要适宜的环境与条件，需要政府、街区和行业组织等他组织的资助与支持。正因如此，在社会建设与国家治理现代化的进程中，自组织与他组织协同治理是一个值得关注与探讨的议题。

老年福利服务是社会建设的重要领域，互助养老是发展型老年福利政策体系的重要内容之一。在互助养老的实践探索中，基层政府可以根据组织环境、老年人需求、组织类型的不同，采用灵活的方式给予相应的支持。政府与社会无论以哪种方式参与，都需要积极引导并培育老年自组织，以充分发挥老年人的自主性与潜能，充分发挥政府在资金、政策等方面的资源优势，充分发挥社会工作、心理学、护理学、体育学等专业人员的专业优势，只有将各个主体的优势资源有机结合起来，促进老年自组织自主管理与他组织协助有机结合，才能在更大范围内、更大程度上动员志趣相投的老年群体走出家门、相互认识、相互了解、共同行动，通过自助与互助的方式满足各自的身心健康、情感、精神等层面的需要。

三　研究中的不足与有待进一步探讨的问题

（一）研究中的不足

本研究的局限在于，其一，互助养老类型的有限性。近年来，全国各地围绕老年人身心健康、精神文化、情感慰藉需求的互助养老实践类型诸多。本研究只围绕复杂多样互助养老类型中的三种类型展开，更多有价值的实践探索还值得学界进一步关注。如在抱团养老领域就存在诸多类型，比较有影响的如1999年，70多岁的浦逸敏女士通过众筹的方式与志趣相投的伙伴合伙买了位于嘉定区外冈镇葛隆村的一栋楼，从此开始了长达15年的互助养老实践，最高峰时有 20 人居住在一起①。2005 年，曾为知青的张承永提前内退后，在燕山脚下建起了一个"天津知青之家"②。2017 年，浙江杭州一对空巢夫妇拿出自家的小别墅通过媒体征召志趣相投的老年夫妇"抱团养老"，人数最多时达 13 人，引发了全国各类媒体的关注与报道。其二，对政府、街道、社区层面的关注不够。本研究基于互助养老组织的视角，重点关注了影响组织生长的三个关键议题：组织信任、回应成员需求与对外部资源的依赖等。而本研究对于影响组织生长的基层政府、街道、社区等因素只是进行了间接了解，没有展开深入访谈，在案例 D 中，虽在某个区召开了由民政部门人员、三级老年协会成员、低龄老人参与的座谈会，但对于更高层级政府的态度与瓶颈问题并未做出更深入的分析。其三，在案例 D 的资料收集过程中，调研人员经民政局相关人员介绍，且在访谈的过程中有利益相关者在场，这虽然有利于不同立场人员观点的相互补充与碰撞，将讨论问题引向深入，但在一些敏感性问题的探讨上，研究的效度不是很好，对于高龄老年人的需求与结对不成功的伙伴关系类型调研资料少，分析得不够深入。

（二）有待进一步探讨的问题

今后可以从以下几个方面进一步探讨互助养老的议题。其一，聚焦抱团养老实践探索。当前各城市中还存在大量人数在 10 人左右的小规模的互助养老自组织，这些自组织的成立基于组织成员前期的相互信任与相互认

① 《【最美微光】耄耋老人和她的老伙伴们买楼互助养老十五年，今年他们把楼捐了》，https：//article. xuexi. cn/articles/index. html? art _ id = 420623589991406766&item _ id = 420623589991406766&study_ style_ id=feeds_ default&pid = &ptype = -1&source = share&share_ to = wx_ single。"在养老的过程中，所有的事全靠老人们你帮我、我帮你；日常生活中，大家轮流'值班'；老人生了重病就通知老人的家属送到医院去，慢性疾病，大家就一起照顾；在互助养老的过程中，还得到了村民、老人家属和热心人士的支持"。

② 《知青互助养老："乐活大院"里再吃大锅饭》，http：//blog. sina. com. cn/s/blog _ 64bb17490102vo1x. html。自 2007 年开始多个知青社团组织在此举办知青文化联谊活动。2010 年，张承永将"天津知青之家"改建为"乐活大院"。2015 年开始了"'乐活大院'里再吃'大锅饭'"的知青互助养老的实践探索。

同，他们相互关注、共同行动，一起探寻生命质量提升与生命的意义。这类组织化的互助养老因其灵活性强、成员规模小、前期的联系紧密、成员间深度卷入等优点，对于老年成员需求的满足更具针对性，但也受诸多因素的干扰，对这类组织的实践有待进一步关注与深入研究。其二，人情交换对互助成员心理与行为的影响。其三，自组织与他组织协同治理。本研究中的四个案例在实践探索中，都非常重视老年自组织的培育与发展，而老年自组织的生长离不开他组织协助，区别只是所需协助的程度不同。如何将老年自组织的灵活性、自主性的优势与他组织的资源优势、专业优势有机结合起来，共同推进互助养老的持续发展，有待今后持续关注与深入探讨。其四，对案例 D 中高龄老年人的需求与结对不成功的伙伴关系类型展开调研与深入分析。其五，发展型老年福利政策体系的建构。其六，培养积极养老观的政策路径。

参考文献

中文文献

〔美〕奥尔森，曼瑟尔，1995，《集体行动的逻辑》，陈郁、郭宇峰、李崇新译，格致出版社、上海三联书店、上海人民出版社。

〔美〕奥斯特罗姆，埃莉诺，2012，《公共事物的治理之道——集体行动制度的演进》，余逊达、陈旭东译，上海译文出版社。

边燕杰、丘海雄，2000，《企业的社会资本及其功效》，《中国社会科学》第 2 期。

〔美〕波蒂特，埃米·R.、马可·A.詹森、埃莉诺·奥斯特罗姆，2013，《共同合作——集体行为、公共资源与实践中的多元方法》，路蒙佳译，中国人民大学出版社。

蔡华林，2005，《企业集群内社会资本演进的动力机制研究》，《财经论丛》第 6 期。

常捷、马伟、王束玫、伊向仁、王淑康、孙晓杰，2017，《城市老年人社会资本与焦虑、抑郁的关系》，《中国心理卫生杂志》第 4 期。

陈传明、周小虎，2001，《关于企业家社会资本的若干思考》，《南京社会科学》第 11 期。

陈丽琳，2007，《企业社会资本的生成机制、制约因素及其治理》，《社会科学研究》第 5 期。

程民选，2007，《论社会资本的性质与类型》，《学术月刊》第 10 期。

邓敏，2019，《社会关系、心理健康水平与老年人主观幸福感改进——基于 CGSS2015 数据的实证分析》，《人口与发展》第 3 期。

丁萌，2008，《体育运动对体质调整作用的中医学探讨》，《体育科学》第 11 期。

杜鹏、〔美〕南希·莫罗-豪厄尔、梅陈玉婵主编，2012，《老有所为在全球的发展——实证、实践与实策》，北京大学出版社。

杜玉开、徐勇主编，2018，《〈"健康中国 2030"规划纲要〉指标解析》，人民卫生出版社。

方静文，2015，《超越家庭的可能：历史人类学视野下的互助养老——以太监、自梳女为例》，《思想战线》第 4 期。

方静文，2016，《从互助行为到互助养老》，《中南民族大学学报》（人文社会科学版）第 5 期。

〔美〕菲佛，杰弗里、杰勒尔德·R. 萨兰基克，2006，《组织的外部控制——对组织资源依赖的分析》，东方出版社。

风笑天，2006，《从"依赖养老"到"独立养老"——独生子女家庭养老观念的重要转变》，《河北学刊》第 3 期。

〔美〕福山，弗朗西斯，2016，《信任：社会美德与创造经济繁荣》，郭华译，广西师范大学出版社。

高灵芝，2015，《农村社区养老服务设施定位和运营问题及对策》，《东岳论丛》第 12 期。

贺寨平，2002，《社会经济地位、社会支持网与农村老年人身心状况》，《中国社会科学》第 3 期。

黄晓春，2017，《中国社会组织成长条件的再思考——一个总体性理论视角》，《社会学研究》第 1 期。

姜伟云，2015，《社区为老服务项目中的"三社联动"探析——以上海市"老伙伴"计划为例》，硕士学位论文，华东理工大学。

姜向群，2004，《"搭伴养老"现象与老年人再婚难问题》，《人口研究》第 3 期。

蒋京川，2014，《国外积极老龄化视角下的代际关系研究》，《国外社会科学》第 4 期。

金耀基，2006，《人际关系中人情之分析》，转引自杨国枢主编《中国人的心理》，江苏教育出版社。

〔美〕柯林斯，兰德尔，2009，《互动仪式链》，商务印书馆。

〔美〕科尔曼，詹姆斯，2008，《社会理论的基础》，邓方译，社会科学文献出版社。

〔俄〕克鲁泡特金，2017，《互助论：进化的一个要素》，李平沤译，商务印书馆。

李长文，2013，《我国非营利组织能力建设发展的历史回顾与思考》，《宁夏社会科学》第 4 期。

李茂平、阳桂红，2008，《民间组织：社会资本的"生产车间"》，《吉首大学学报》（社会科学版）第 4 期。

李强、葛天任，2013，《社区的碎片化——Y 市社区建设与城市社会治理的实证研究》，《学术界》第 12 期。

〔美〕林南，2005，《社会资本——关于社会结构与行动的理论》，张磊译，上海人民出版社。

刘妮娜，2017，《互助与合作：中国农村互助型社会养老模式研究》，《人口研究》第 4 期。

刘钊，2009，《组织认同的形成机制与衍变异化》，《科学学与科学技术管理》第 4 期。

〔德〕卢曼，尼克拉斯，2005，《信任：一个社会复杂性的简化机制》，瞿铁鹏、李强译，上海人民出版社。

吕志奎、朱正威，2010，《美国州际区域应急管理协作：经验及其借鉴》，《中国行政管理》第 11 期。

〔美〕罗尔斯，约翰，1988，《正义论》，何怀宏、何白钢、廖申白译，中国社会科学出版社。

罗家德、孙瑜、楚燕，2014，《云村重建纪事——一次社区自组织实验的田野记录》，社会科学文献出版社。

罗旭，2008，《我国全民健身服务体系的理论与实证研究》，《体育科学》第 8 期。

穆光中，2002，《挑战孤独·空巢家庭》，河北人民出版社。

穆光宗，2016，《银发中国：从全面二孩到成功老龄化》，中国民主法制出版社。

聂磊，2010，《自组织集体行动的个人动机、意义建构与整合机制——以草根志愿组织为例》，《兰州学刊》第 7 期。

彭彦琴、居敏珠，2013，《正念机制的核心：注意还是态度?》，《心理科学》第 4 期。

钱海燕、张骁、杨忠，2010，《横向、纵向社会资本与中小企业国际化绩效：组织创新的调节作用》，《经济科学》第 3 期。

〔日〕青木昌彦，2001，《比较制度分析》，周黎安译，上海远东出版社。

丘缅、王浩，2015，《基于关系嵌入的产学研联盟社会资本生成机制研究》，《科技进步与对策》第 22 期。

《人口研究》编辑部、郝麦收、姚远、宋健、徐勤，2003，《"搭伴养老"：黄昏恋的协奏曲》，《人口研究》第 3 期。

〔波兰〕什托姆普卡，彼得，2005，《信任——一种社会学理论》，程胜利译，中华书局。

世界卫生组织编，2003，《积极老龄化政策框架》，中国老龄协会译，华龄出版社。

孙鹃娟、梅陈玉婵、陈华娟，2014，《老年学与老有所为：国际视野》，中国人民大学出版社。

孙可兴、张晓芒，2014，《略论〈黄帝内经〉阴阳理论的逻辑思维方法》，《河南师范大学学报》（哲学社会科学版）第 5 期。

孙兰英、陈艺丹，2014，《信任型社会资本对社会组织发展影响机制研究》，《天津大学学报》（社会科学版）第 4 期。

谭琳、徐勤、朱秀杰，2004，《"搭伴养老"：我国城市老年同居现象的社会性别分析》，《学海》第1期。

陶传进，2018，《社会组织发展的四阶段与中国社会演变》，《文化纵横》第1期。

〔日〕NHK特别节目录制组，2014，《无缘社会》，高培明译，上海译文出版社。

〔美〕特纳，乔纳森、简·斯戴兹，2007，《情感社会学》，孙俊才、文军译，上海人民出版社。

〔法〕涂尔干，爱弥尔，2011，《宗教生活的基本形式》，渠东、汲喆译，商务印书馆。

万谊娜，2019，《社区治理视角下互助养老模式中社会资本的培育——基于美国"村庄运动"的经验》，《西北大学学报》（哲学社会科学版）第4期。

王栋、郭学军，2014，《平衡性逻辑：乡村社会组织成长路径的中国模式——以渝东北Y村"乐和家园"为考察对象》，《社会科学论坛》第7期。

王海明，2009，《伦理学原理》，北京大学出版社。

王莉莉，2011，《中国老年人社会参与的理论、实证与政策研究综述》，《人口与发展》第3期。

王浦劬、〔美〕莱斯特·M.萨拉蒙等，2010，《政府向社会组织购买公共服务研究——中国与全球经验分析》，北京大学出版社。

王澍、柳海民，2009，《论尊重与"尊重的教育"》，《东北师大学报》（哲学社会科学版）第3期。

王伟进，2015，《互助养老的模式类型与现实困境》，《行政管理改革》第10期。

王义，2016，《"赋权增能"：社会组织成长路径的逻辑解析》，《行政论坛》第6期。

〔德〕韦伯，马克斯，2000，《社会学的基本概念》，胡景北译，上海人民出版社。

吴彤，2001，《自组织方法论研究》，清华大学出版社。

肖知兴，2012，《中国人为什么组织不起来》，中信出版社。

徐连明，2016，《精神养老研究取向及其实践逻辑分析》，《中州学刊》第 12 期。

徐志刚、张森、邓衡山、黄季焜，2011，《社会信任：组织产生、存续和发展的必要条件？——来自中国农民专业合作经济组织发展的经验》，《中国软科学》第 1 期。

阎云翔，2012，《中国社会的个体化》，陆洋等译，上海译文出版社。

杨国枢主编，2006，《中国人的心理》，江苏教育出版社。

杨敏，2007，《作为国家治理单元的社区——对城市社区建设运动过程中居民社区参与和社区认知的个案研究》，《社会学研究》第 4 期。

姚远，2002，《北京市老年人精神文化需求问题及对策分析》，载白恩良主编《北京市老年人的需求与对策》，中国人口出版社。

姚远，2001，《中国家庭养老研究》，中国人口出版社。

要瑞丽，2011，《"以老养老"：一种家庭养老的过渡性模式——基于对上海市 X 社区的一项实证研究》，硕士学位论文，华东理工大学。

袁同成，2009，《"义庄"：创建现代农村家族邻里互助养老模式的重要参鉴——基于社会资本的视角》，《理论导刊》第 4 期。

翟学伟，2003，《社会流动与关系信任——也论关系强度与农民工的求职策略》，《社会学研究》第 1 期。

翟学伟、薛天山主编，2014，《社会信任：理论及其应用》，中国人民大学出版社。

翟学伟，2011，《中国人的关系原理——时空秩序、生活欲念及其流变》，北京大学出版社。

张彩华、熊春文，2015，《美国农村社区互助养老"村庄"模式的发展及启示》，《探索》第 6 期。

张超、吴春梅，2011，《民间组织发展中的社会资本与治理网络——以浙江商会为研究对象》，《中共浙江省委党校学报》第 6 期。

张翠娥、付敏，2010，《基于需求视角的妇女非政府组织发展过程分析——以一个草根妇女非政府组织为个案》，《妇女研究论丛》第 6 期。

张宏，2007，《企业纵向社会资本与竞争优势》，博士学位论文，浙江大学。

张魁伟、许可，2007，《产业集群的社会资本运行机制》，《经济学家》第 4 期。

张明亲，2006，《企业社会资本概念模型及运作机理研究》，《西安交通大学学报》（社会科学版）第 4 期。

张旭升、林卡，2015，《"成功老龄化"理念及其政策含义》，《社会科学战线》第 2 期。

张旭升、牟来娣，2017，《政府购买背景下草根养老组织社会资本建构的行动逻辑——以 M 市 Y 区 S 组织为例》，《社会发展研究》第 1 期。

张云英、张紫薇，2017，《农村互助养老模式的历史嬗变与现实审思》，《湘潭大学学报》（哲学社会科学版）第 4 期。

张志雄、孙建娥，2015，《多元化养老格局下的互助养老》，《老龄科学研究》第 5 期。

赵向红、王宏民、杨韵辉，2018，《城市互助养老社会组织发育与能力建设研究——以无锡市"夕阳红之家"为例》，《贵州社会科学》第 9 期。

赵志强，2015，《农村互助养老模式的发展困境与策略》，《河北大学学报》（哲学社会科学版）第 1 期。

周怡，2018，《"大家在一起"：上海广场舞群体的"亚文化"实践——表意、拼贴与同构》，《社会学研究》第 5 期。

朱传一，1997，《开拓互助组合养老的新模式》，《中国社会工作》第 1 期。

朱健刚、陈安娜，2013，《嵌入中的专业社会工作与街区权力关系——对一个政府购买服务项目的个案分析》，《社会学研究》第 1 期。

朱伟珏，2015，《社会资本与老龄健康——基于上海市社区综合调查数据的实证研究》，《社会科学》第 5 期。

英文文献

Goffman, Erving. 1981. *Forms of Talk*. Philadelphia: University of Pennsylvania Press.

Heider, Anne, and R. Stephen Warner. 2010. "Bodies in Sync: Interaction Ritual Theory Applied to Sacred Harp Singing." *Sociology of Religion* 71 (1).

Heinskou, Marie Bruvik, and Lasse Suonperä Liebst. 2016. "On the Elementary Neural Forms of Micro-Interactional Rituals: Integrating Autonomic Nervous System Functioning into Interaction Ritual Theory." *Sociological Forum* 31 (2).

James, John. 1951. "A Preliminary Study of the Size Determinant in Small Group Interaction." *American Sociological Review* 16 (4).

Johnson, Jr. B. L. 1995. "Resource Dependence Theory: A Political Economy Model of Organizations." *Educational Resources Information Center* (9).

Kertzer, David. 1988. *Ritual, Politics and Power*. New Haven: Yale University Press.

Lorber, J. 1989. "Trust, Loyalty, and the Place of Women in the Informal Organization of Work." *In Women: A Feminist Perspective*, edited by Jo Freeman. Houston: Mayfield Publishing Company.

McAllister, D. J. 1995. "Affect and Cognition-Based Trust as Foundations for Interpersonal Cooperation in Organizations." *Academy of Management Journal* 38 (1).

McNeill, William. 1995. *Keeping Together in Time*. Cambridge: Harvard University Press.

Mellor, Philip A. 1998. "Sacred Contagion and Social Vitality: Collective Effervescence in Les Formes Élémentaires De La Vie Religieuse." *Durkheimian Studies* 4.

Nahapiet, J., and S. Ghoshal. 1998. "Social Capital, Intellectual Capital and the Organizational Advantage. " *Academy of Management Review* (2).

Nienhüser, Werne. 2008. "Resource Dependence Theory-How Well Does It Explain Behavior of Organizations? . " *Management Review* (1).

Olson, Mancur. 1965. *The Logic of Collective Action*: *Public Goods and the Theory of Groups*. Cambridge. Massachusetts: Harvard University Press.

Putnam , Robert D. 1995. "Bowling Alone: America's Declining Social Capital. " *Journal of Democracy* (6).

Rappaport, Roy A. 1999. *Ritual and Religion in the Making of Humanity*. Cambridge: Cambridge University Press.

Warner, R. Stephen. 2008. " 2007 Presidential Address: Singing and Solidarity. " *Journal for the Scientific Study of Religion* 47 (2).

Warner, R. Stephen. 1997. "Religion, Boundaries, and Bridges. " *Sociology of Religion* 58 (3).

Weber, M. 1951. *The Religion of China*: *Confucianism and Taoism*. New York: Free Press.

Wellman, James K. , Katie E. Corcoran, and Kate Stockly-Meyerdirk. 2014. " 'God Is Like a Drug…': Explaining Interaction Ritual Chains in American Megachurches. " *Sociological Forum* 29 (3).

WHO. 1947. *Chronicle of the World Health Organization*.

图书在版编目（CIP）数据

城市互助养老组织的生长机制及培育路径 / 张旭升
著 . -- 北京：社会科学文献出版社，2023.5
　ISBN 978-7-5228-1757-6

　Ⅰ . ①城… 　Ⅱ . ①张… 　Ⅲ . ①养老-服务模式-研究
-中国 　Ⅳ . ①D669.6

　中国国家版本馆 CIP 数据核字（2023）第 076216 号

城市互助养老组织的生长机制及培育路径

著　　者 / 张旭升

出 版 人 / 王利民
责任编辑 / 彭　媛　孙丽萍
文稿编辑 / 尚莉丽
责任印制 / 王京美

出　　版 / 社会科学文献出版社·国际出版分社（010）59367142
　　　　　　地址：北京市北三环中路甲 29 号院华龙大厦　邮编：100029
　　　　　　网址：www.ssap.com.cn
发　　行 / 社会科学文献出版社（010）59367028
印　　装 / 三河市尚艺印装有限公司

规　　格 / 开　本：787mm×1092mm　1/16
　　　　　　印　张：14　字　数：213 千字
版　　次 / 2023 年 5 月第 1 版　2023 年 5 月第 1 次印刷
书　　号 / ISBN 978-7-5228-1757-6
定　　价 / 98.00 元

读者服务电话：4008918866